呼伦贝尔学院资助出版

中国畜牧业全要素生产率增长的区域差异研究

Study on Animal Husbandry Total Factor Productivity Growth on the Regional Differences of China

吴清秀　著

中国农业大学出版社
· 北京 ·

内 容 简 介

《中国畜牧业全要素生产率增长的区域差异研究》是在作者的博士毕业论文基础上整理而成的，由呼伦贝尔学院学术专著出版基金资助。本书以全要素生产率（TFP）为研究对象，以其在全国畜牧业增长中的作用及区域性差异为研究起点。首先分析改革开放以来全国及六大畜牧业生产区域畜牧业产出增长和单要素投入增长情况；其次，基于1998—2011年全国31个省（自治区、直辖市）的畜牧业面板数据，采用随机前沿分析（SFA）法和数据包络分析（DEA）法相互验证的实证方法，对全国及六大畜牧业生产区域畜牧业TEP增长及其构成进行测算；再次，在比较两种模型测算结果的基础上、利用（DEA）方法测算的畜牧业TFP增长数据。对全国以及各区域畜牧业TFP对畜牧业产出增长的贡献效应进行了探讨；最后，根据经济增长理论，选取和分析公认的几个影响行业生产和效率变动的因素，定最分析了影响畜牧业TFP增长的主要因素。

图书在版编目(CIP)数据

中国畜牧业全要素生产率增长的区域差异研究/吴清秀著．—北京：中国农业大学出版社，2017.12

ISBN 978-7-5655-1930-7

Ⅰ．①中…　Ⅱ．①吴…　Ⅲ．①畜牧业-全要素生产率-经济增长-区域差异-研究-中国　Ⅳ．①F326.3

中国版本图书馆CIP数据核字(2017)第265384号

书　名　中国畜牧业全要素生产率增长的区域差异研究

作　者　吴清秀　著

策划编辑　张　程　　**责任编辑**　洪重光
封面设计　郑　川
出版发行　中国农业大学出版社
社　址　北京市海淀区圆明园西路2号　　**邮政编码**　100193
电　话　发行部 010-62818525,8625　　读者服务部 010-62732336
编辑部 010-62732617,2618　　出　版　部 010-62733440
网　址　http://www.caupress.cn　　**E-mail**　cbsszs @ cau.edu.cn
经　销　新华书店
印　刷　北京时代华都印刷有限公司
版　次　2017年12月第1版　2017年12月第1次印刷
规　格　787×980　16开本　13.25印张　200千字
定　价　58.00元

前　言

经济增长是最古老同时又是永远年轻的命题，经济增长的源泉可被归结为生产要素的增加和投入要素产出率的提高。通过比较全要素生产率(total factor productivity)与单要素产出率对经济增长的贡献，除了可以确定经济增长方式，还可以进一步明确经济政策应以增加总需求还是在现有投入水平上促进技术进步，在人类进步的长河中，人们更希望通过生产率的不断提高来促进经济增长。

在2015年11月10日召开的中央财经领导小组第十一次会议上，习近平总书记提出了“供给侧结构性改革”概念：“在适度扩大总需求的同时，着力加强供给侧结构性改革，着力提高供给体系质量和效率，增强经济持续增长动力。”而测算各个产业全要素生产率、找到提高产业投入要素生产效率的影响因素成为供给侧改革的首要任务。

在我国农业发展新阶段，畜牧业发展具有巨大的需求潜力和广阔的市场前景，但是作为一个保障国民营养安全、促进农牧民增收的基础产业，整体素质不高、产业基础比较薄弱，传统散养的粗放方式仍占主导地位，集约化、规模化、标准化程度低，疾病防控体系弱，科技支撑能力不强，质量安全检测手段落后，导致资源利用率低，畜产品质量、公共卫生安全隐患和环境公害隐患问题突出，畜牧业的可持续发展面临严峻挑战。在宏观经济新常态下，有限的土地资源供给，劳动等生产要素成本不断提高，依靠要素投入的增加来保持畜牧业持续发展所付出的代价和成本将越来越高，所以中国畜牧业发展也处于转型期。要实现畜牧业持续增长就必须转变增长方式，即实现由投入驱动型增长向效率驱动型增长转变，如何提高畜牧业供给侧经营水平，推进畜牧业要素制度改革，提高畜牧业供给侧配置效率成为适应经济新常态下转型发展的关键。但是由于地理位置和自然条件不同，我国畜牧业发展呈现出明显的区域差异，体现在饲养方式、品种结构、要素投入等方面的不同，在探索畜牧业持续发展的道路时不能采用千篇一律的增长方式。以往研究对于畜牧业全要素生产率的分析多集中在某一区域或某一畜种上，从全国角度考察畜牧业全要素生产率的文献很少，并且从区域层面对中国畜牧业TFP的探讨更不多见。

本书为呼伦贝尔学院学术专著出版基金资助出版。在回顾经济增长理论和全要素生产率理论的基础上，明确畜牧业TFP的概念意义、决定因素和有效的测度方法，以全国及五大牧区、西南山区、黄土高原区、东北区、黄淮海区和东南区六大畜牧业生产区域畜牧业TFP为研究对象，从畜牧业总产出增长、要素积累等层面考察全国以及六大畜牧业生产区域畜牧业增长的源泉。具体从以下四个方面进行研究：首先，在回顾改革开放以来全国及六大畜牧业生产区域畜牧业发展的轨迹和历史进程基础上，解析六大畜牧业生产区域目前的生产发展水平、结构特征，为后面的进一步深入分析提供依据；其次，以1998—2011年全国31个省（自治区、直辖市）的畜牧业面板数据为依据，采用随机前沿分析（stochastic frontier analysis, SFA）方法和数据包络分析（data envelopment analysis, DEA）方法相互验证的实证方法，对全国及六大畜牧业生产区域畜牧业TFP增长及其构成进行测算，把握六大畜牧业生产区域畜牧业TFP增长的变动规律和演进趋势；再次，在比较了SFA方法和DEA方法测算结果之上，进一步考察全国畜牧业TFP增长对于畜牧业总产出增长的贡献份额以及区域性差异；最后，根据经济增长理论，定量分析了1998—2011年六大畜牧业生产区域畜牧业TFP增长的主要影响因素，以探究全要素生产率增长及其区域差异的本质原因。本书主要研究结论如下：

(1)改革开放以来，中国畜牧业实现了持续性增长，而畜牧业产出的增长和国家宏观政策走向、制度安排和各区域经济政治环境密切相关。实证结果表明，1979—1983年、1984—1989年、1990—1995年、1996—2003年和2004—2011年各阶段畜牧业总产出年均增长率分别为10.82%、16.44%、12.98%、0.42%和7.35%，其中畜牧业总产出增长率较高的阶段均与农业和农村经济制度变迁时期重合。

(2)中国畜牧业TFP增长呈现较为鲜明的阶段性特征，并且与畜牧业总产出增长的变动趋势相同。通过实证研究发现，虽然SFA和DEA两种方法测算得出的畜牧业TFP具体数值不尽相同，但是结论相似，即当畜牧业 TFP 增长较快时，畜牧业总产出增长率也较高，而当畜牧业 TFP 增长下降时，畜牧业总产出增长率也在下降，说明畜牧业 TFP 增长是畜牧业产出增长的重要组成部分，是畜牧业增长的主要动力之一。

(3)畜牧业 TFP 增长及其构成的变动具有明显的区域差异，全国及各区域畜牧业 TFP 增长的主要源泉是技术进步，技术效率对畜牧业 TFP 增长的贡献份额很小。从全国角度看，1999—2004 年畜牧业 TFP 缓慢增长，增长源泉是小幅的技术进步和技术效率改进；2005—2007 年畜牧业 TFP 增速虽然缓慢下降，但较上一时期，明显的技术进步和技术效率提高使得畜牧业 TFP 年平均增长率为三阶段最高；2008—2011 年畜牧业 TFP 波动增长，增长方式是技术进步的改进和技术效率恶化型，由技术进步带来的增长被一部分效率恶化抵消了，使得畜牧业 TFP 增长较上一时期有所放缓。从区域角度看，区域间、省(自治区、直辖市)间畜牧业 TFP 增长及源泉差异较为明显，畜牧业技术进步差距是造成区域间畜牧业 TFP 差异的主要原因，省际增长源泉不一。样本期内各区域在一定时期体现出一致性变动，分别为：1999—2002 年各区域畜牧业 TFP 增长都呈现下降趋势；2003 年六大区域的畜牧业 TFP 都有显著的增长；2009 年六大区域的畜牧业 TFP 都呈下降趋势。

(4)21 世纪以来，中国畜牧业的增长主要是靠要素投入来实现的。从全国的角度看，1998—2011 年畜牧业增长的主要推动力量来自于畜牧业要素投入的增加，全要素生产率对畜牧业产出增长的贡献仅为 40.07%，其中，技术进步对产出的贡献份额为 27.80%，而技术效率的提高贡献了 14.44%。虽然我国及区域畜牧业 TFP 增长对畜牧业增长的贡献要小于要素投入对畜牧业增长的贡献，但是这与我国现阶段主体经济所处的整体不发达阶段较为适应，比较符合经济增长方式转变的阶段性规律。从区域角度看，畜牧业产出增长方式表现出显著的区域差异性。其中，五大牧区和东北区畜牧业 TFP 对畜牧业产出增长的贡献率分别为 90.65%和 113.36%，说明这两个区域畜牧业产出增长中生产率的提高是重要源泉；黄土高原区和西南山区畜牧业产出增长主要依靠要素投入的增加，畜牧业 TFP 的贡献率分别为 23.96%和 7.43%，贡献份额较低；黄淮海区和东南区畜牧业 TFP 贡献率分别为 59.65%和 49.36%，说明这两个区域畜牧业产出的增长是生产率提高和要素投入共同推动的，由此可以看出畜牧业 TFP 对畜牧业产出贡献较高的地区和省份并不必然是畜牧业产出增长较快的区域。

(5)影响畜牧业 TFP 增长及其构成的因素对区域间全要素生产率增长的贡献存在显著差异。从全国来看,畜牧业人力资本存量、劳均资本、饲料资源潜力、专业化程度、市场化程度、规模化水平和市场消费状况显著地提高了畜牧业 TFP;但财政支持力度对畜牧业 TFP 增长没有促进作用;研究与开发投入、基础设施建设与畜牧业 TFP 增长之间的关系并不显著。从区域层面来看,影响五大牧区和黄土高原区畜牧业 TFP 增长的主要因素为市场消费状况、畜牧业人力资本、市场化程度和劳均资本投入(不显著)。由此可以看出,这两个区域位于我国西部不发达地区,主要以市场为导向,属于被动的发展,其次依靠人力和资本的投入增加实现全要素生产率对畜牧业产出增加的贡献,属于粗放型增长方式;影响西南山区畜牧业 TFP 增长的主要因素为基础设施建设、畜牧业人力资本、市场消费状况、市场化程度和研发投入,同样位于我国中部偏西部地区的西南山区较五大牧区和黄土高原区,其基础设施建设和研发投入对畜牧业 TFP 的增长起到了很大的促进作用,并且市场化程度有所提高;影响东北区畜牧业 TFP 增长的主要因素为基础设施建设、劳均资本投入、专业化程度、市场化程度和饲料资源潜力,其饲料资源也为畜牧业 TFP 的增长做出了重要的贡献,并且专业化程度较西部地区有所提高;影响黄淮海区畜牧业 TFP 增长的主要因素为市场化程度、专业化程度和市场消费状况;影响东南区畜牧业 TFP 增长的主要因素为专业化程度、市场化程度、财政支持力度、基础设施建设和市场消费状况。处于东部发达地区的黄淮海区和东南区,市场化和专业化是畜牧业生产率增长的主要推动力,在技术的研发和创新、技术效率改进方面始终是佼佼者。

吴清秀

2017.10

目　录

第1章 导 论

1.1 研究背景和意义

1.1.1 研究背景

经济增长(economic growth)是最古老同时又是永远年轻的命题,因为人类要生存、要发展,其基础和前提就是物质产品或者财富的不断丰富和增加。对于一个国家来说,发展的基本目标就是有一个持续稳定增长的经济为国民提供更多的福祉;对于一个产业和行业来说,发展的基本目的就是在协调好土地开发、生态保护、民生问题、基础设施建设等方面关系基础上实现利润最大化或者产出最大化。经济增长作为人类福利进步的一项基础,其重要性不言而喻。

经济增长的概念虽然清晰,但是导致经济增长的原因却是复杂的。一般认为,经济增长的原因有直接的和间接的两种,其中直接原因与经济中的投入要素有关。一是数量的增加,如资本和劳动的积累;二是能够影响这些生产要素生产率的变量,如规模经济与技术进步。换句话说,经济增长的源泉可被归结为生产要素的增加和投入要素产出率的提高。在人类进步的长河中,人们更希望通过生产率的不断提高来促进经济增长。

自荷兰经济学家丁伯根(Tinbergen,1942)[94]第一次提出全要素生产率(total factor productivity,TFP),并比较了不同国家的生产率以来,掀起了西方学者对全要素生产率理论的研究热潮,随后施蒂格勒(G. J. Stigler,1947)[93]、希朗·戴维斯(H. Davis,1954)[74]等美国经济学家分别给出全要素生产率概念并对不同行业进行实证研究。哈罗德和多玛

(1948)[7][65]、索洛(Solow,1957)[91]、丹尼斯(Denison,1962)[75]、罗默(P. Romer,1986;1990)[89-90]、卢卡斯(Lueas,1988)[85]和乔根森(Jorgenson,1987)[79]等经济学家在量化经济增长源泉基础上,致力于研究经济增长的影响因素。如今全要素生产率理论从概念内涵、模型结构到测度方法等方面都十分丰富,并且应用领域也逐渐扩大。

改革开放之初,国内学者对全要素生产率的研究在理论和实证研究方面已做了不少的探索,如史清琪(1985)[29]、王积业(1990—1998)[38-41]、李京文(1993)[19]等对全国、地区以及一些行业的技术进步和经济增长问题进行了探讨;陈宽(1988)[5]、谢千里和罗斯基等(1995)[44]对工业以及不同所有制企业的全要素生产率变化、技术效率、技术进步进行了测算。但全要素生产率真正引起国内学者高度关注是在亚洲金融危机以后,针对保罗·克鲁格曼(Paul Krugman,1994)[81]所得出的"东亚经济增长以要素投入为主,技术进步几乎为零"的结论,易纲等(2003)[48]、林毅夫和任若恩(2007)[21]、郑玉歆(1999)[62]为中国经济存在技术进步提供了实证依据,并指出测算中国全要素生产率不能按照发达国家的方法。此后,国内学者对中国全要素生产率问题的研究涉及宏观经济领域和微观行业层面的理论创新和实证应用。这些都充分表明全要素生产率增长对于中国宏观经济增长和产业发展始终是"日不落"的话题。

国内学者对我国区域发展的巨大不平衡也给予了充分的关注,无论是考察宏观经济还是工业、制造业和农业等微观领域,都基于省际面板数据,将全国分为东、中、西三类地区,比较有影响的研究包括林毅夫(1998)[22]、金荣学(2008)[16]、王小鲁和樊纲(2004)[35]、郭庆旺等(2005)[12]、傅晓霞和吴利学等(2006、2007)[8-10]、王志刚和龚六堂等(2006)[37]、陈青青和龙志和等(2011)[6]从不同角度针对省际经济增长差异的原因、现状等方面进行了实证研究。

目前对于畜牧业 TFP 的研究主要集中在以下三个方面:一是测算单一畜种的生产效率,如王德祥和徐德徽(1997)[36]、曹暕等(2005)[1]、刘威等(2011)[23]利用调查资料和统计数据分别对北京奶牛场、农户和不同规模奶牛场的生产效率进行了研究。陈诗波等(2008)[4]利用 Malmquist 指数方法测算出 1991—1995 年、1997—2000 年我国生猪散户养殖全要素生产率平均增长率分别为 2.65%和−2.03%。肖洪波(2010)[45]测算出生猪生产的全要素生产率对产出的贡献达到 50.87%，1980—2008 年我国生猪业的 TFP 共增长了 64.3%，年均增长率为 2.29%。二是对某一地区畜牧业生产率的测算，如詹和平(2004)[52]、田露(2008)[33]利用 DEA 方法分别对山东、吉林的生猪、肉牛、奶牛生产率进行测算。陶红军、冯中朝(2007)[31]利用随机前沿方法测算 1995—2004 年湖北省畜牧业技术效率平均值约为 0.969 8。另外，朱玉春和郭江(2006)[66]利用增长速度方程、沈子寅和孙炎(2009)[30]利用随机前沿分析方法分别对陕西省和云南省畜牧业的生产率进行分析。三是从全国角度考察畜牧业生产率增长变动，如杨军(2003)[47]分析得出 1997—2001 年我国畜牧业 TFP 的贡献率只有 36%，其中，国营集体奶牛的全要素生产率已经达到了 50%，生猪的全要素生产率达 45%。曹佳等(2009)[2]运用扩展的索罗模型和 *C-D* 生产函数测算了 1978—2007 年我国畜牧业 TFP 及其影响因素，结果表明我国畜牧业 TFP 的年均增长率为 4.71%，从总体上看我国畜牧业生产处于规模报酬递增阶段。

以往研究为考察畜牧业增长的源泉、全要素生产率对畜牧业产出增长的贡献份额以及全要素生产率增长动因提供了理论、方法论方面的借鉴，但是对于畜牧业 TFP 的研究很少，并且从区域层面对中国畜牧业 TFP 的探讨更少。伴随着中国人口和国民经济总量几十年仍然快速发展的宏观背景下，要保持区域畜牧业稳定持续增长，并且不以环境破坏和资源浪费为代价，不靠生产要素的大量投入为手段，必须转变畜牧业增长方式，提高投入要素的利用效率，优化要素组合。因此，对中国以及区域畜牧业增长进程中的生产效率问题进行研究，对把握中国畜牧业 TFP 的增长源泉及机理，探寻影响中国畜牧业 TFP 增长的因素，促进畜牧业可持续增长，保护生态环境都具有重要意义。

1.1.2 选题意义

1.1.2.1 理论意义

人类的进步首先表现为生产率的不断提高，生产率表达的是某一领域特定时期各种投入要素组合所能提供的最大产出，一般是指各种资源(人力、物力、财力等)开发利用的效率，在相同数量的物质投入下，产出还是会因为资源如何使用、生产方式、劳动力文化水平和制度等方面而出现差异。所以生产率反映的是资源配置状况、技术进步对经济发展所起的作用。这就很好地解释了为什么有些国家或地区出现“增长奇迹”，如韩国、新加坡、中国台湾和中国香港，它们的GDP年平均增长率均超过了5%；而有些国家处于“增长灾难”中，生产率增长水平为负。可以说一个国家或者一个地区生产率水平的高低，决定着国家强弱、财富积累和社会发展。美国诺贝尔奖获得者克鲁格曼(P. R. Krugman，1990)[82]指出“生产率不等于一切，但在长期内，它几乎意味着一切”。而生产率分析中最重要的就是全要素生产率(TFP)的分析，全要素生产率增长即使是微小的差别，也会导致长期经济增长的显著变化。因此全要素生产率可以理解为经济增长的量化指标和增长变动的分析工具。全要素生产率体现的是经济增长中要素投入的不同方式，它的变动是除要素投入变化之外而由效率变动和增长方式的转变引起的。因此，通过全要素生产率对经济增长贡献与要素投入贡献的比较，就可以确定经济政策是应以增加总需求为主还是应以调整经济结构、促进技术进步为主。

对各区域畜牧业TFP的测算还可以为地区畜牧业发展差距研究提供重要的实证分析依据。全要素生产率已成为近50年来经济增长理论和实证研究的一个热点，但已有对生产率的研究大多集中在国家总量经济或行业层次上，区域层次的实证研究不多。区域经济生产率的研究具有重要的意义：首先，随着经济全球化的发展，区域作为相对独立的经济单位，可以直接参与国际竞争，在国际竞争中的地位日趋重要，区域竞争力直接影响国家竞争力；其次，各区域资源有限性和差异性的存在，使得区域生产率对资源的有效配置具有重要意义；第三，区域全要素生产率分析能为缩短落后区域与发达地区的发展差距提供有意义的理论根据。

1.1.2.2 现实意义

在我国农业发展新阶段，畜牧业发展具有巨大的需求潜力和广阔的市场前景，但是注重行业的外延，重视速度而忽视效率，是中国经济乃至畜牧业的症结所在。畜牧业是以动物的饲养为特征，以取得动物性产品为目的的农业经济部门，有其自身的特性，作为一个保障国民营养安全、促进农牧民增收的基础产业，整体素质不高、产业基础比较薄弱，传统散养的粗放方式仍占主导地位。近年来随着人口数量不断增加和生活水平的提高，人们对畜产品的需求呈刚性增长，表现在畜牧业增长方式上则为广大农民利用丰富的畜牧养殖经验和习惯，观察市场需要什么，然后生产就朝哪个方向发展；过分强调牲畜存栏数、过度放牧、过度开荒毁林、毁坏草原植被，导致牲畜损失以及草地消耗增大，能量流失严重，草原的生态破坏，畜牧业发展缓慢。由于有限的土地资源供给，劳动等生产要素成本不断提高，依靠要素投入的增加来保持畜牧业持续发展所付出的代价和成本将越来越高，甚至会对经济社会发展和生态环境产生负面影响，所以要实现畜牧业持续增长就必须转变增长方式，即实现由投入驱动型增长向效率驱动型增长转变。

由于地理位置和自然条件不同，我国畜牧业发展又呈现区域差异，体现在饲养方式、品种结构、要素投入等方面的不同，所以我国畜牧业不能采用以全带面、千篇一律的模式发展。如何在有限的资源禀赋下最大限度地将资源优势转化为经济优势？如何保障各地区畜牧业持续稳定增长，并推动经济效率的提高？决定不同区域畜牧业生产效率高低的因素有哪些？如何改进不同区域畜牧业增长方式？这些问题是值得探讨的。因此，通过对我国畜牧业生产率及其效率的评价，探索提高不同区域畜牧业生产效率的途径，是当务之急。本文试图在定性分析的基础上，收集系统、完备的统计数据资料，对大量的统计资料进行定量分析，并以此为依据，寻求一条符合我国各区域畜牧业可持续发展的道路，以期望通过高效率的畜牧业促使中国畜牧业经济的可持续发展，为相关管理决策部门和决策者制定促进畜牧业增长政策提供有价值的统计分析报告。

1.2　研究目的和研究方法

1.2.1　研究目标

1.2.1.1　总目标

本书在简要回顾经济增长理论和全要素生产率理论的基础上，明确畜牧业 TFP 的概念意义、决定因素和有效的测度方法，以全国及六大畜牧业生产区域畜牧业 TFP 为研究对象，从畜牧业总产出增长、要素积累等层面考察全国畜牧业增长的源泉。研究的总体目标是：运用随机前沿生产函数法和数据包络分析法相互验证的实证方法，对 1998—2011 年全国及六大畜牧业生产区域畜牧业 TFP 增长及构成进行系统测算，来分析各个区域畜牧业的生产效率、全要素生产率增长及其构成的变动规律和波动差异，揭示全要素生产率到底在多大程度上决定了中国畜牧业区域差异，以明确六大畜牧业生产区域畜牧业增长的模式，期望通过畜牧业区域差异研究能有新的发现，能够为政府制定相关政策及区域优势的划分提供可以借鉴的有力依据。

1.2.1.2 具体目标

①在回顾改革开放以来全国六大畜牧业生产区域畜牧业发展的轨迹和历史进程基础上，解析六大畜牧业生产区域目前的生产发展水平、结构特征，为后面的进一步深入分析提供依据；②分别运用随机前沿生产函数模型和数据包络分析方法，以 1998—2011 年的六大畜牧业生产区域的面板数据为依据，对六大畜牧业生产区域畜牧业 TFP 增长及其构成进行测算，把握六大畜牧业生产区域全要素生产率增长的变动规律和演进趋势；③在比较了 SFA 方法和 DEA 方法测算的全国以及各个区域畜牧业 TFP 的基础之上，进一步考察全国畜牧业 TFP 增长对于畜牧业总产出增长的贡献份额以及区域性差异；④运用面板数据模型，以 1998—2011 年的六大畜牧业生产区域的面板数据(Panel Data)为依据，探讨内外生因素对各畜牧业生产区域全要素生产率增长及其构成的影响。

1.2.2 研究方法

1.2.2.1 实证分析方法

本文首先梳理已有的全国及六大畜牧业生产区域畜牧业以及有关全要素生产率研究的文献，评价全国及六大畜牧业生产区域全要素生产率的内涵以及测量方法。在研究全国及六大畜牧业生产区域畜牧业发展、地区间差异等方面，紧紧依托对实际资料的分析与求证，理论与实际相结合。通过理论演绎和数据诠释，抓住全国及六大畜牧业生产区域畜牧业 TFP 变化的实质。

1.2.2.2　比较分析方法

测算全要素生产率时，首先以全国 31 个省(自治区、直辖市)的面板数据为基础，将全国的畜牧业作为一个整体进行研究，而畜牧业生产是利用自然资源和社会资源进行生产的过程，各畜牧业生产区域各投入要素对畜牧业发展的贡献不尽相同，每个系统有其自身的特点和影响因素，因此在研究六大畜牧业生产区域畜牧业的生产状况和全要素生产率增长时，将六大畜牧业生产区域作为相同决策单元，通过与全国以及其他区域畜牧业发展情况的比较，对各个子系统运行的规律有更深的把握，从而找出六大畜牧业生产区域畜牧业发展的差距和存在的问题。

1.2.2.3　计量经济方法

借助 Frontier4.1、Deap2.1、Stata10.0 等统计软件，运用较先进的随机前沿超越对数生产函数模型和基于 DEA 的 Malmquist 生产率指数方法测算六大畜牧业生产区域畜牧业生产率，在分析区域畜牧业增长方式的基础上，运用计量回归模型对影响六大畜牧业生产区域 TFP 增长和变动的内生因子和外生因子进行实证分析，以期探寻全国及六大区域畜牧业 TFP 增长及决定性因素。

1.3　研究内容

基于以上的研究目标，本书研究的主要内容分为七个部分：

第一部分：第 1 章，阐明本文选题的背景及意义，明确研究目的及内容，提出研究方法及创新点。

第二部分：第 2 章，对研究所涉及的相关理论及文献进行梳理，基本理论范畴进行界定，对全要素生产率相关概念进行讨论，对本文所应用的测度方法加以说明和比较，为考察畜牧业 TFP 提供理论支撑。

第三部分：第3章，应用相关的统计资料，结合我国不同区域畜牧业的自然、社会及经济条件，对全国及不同区域畜牧业的生产及投入要素变化过程进行分析和总结。

第四部分：第4～5章，分别分析畜牧业TFP测算模型，解释本文采取的模型及估计方法，数据来源等方面内容，运用随机前沿生产函数模型和数据包络分析方法，对1998—2011年我国31个省（自治区、直辖市）构成的全国及六大畜牧业生产区域畜牧业TFP增长及其构成进行测算。

第五部分：第6章，在第4～5章实证分析基础之上，利用改进的经济增长模型，分析畜牧业TFP和畜牧业要素投入分别对全国以及不同区域畜牧业增长的贡献程度，考察全要素生产率在畜牧业增长过程中的地位和作用，并讨论全国以及不同区域畜牧业增长方式类型以及转变的有效途径。

第六部分：第7章，首先依照以往对全要素生产率影响因素的分析，再结合畜牧业生产率增长的实际情况，对影响全国以及六大区域畜牧业TFP增长的内外部影响因素进行综合分析；然后基于由31个省（自治区、直辖市）构成的面板数据，对不同畜牧业生产区域畜牧业TFP增长的主要影响因素进行检验，并根据检验估计结果分别讨论各影响因素对不同区域畜牧业TFP增长的影响方向和程度。

第七部分：第8章，研究结论及对策建议。

1.4 研究的创新点

本研究是在分析六大畜牧业生产区域在全国畜牧业经济发展中的重要地位以及六大生产区域畜牧业发展情况的基础上，以全面掌握不同区域全要素生产率增长过程及影响因素为目的，以提高全国畜牧业TFP为主线来展开的。

以区域差异为研究视角。以往对畜牧业的相关研究多集中在国家和单个省份层面上，本研究以我国六个畜牧业生产区域畜牧业为研究样本，从区域层面上对畜牧业的全要素生产率进行计量经济研究，使本研究内容具有显著的创新性。

运用两种不同测度方法。以往对畜牧业 TFP 的测算通常采用单一测算方法，其可靠性无法查证，且多用于测算某一省份或者单一畜种的全要素生产率，本研究首次把随机前沿生产函数和数据包络分析这两种方法做相互验证应用到畜牧业 TFP 测算上，从而客观地分析评价各生产区域畜牧业 TFP 变化规律和变动趋势。

对畜牧业 TFP 增长的影响因素进行分析。揭示了六大畜牧业生产区域畜牧业 TFP 增长的主要影响因子对六大畜牧业生产区域畜牧业 TFP 变动的作用及影响。

第2章　理论基础和文献综述

2.1　经济增长理论

经济增长(economic growth)是最古老的经济学议题之一。经济增长一般被规定为产量的增加,经济增长的程度可以用增长率来描述。经济增长理论试图探寻什么是经济增长的源泉,如何才能保持经济稳定的、长期的增长。经济增长理论从出现到不断发展完善经历了古典经济增长、新古典经济增长、新经济增长以及现代经济增长四个发展阶段。

2.1.1　古典经济增长理论

以亚当·斯密(Adam Smith)[46]和大卫·李嘉图(David Ricardo)[55]为代表的古典经济增长理论。这一阶段的研究建立在劳动价值论和劳动分工理论基础上。亚当·斯密在1776年的《国民财富的性质和原因研究》一文中系统地阐述了这两个理论。他认为分工协作和资本积累是促进经济增长的基本动因,而劳动生产率促进经济的增长有两种途径:一是从事有用劳动的人数和从事无用劳动人数的比例,即生产性劳动的比重,斯密认为生产性劳动是国民财富增长的源泉。二是劳动熟练程度,即劳动的效率。斯密在分析增进"劳动生产力"因素时,特别强调了分工的作用,因为分工不仅有利于机器的发明和熟练程度的提高,而且使得资本积累也间接作用于经济增长。因为资本积累扩大了社会再生产规模,与之相应的生产性劳动者数量随之增加,从而进入一种资本积累提高分工程度,分工又促进劳动生产率提高的动态良性循环模式,促进经济不断增长。斯密最重要的观点是分工和资本积累等因素都依赖于投资,而投资又受到利润的驱使,政府对商业和自由市场的干涉会降低经济效率,自由竞争才是经济增长的基础。

在亚当·斯密之后,另一位英国人查尔斯·巴贝奇发展了亚当·斯密的论点,他赞同斯密的劳动分工能够提高劳动效率的观点,但认为亚当·斯密忽略了分工可以减少工资支付这一好处。他认为工人同工厂主之间存在利益共同点,并竭力提倡利润分配制度,即工人可以按照其在生产中所做的贡献,分到工厂利润的一部分;巴贝奇还提出具有激励作用的按照生产效率不同来确定报酬的制度。

亚当·斯密的接班人大卫·李嘉图继承并发展了斯密的自由主义经济理论,从收入分配角度,考察了工资、利润以及地租的关系和影响这些投入要素的因素。李嘉图更注重经济增长中的劳动量增加和资本积累的作用。

古典经济增长理论的贡献首先在于充分肯定了各个自然资源在经济增长中的特殊性;其次指出了生产中基础性投入如资本、技术、土地等因素形成规模后对经济增长的决定性作用,肯定了分工是经济增长的拓扑性机制。但是,古典经济学家们过分强调农业生产占主导地位的经济,以农业生产中的肥力递减和边际收益递减规律为研究中心,未能将经济增长与影响因素之间的关系数量化。

2.1.2 新古典经济增长理论

以哈罗德(R. Harrod)-多马(E. Domar)[7][65]和索洛(Solow)[91-92]为代表的新古典经济增长理论。首先 Harrod-Domar 模型,从投入和产出角度对经济增长进行了开拓性的研究,认为储蓄率对经济增长有正效应,资本产出率对经济增长有负效应,投入要素的增加和全要素生产率增长是经济增长的两大源泉。但是 Harrod-Domar 模型主要的不足在于假设生产技术不变,技术进步、人口增长及资本折旧的速度都是由外生因素决定的,即储蓄率、人口增长率不变且不存在技术进步和资本折旧,这使得劳动与资本的比率和资本产出比率不变。为了克服 Harrod-Domar 模型的局限性，索洛、斯旺、萨缪尔森等提出了新古典增长模型，其核心是假定生产函数中的规模收益不变、边际收益递减和要素的可替代。Solow 模型修正了 Harrod-Domar 模型的生产技术假定，认为技术创新是经济增长的重要源泉，确立的物质资本和劳动投入与产出的函数关系中，要素之间是可以相互替代的。但 Solow 模型中的储蓄率仍是外生给定的，也无法解释各国间经济增长的差异性。

2.1.3 新经济增长理论

罗默(Paul Romer)[89-90]、卢卡斯(Robert Lucas)[85]等经济学家将技术进步内生化，形成了新经济增长理论。这一理论产生于新古典经济增长理论的两大缺陷，最先将技术进步内生化的美国经济学家阿罗(Kenneth Joseph Arrow)[55]，在 1962 年发表的《干中学的经济学意义》一文中提出“边干边学”模型(learning by doing)，使技术进步在经济增长过程中的作用得到了充分强调，在理论上第一次提出了技术进步内生的增长模型。Kalirajan 等(1982)[80]发展了索洛的经济增长理论及模型，将全要素生产率分解为技术进步、技术效率和残差项的影响，并分析了要素投入和全要素生产率在产出增长中的贡献程度。罗默在其 1990 年提出的内生增长模型中提出技术进步是经济增长的核心，技术创新也可以转化为生产力。卢卡斯的增长模型则以人力资本为基础，把人力资本纳入资本投入当中。

2.1.4 现代经济增长理论

现代经济增长理论针对新古典经济增长理论所忽略的结构因素，本着既能消除规模效应又能保留内生增长的理论，将需求结构变量及劳动力结构变量引入多部门模型，认为要素积累、技术进步等因素是经济增长的内在机制，经济增长的根本原因是制度的变迁。

现代经济增长理论的进展主要体现在以下几个方面：第一，发现了无规模效应的均衡增长路径并论证了其存在性，即长期经济增长率要么取决于生产函数的产出弹性，要么取决于产品之间的替代弹性。实质上二者均取决于生产函数的结构参数。第二,经济增长模型被进一步一般化。由于增长理论放弃了人口或人力资本稀缺,而物质资本不稀缺的这种强假定,从而更具有一般性。第三,现代经济增长理论的政策含义更具有针对性,即政府政策应立足于激励产品的质量创新,并根据研究与发展(research and development,R&D)的深度,应实行重点资助或配额资助,应向创新难度大的项目倾斜,要把社会资源用于生产和投资而非消费和娱乐,这样才可提高长期经济增长率。

本书将以新经济增长理论和现代经济增长理论为基础,分别定量测算全国以及六大区域畜牧业 TFP 增长以及变化情况。

2.2 全要素生产率理论

2.2.1 全要素生产率的发展过程

全要素生产率起源于对国民收入的核算,是基于考虑国家的真实收入以及财富贬值的程度而提出的,全要素生产率是增长核算的一个最主要、最直接的手段。从以上的经济增长理论分析可以看出,生产率理论伴随着经济增长理论不断发展,但是它还不同于国民产值核算体系,因为国民产值核算体系可以说是核算国家或地区经济增长的数量,而全要素生产率最初的目的是为了反映增长的质量情况,同时也可以解释增长中要素对增长的贡献,它是一个指数问题。所以,正确计算经济发展中的全要素生产率因素可以作为国家研究、规划、调控经济发展的重要依据。

早在古典经济增长理论时期,斯密非常重视劳动生产率的提高,强调机器的发明和使用,认为社会分工和机器的运用就是技术进步。其实,斯密时期的"看不见的手"已经涉及全要素生产率的诸多方面,但未进行更深的研究。

丁伯根[94]在1942年将时间因素引入生产函数中,但将科技、教育、学习等无形要素作为外生变量未予考虑进生产函数。

享有"全要素生产率鼻祖"美誉的希朗·戴维斯[74]在1954年发表的

《生产率核算》一文中首次明确提出全要素生产率的全面定义,确定了全要素生产率应包括劳动、资本、原材料等所有的投入要素同时起作用时的产出水平的增加,而不是只涉及部分要素。

法布里坎(S. Fabricant,1954)[55]认为生产率是以经验为依据的投入与产出的比率。他建议在计算全要素生产率时采用平均或边际价值量计算,并指出全要素生产率的重要性在于将劳动生产率和资本生产率涵盖其中。

索洛[91-92]将技术进步纳入生产函数中,利用"索洛余值"测算技术进步率,建立了计算全要素生产率增长率的测算模型,量化了投入要素增长率、产出增长率和全要素生产率增长率之间的关系。

戴维斯[74]从索洛模型出发,把国民收入核算中产出增长的源泉分为各投入要素的增长率和全要素生产率增长率,其中产出增长率扣除各生产要素投入增长率的"余值"即为全要素生产率增长率。从索洛模型注重解释产出增长率,到注重测算全要素生产率增长率,是一个重要的转折点。

乔根森[79]和 Griliches(1967)[55]的主要贡献在于系统地阐明了由于投资而产生的新技术引起的生产率的变动,将投资与资本和劳动的增长分离开。

现代经济增长理论认为全要素生产率是指"生产活动在一定时间内对资源(资本、人力、土地等)的利用效率",是衡量单位总投入的总产出量的生产率指标。其表达式中,分子是总产出(即 GDP),分母是资本、劳动和资源的加权平均数,即总产量与全部要素(包括人力、物力、财力资源)投入量之比。在计算上它是除去劳动、资本、土地等要素投入之后的"余值",全要素生产率的增长率常常被视为科技进步的指标,其增长来源包括技术效率、配置效率和技术进步等。

2.2.2 全要素生产率的内涵界定

在经济学中,生产率可分为单要素生产率和全要素生产率。单要素生产率从单一要素对产出的贡献角度出发,是指在其他投入要素数量不变的基础上，某一种生产要素的投入与产出的比值，只从该种要素角度出发，如劳动生产率、土地生产率等，因此并不能全面而真实地反映整体生产效率的变动情况。而全要素生产率将传统要素（如资本、劳动等），现代要素（如人力资本、R&D 等），还有制度变迁、激励机制等因素从整体上对生产率变化的影响进行探讨。美国国家标准 I94《工业工程术语》定义的全要素生产率为：总产出与总投入的比值或者实际生产量与规定标准产量之比。《辞海》将全要素生产率解释为单位设备或设备的单位容量，在单位时间内生产的合格产品数量，它与劳动生产率的区别在于后者衡量的是每个工人在单位时间内生产的合格产品数量。马汉武（1999）[28]提出全要素生产率的实质是对生产能力、资源利用程度的考核，它可用来衡量生产组织，也可用来衡量各种产业、部门或某一经济整体。

在这里遵循生产率的本质，将全要素生产率定义为：一个生产决策单元（企业、行业、国家或地区），在一定时期内生产的总产出与总投入的比值，其数学表达式为：

$$\text{全要素生产率} = Y/X = \text{总产出}/\text{总投入} \tag{2.1}$$

在式（2.1）中，全要素生产率可以表示为总产出量 Y 与总投入量 X 的比值。考虑最简单的生产过程，即投入要素只有资本和劳动两种时，那么式（2.1）可以改写为：

$$A = \frac{Q}{K^{W_1} L^{W_2}} \tag{2.2}$$

在式（2.2）中，Q、K 和 L 分别表示生产过程中的总产出、资本存量和劳动力数量，W_1 和 W_2 分别是资本和劳动要素的权数，A 是全要素生产率的几何指数。式（2.2）可以转换成全要素生产率增长率，即：

$$A = Q - \alpha K - \beta L \tag{2.3}$$

Jorgenson 和 Nishimisu（1978）给出全要素生产率的计算公式为：

$$\ln \text{TFP} = \ln Y - \boldsymbol{E}_i^X \ln X \tag{2.4}$$

式(2.4)中 $\boldsymbol{E}_i^X = \dfrac{\partial \ln Y}{\partial \ln X_i}$ 为要素的产出弹性向量。

即使考察同一行业全要素生产率及其增长的变化，由于研究者所持有的经济学观点、研究目的不同，以及研究者对生产的真实状况和特点的了解和掌握的不同，在选取哪几种对产出水平有影响的投入要素上存在很大的差别，这导致测度的结果也大相径庭，但全要素生产率都可分解成技术效率、配置效率和规模效率等。

技术效率(technical efficiency)：首先由 Farrell(1957)[77]提出，具体定义如下：按照既定的规模报酬和市场价格条件下，在要素投入比例不变的情况下，产出一定量商品所需最小成本 CL 与实际成本 CS 的百分比。当技术效率等于1时我们称之为技术有效。用 TE 表示技术效率，则技术效率投入角度的定义为：

$$TE_i = \frac{CL}{CS} \times 100\% \tag{2.5}$$

而 Leibenstein(1966)[55]从产出角度定义了技术效率："技术效率是实际产出水平 YS 占在相同的投入规模、投入结构及市场价格条件下，所能达到的最大产出量 YH 的百分比"，即：

$$TE_0 = \frac{YS}{YH} \times 100\% \tag{2.6}$$

无论是投入角度还是产出角度的技术效率，其实质都是生产的实际值与最优值的比较，实际值是厂商获得的实际产出，因此度量技术效率的关键是最优值的确定。技术效率的量化最早是在国民收入核算的函数公式中产生的，随后经济学界利用生产函数对技术效率的作用进行描述，生产函数表示在既定投入要素情况下所能达到的最大产出，所有最优性质的产出点就构成了前沿生产边界，它可以用来定义投入和所能达到的最大产出之间的关系。人们更关心在现有生产技术水平下，对投入要素使用的效率高低。

配置效率(allocative efficiency)：反映了一个经济体合理划分投入成分，并合理安排对应价格和生产技术的能力。Lovell(1996)[84]和 Kumbhaker(2000)[83]认为,配置效率是为了达到经济上的有效,并且是为了达到现有资源的利用效率最高。

产出的配置效率可以用图形来表示,如图 2-1 所示,表示的是两投入两产出的简单生产过程,其中两种投入 x_1 和 x_2,两种产出 y_1 和 y_2。在考虑充分效率的条件下,根据最佳的投入组合达到特定的产出水平(投入角度),如图 2-1(a)所示;根据特定的投入达到最佳的产出(产出角度),如图 2-1(b)所示。

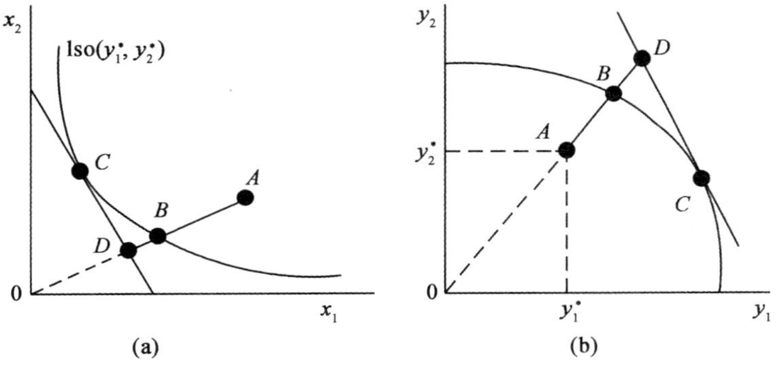

图 2-1　基于投入角度(a)和产出角度(b)的配置效率

Fig. 2-1　Allocative Efficiency Based on Input (a) or Output (b)

在图 2-1(a)中,A 点代表厂商使用一组投入组合来生产特定的产出水平(y_1^*,y_2^*)。而 B 点也能生产出(y_1^*,y_2^*),而使用更少的要素投入,B 点位于等产量线和最小投入水平相交点,即 Iso(y_1^*,y_2^*)。投入角度技术效率($TE_i(y,x)$)可由 $0B/0A$ 来表示。但根据产出最大化原理或成本最小化原理,即这点的边际技术替代率等于投入要素价格之比 w_2/w_1,产出(y_1^*,y_2^*)的最小成本投入组合是在 C 点,为了使投入的花费达到同样的成本水平,投入也需要更进一步缩减到 D 点。成本效率 $CE(y,x,w)$ 也因此被定义为 $0D/0A$。在图 2-1(a)投入的配置效率($AE_i(y,x,w)$)也随后用 $CE(y,x,w)/TE_i(y,x)$ 或 $0D/0B$ 定义。

规模效率(scale efficiency):是指资源投入规模对生产效能的影响,即衡量企业要素投入比例是否得当。

2.3 全要素生产率的测度方法

从新古典经济增长模型中的全要素生产率的增长是外生给定到其发展为全要素生产率的增长不仅是内生的，而且增长的源泉也是经济系统内生的，从索洛的经济增长模型(1957)到阿罗模型(1962)，再到罗默模型(1986)，都致力于将全要素生产率量化。从全要素生产率产生到发展，其测度方法主要有索洛余值法、超越对数法、随机前沿生产函数法、非参数的 Malmquist 生产率指数法等。由于本研究采用基于超越对数生产函数的随机前沿生产函数方法和基于 DEA 的 Malmquist 生产率指数法，所以主要介绍这两种方法的基本原理。

2.3.1 随机前沿生产函数法

随机前沿分析(SFA)法在 Aigner, Lovell, Schmidt(1977)[68]，Meeusen 以及 van den Broeck[87]提出的随机前沿生产函数中，将之前影响产出的全部因素归入一个单侧的误差项中作为生产无效率确定型随机前沿模型 $y=f(X,\beta)\mathrm{e}^{-\mu}$，$\mu\geqslant 0$，逐渐发展为在解释生产处于前沿边界之内的原因时考虑了技术无效率和随机冲击，允许技术无效率的存在，根据 Lovell 和 Kumbhakar(2000)[83]的总结，随机前沿生产函数模型的一般形式改为：

$$y=f(X,\beta)\exp(\nu-\mu),\mu\geqslant 0 \tag{2.7}$$

式(2.7)中 y 为产出，f 为设定的函数，$X=(x_1,x_2,\cdots,x_n)$表示 n 种投入要素，β 为一组待估计参数。误差项为复合结构，ν 为随机统计误差，表示经济系统不可控制因素所造成的误差，服从独立同分布且服从对称的正态分布 $N(0,\delta_\nu^2)$。μ 为生产无效率项，表示由技术效率所引致的误差，对它服从的分布的假设不同而得到的参数估计结果也不尽相同，通常假设 μ 服从单侧的正态分布 $N^+(m_{it},\delta_\mu^2)$，当 $\mu=0$ 时，决策单元就恰好处于生产前沿面上，为最优生产状态；如果 $\mu>0$，厂商就处于生产前沿面下方，此时可以衡量厂商的实际产出与其在最优技术水平与投入量下所能实现的最大产出之间的差异，此时技术是非有效状态。μ、ν 之间相互独立，这两项因素导致了实际产出可能达不到最优产出水平。

这种方法将影响全要素生产率增长的因素与全要素生产率变化率独立考察，从而更加细致地研究经济增长源泉。Battese(1992)[70]和 Coelli (1993)[71]将此方法发展为使用面板数据，不仅给出了具有相同投入产出的决策单位之间的效率差异，而且可以衡量同一个决策单位在不同时间的效率变化，引入时间的随机前沿生产函数模型的基本表达式为：

$$Y_{it} = F(X_{it}, t, \beta)\exp(\nu_{it} - \mu_{it}), \mu_{it} \geqslant 0 \tag{2.8}$$

式(2.8)中 Y_{it} 表示第 $i(i=1,2,\cdots,N)$ 个生产者在 $t(t=1,2,\cdots,T)$ 时期的实际产出；$F(\cdot)$是前沿生产函数，表示潜在产出，即经济系统中最优生产技术所能提供的最优产出；t 是时间变化项，表示前沿技术进步趋势；$\exp(\nu_{it}-\mu_{it})$，$\mu_{it}\geqslant 0$ 表示技术效率，ν_{it} 为观测误差、统计误差和其他随机扰动因素的统一体，同样通常假定它服从对称的正态分布。

此时，第 i 个决策单位在 t 时期的技术效率可以通过多次观测确定，一般定义为产出期望与随机前沿期望的比值，即：

$$\begin{aligned} \mathrm{TE}_{it} &= \frac{E[F(X_{it}, t, \beta)\exp(\nu_{it} - \mu_{it})]}{E[F(X_{it}, t, \beta)\exp(\nu_{it} - \mu_{it}) \mid \mu_{it} = 0]} \\ &= \exp(-\mu_{it}) \end{aligned} \tag{2.9}$$

随机前沿生产函数法是一种参数方法，根据误差项的分布假设不同，采用相应的技术方法估计事先设定的生产函数中的参数，目前较为常用的生产函数 $F(\cdot)$是柯布-道格拉斯生产函数(Cobb-Douglas)和超越对数生产函数(translog)两种形式，其中只有资本和劳动力两种投入的 Cobb-Douglas 生产函数的对数形式为：

$$\ln Y_{it} = \beta_{i0}^{t} + \beta_{i1}^{t} t + \beta_{i2}^{t} \ln K_{it} + \beta_{i3}^{t} \ln L_{it} + \nu_{it} - \mu_{it} \tag{2.10}$$

式(2.10)中，t 表示时间趋势，Y_{it} 表示第 i 个生产单位在 t 时期的产出，K_{it} 和 L_{it} 分别表示第 i 个生产单位在 t 时期的资本和劳动力投入量，$\nu_{it}-\mu_{it}$ 为误差项。对式(2.10)两端求全微分并整理得到：

$$\frac{\mathrm{d}Y_{it}}{Y_{it}} = \beta_{i1} + \beta_{i2}\frac{\mathrm{d}K_{it}}{K_{it}} + \beta_{i3}\frac{\mathrm{d}L_{it}}{L_{it}} - \mathrm{d}\mu_{it} \tag{2.11}$$

将式(2.11)整理为：

$$\frac{\mathrm{d}Y_{it}}{Y_{it}} - \beta_{i2}\frac{\mathrm{d}K_{it}}{K_{it}} + \beta_{i3}\frac{\mathrm{d}L_{it}}{L_{it}} = \beta_{i1} - \mathrm{d}\mu_{it} \tag{2.12}$$

对技术效率的定义式(2.9)两边取对数并微分得到：

$$\frac{\mathrm{dTE}_{it}}{\mathrm{TE}_{it}} = -\mathrm{d}\mu_{it} \tag{2.13}$$

将式(2.13)代入式(2.12)得到：

$$\frac{\mathrm{dTFP}_{it}}{\mathrm{TFP}_{it}} = \beta_{it} + \frac{\mathrm{dTE}_{it}}{\mathrm{TE}_{it}} \tag{2.14}$$

式(2.14)表示 TFP 增长率可以分解为技术进步率和相对技术效率增长率之和。

2.3.2 数据包络分析法

数据包络分析(DEA)是美国运筹学家 A. Charnes 和 W. W. Cooper 等(1978)[73]使用线性规划方法的数学模型比较决策单元投入与产出实际观测值之间的相对效率，对决策单元(decision making unit)做出评价的确定性生产前沿方法。自 1978 年 DEA 方法产生以来，除了模型的不断完善和相关理论结果的不断更新，其应用范围也日益扩展，除广泛用于学校、医院、铁路、银行等公共服务部门的运行效率的评价之外，在经济学领域也有较为深入的应用。

DEA 是运筹学的一个新研究领域，被广泛应用于各个领域的效率评价的原因是相对于参数方法，其优点在于可以处理多投入多产出问题，并且不用给出确定的生产函数形式。

基于数据包络分析方法的莫氏生产率指数(Malmquist productivity index)由 Caves[72]等在 1982 年利用 Shephard 等 1970 年提出的距离函数基础上定义。通常是直接利用线性规划方法给出代表全部决策单元最优生产前沿的边界生产函数的数量估算，并给出每个同类决策单元(decision making units，DMU)与最优生产前沿面的差距，它是几项距离函数的比值。但是从这种理论的提出到被广泛使用却经历了较长的时间，直到费尔(Role Fare)等[76]1994 年给出测算 Malmquist 生产率指数的非参数线性规划法,这种理论才得到广泛的应用。根据 Fare 等(1994)从产出角度出发测量生产率变化的莫氏生产率指数及其分解的测算方法如下,假设对于 $t=1,2,\cdots,T$ 的每一时期,存在 m 种投入,k 种产出的生产行为,都存在一个从 $\boldsymbol{X}_0^t \in R_+^N$ 到 $\boldsymbol{Y}_0^t \in R_+^M$ 的生产技术 S^t,其中,$\boldsymbol{X}$ 是 m 维的投入向量,$\boldsymbol{Y}$ 是 k 维的全部产出向量,生产技术的数学表达式如下:

$$S_0^t = \{(X_0^t, Y_0^t): X_0^t \text{ 可以生产出 } Y_0^t\} \tag{2.15}$$

则 t 时期的产出距离函数定义如下:

$$D_0^t(X_0^t, Y_0^t) = \min\{\theta: (X_0^t, Y_0^t/\theta) \in S_0^t\} \tag{2.16}$$

这个函数的定义等同于给定投入 X_0^t 不变和生产技术 S^t 可行时,产出变量 Y_0^t 可以扩大的倍数的倒数,这种产出距离函数完全刻画了技术效率的特点,特别地,$D_0^t(X_0^t, Y_0^t) \leqslant 1$,当且仅当$(X_0^t, Y_0^t \in S_0^t)$,该 DMU 位于生产技术前沿的内部,另外,$D_0^t(X_0^t, Y_0^t)=1$,当且仅当位于生产技术的前沿,因此产出距离函数就可以利用 DEA 方法计算。

用(X_0^t, Y_0^t)和(X_0^{t+1}, Y_0^{t+1})分别表示基于产出角度 t 时期、$t+1$ 时期的投入产出向量,用 $D_0^t(X_0^t, Y_0^t)$表示以 t 时期技术为参照,t 时期投入产出向量的产出距离函数;用 $D_0^t(X_0^{t+1}, Y_0^{t+1})$表示与 t 时期技术相比 $t+1$ 时期投入产出向量的产出距离函数,基于 t 时期技术产出角度的莫氏生产率指数:

$$M_0^t(X_0^t, Y_0^t, X_0^{t+1}, Y_0^{t+1}) = \frac{D_0^t(X_0^{t+1}, Y_0^{t+1})}{D_0^t(X_0^t, Y_0^t)} \tag{2.17}$$

用 S^t、S^{t+1}分别表示 t 时期和 $t+1$ 时期特定生产技术水平下的生产可能集。假设从 t 时期到 $t+1$ 时期发生了技术进步,则有 S^{t+1}包含 S^t。如图 2-2 所示,$A(X_0^t, Y_0^t)$是 t 时期 S^t 技术水平上生产可行点,有 $D_0^t(X_0^t, Y_0^t) \leqslant 1$,而 $E(X_0^{t+1}, Y_0^{t+1})$点不是 t 时期 S^t 技术上的可行点,有 $D_0^t(X_0^{t+1}, Y_0^{t+1})>1$。

当从 t 时期到 $t+1$ 时期发生技术进步时,基于 t 时期技术,产出导向的莫氏(Malmquist)生产率指数为:

$$M_0^t(X_0^t, Y_0^t, X_0^{t+1}, Y_0^{t+1}) = \frac{0e}{0d} \Big/ \frac{0a}{0b} \tag{2.18}$$

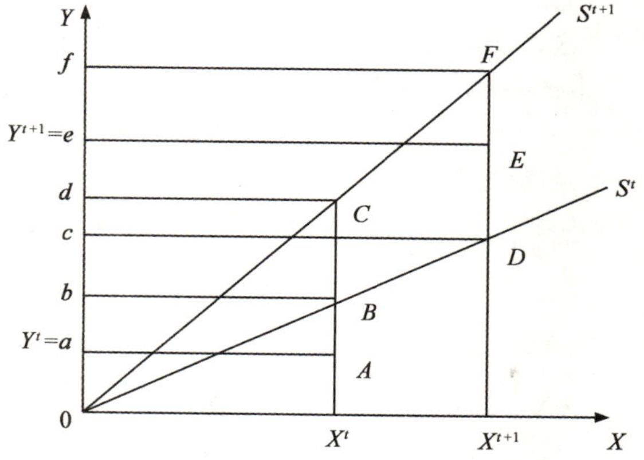

图 2-2　基于产出导向的莫氏生产率指数

Fig. 2-2　The Malmquist Productivity Index of Output-oriented

同理，以 $t+1$ 时期技术条件 S^{t+1} 为参照的产出导向的 $t+1$ 时期的 Malmquist 生产率指数为：

$$M_0^{t+1}(X_0^t,Y_0^t,X_0^{t+1},Y_0^{t+1}) = \frac{D_0^{t+1}(X_0^{t+1},Y_0^{t+1})}{D_0^{t+1}(X_0^t,Y_0^t)} = \frac{0e}{0g}\bigg/\frac{0a}{0c} \tag{2.19}$$

由式(2.18)和式(2.19)计算得到的技术效率水平的测算会因所选取的基期不同而必定不同，所以可以通过计算以上两个计算公式的几何平均数来避免不同时期选择的任意性所带来的 Malmquist 生产率指数不同的现象，由此 Fare 等构造了一个基于产出角度从 t 期到 $t+1$ 期的 Malmquist 生产力变化指数 $M_0(X^t,Y_t,X^{t+1},Y^{t+1})$ 计算公式：

$$M_0(X_0^t,Y_0^t,X_0^{t+1},Y_0^{t+1}) = \left[\frac{D_0^t(X_0^{t+1},Y_0^{t+1})}{D_0^t(X_0^t,Y_0^t)} \times \frac{D_0^{t+1}(X_0^{t+1},Y_0^{t+1})}{D_0^{t+1}(X_0^t,Y_0^t)}\right]^{1/2} \tag{2.20}$$

式(2.20)表示 $t+1$ 期相对于 t 期的生产力变动率，如果 Malmquist 生产率指数 $M_0(X^t,Y^t,X^{t+1},Y^{t+1})>1$，表明 t 期到 $t+1$ 期的 TFP 增长

了，若 $M_0(X^t, Y^t, X^{t+1}, Y^{t+1})<1$，则说明 TFP 下降了。进一步地，Fare 等又证明了利用数据包络分析非参数方法同样可以将 Malmquist 生产率指数分解为技术效率和技术变化两部分，其中技术效率可以进一步分解为纯技术效率和规模效率的乘积。Malmquist 生产率指数变动分解的具体推导过程如下：

$$
\begin{aligned}
M_0(X_0^t, Y_0^t, X_0^{t+1}, Y_0^{t+1}) &= \left[\frac{D_0^t(X_0^{t+1}, Y_0^{t+1})}{D_0^t(X_0^t, Y_0^t)} \times \frac{D_0^{t+1}(X_0^{t+1}, Y_0^{t+1})}{D_0^{t+1}(X_0^t, Y_0^t)}\right]^{1/2} \\
&= \left[\frac{D_0^t(X_0^{t+1}, Y_0^{t+1})}{D_0^t(X_0^t, Y_0^t)} \times \frac{D_0^t(X_0^{t+1}, Y_0^{t+1})}{D_0^t(X_0^t, Y_0^t)} \times \right. \\
&\quad \left. \frac{D_0^{t+1}(X_0^{t+1}, Y_0^{t+1})}{D_0^{t+1}(X_0^{t+1}, Y_0^{t+1})} \times \frac{D_0^t(X_0^t, Y_0^t)}{D_0^t(X_0^t, Y_0^t)}\right]^{1/2} \\
&= \frac{D_0^{t+1}(X_0^{t+1}, Y_0^{t+1})}{D_0^t(X_0^t, Y_0^t)} \times \left[\frac{D_0^t(X_0^{t+1}, Y_0^{t+1})}{D_0^{t+1}(X_0^{t+1}, Y_0^{t+1})} \times \right. \\
&\quad \left. \frac{D_0^t(X_0^t, Y_0^t)}{D_0^{t+1}(X_0^t, Y_0^t)}\right]^{1/2} \qquad (2.21)
\end{aligned}
$$

其中，技术效率 $\text{Ech}=\dfrac{D_0^{t+1}(X_0^{t+1}, Y_0^{t+1})}{D_0^t(X_0^t, Y_0^t)}$，技术进步 $\text{Tch}=\left[\dfrac{D_0^t(X_0^{t+1}, Y_0^{t+1})}{D_0^{t+1}(X_0^{t+1}, Y_0^{t+1})} \times \dfrac{D_0^t(X_0^t, Y_0^t)}{D_0^{t+1}(X_0^t, Y_0^t)}\right]^{-1/2}$ 在规模报酬不变的技术假定下，综合效率 Ech 又可以拆分成为技术效率变化 TEch 与规模效率变化 SEch 的乘积，所以，第一部分又可写成：

$$
\begin{aligned}
\frac{D_0^{t+1}(X^{t+1}, Y^{t+1})}{D_0^t(X^t, Y^t)} &= \frac{(\text{TE}_{\text{CRS}})_{t+1}}{(\text{TE}_{\text{CRS}})_t} = \frac{(\text{TE}_{\text{VRS}} \times \text{SE})_{t+1}}{(\text{TE}_{\text{VRS}} \times \text{SE})_t} \\
&= \frac{(\text{TE}_{\text{VRS}})_{t+1}}{(\text{TE}_{\text{VRS}})_t} \times \frac{\text{SE}_{t+1}}{\text{SE}_t} \qquad (2.22)
\end{aligned}
$$

式(2.22)中 TE_{CRS} 表示投入角度不变规模报酬下的技术效率变化，TE_{VRS} 表示投入角度可变规模报酬下的技术效率变化，SE 表示规模效率变化，此时，Malmquist 生产率指数 M_0 ＝效率变化×技术进步＝技术效率变化×规模效率变化×技术进步。

从式(2.22)可以看出，计算 Malmquist 生产率指数的关键是计算 $D_0^t(X^t, Y^t)$、$D_0^{t+1}(X^{t+1}, Y^{t+1})$、$D_0^{t+1}(X^t, Y^t)$、$D_0^t(X^{t+1}, Y^{t+1})$ 这 4 个混合

距离函数的值,即以下 4 个 DEA 模型:

$$D_0^t(X_0^t, Y_0^t) = \min\theta_0$$
$$\text{s.t.}$$
$$\sum_{j=1}^{n}\lambda_j x_j^t \leqslant \theta_0 x_0^t$$
$$\sum_{j=1}^{n}\lambda_j y_j^t \geqslant y_0^t \tag{2.23}$$
$$\lambda_j \geqslant 0, j = 1, 2, \cdots, n$$

$$D_0^{t+1}(X_0^{t+1}, Y_0^{t+1}) = \min\theta_0$$
$$\text{s.t.}$$
$$\sum_{j=1}^{n}\lambda_j x_j^{t+1} \leqslant \theta_0 x_0^{t+1}$$
$$\sum_{j=1}^{n}\lambda_j y_j^{t+1} \geqslant y_0^{t+1} \tag{2.24}$$
$$\lambda_j \geqslant 0, j = 1, 2, \cdots, n$$

$$D_0^{t+1}(X_0^t, Y_0^t) = \min\theta_0$$
$$\text{s.t.}$$
$$\sum_{j=1}^{n}\lambda_j x_j^{t+1} \leqslant \theta_0 x_0^t$$
$$\sum_{j=1}^{n}\lambda_j y_j^{t+1} \geqslant y_0^t \tag{2.25}$$
$$\lambda_j \geqslant 0, j = 1, 2, \cdots, n$$

$$D_0^t(X_0^{t+1}, Y_0^{t+1}) = \min\theta_0$$
$$\text{s.t.}$$
$$\sum_{j=1}^{n}\lambda_j x_j^t \leqslant \theta_0 x_0^{t+1}$$
$$\sum_{j=1}^{n}\lambda_j y_j^t \geqslant y_0^{t+1} \tag{2.26}$$
$$\lambda_j \geqslant 0, j = 1, 2, \cdots, n$$

2.3.3　测度方法的比较

随机前沿分析方法的优点：首先，通过估计具体的生产函数形式，对整个生产过程的投入产出行为进行描述，根据生产函数中误差项的结构和分布假设，选择不同的技术方法对技术效率和技术进步进行估计并确定各个参数；其次，随机前沿分析方法是一种以概率分布原理估算各种效率和技术进步的经济计量方法，可以对采用的数学函数模型和测算出的参数结果进行检验。

随机前沿分析法的缺点首先在于只能处理单产出情形，不能处理多投入多产出的情形；其次不适用于小样本数据，对于小样本数据估计结果误差较大；再有该方法需事先假定生产函数的具体形式，并且其他假设条件太多，使得应用研究受到较大的限制。

数据包络分析方法最大的优点在于：首先，无须对生产函数的具体形式进行设定，也不必对误差项的分布进行假设，只需要有投入产出的观察值即可，而且对投入量和产出量各指标的量纲单位的一致性没有要求，避免了价格体系不合理等非技术因素对评价结果的不利影响；其次，数据包络分析方法考查的变量是投入产出指标自身的权重，与随机前沿生产函数法事先确定各指标的权重相比，避免了评价者主观意愿对权重分配结果正确性的影响；最后，数据包络分析方法可对多投入多产出的复杂系统进行技术有效性评价和查找技术非效率的原因及改善方法。

数据包络分析方法的缺点在于只有一个前沿面，所有的决策单元的生产行为都与之进行对比；另外，数据包络分析方法将统计误差和数据因素等不可控因素造成的误差一律归因为非效率，造成非效率的统计结果偏大；该方法最大的遗憾是不能像随机前沿生产函数法那样进行检验，对估计结果的正确性不能进行验证，只能进行主观判断。

鉴于测算全要素生产率两种分析方法各自的优缺点，加之我国及各区域畜牧业数据的不完备性和畜牧业实际生产过程面临的外部不确定因素的干扰，本研究将分别采用随机前沿分析和数据包络分析两种方法对全国及各区域畜牧业 TFP 进行定量测算，相互验证，以求测算结果的可靠性。

2.4 文献综述

2.4.1 全要素生产率研究

全要素生产率是分析经济增长源泉及途径的重要工具。20 世纪 20 年代，经济学家道格拉斯(Douglas)[55]等提出生产函数理论，开启了对生产率定量研究的先河。

2.4.1.1 国外研究现状

荷兰经济学家丁伯根(Tinbergen，1942)[94]定义了全要素生产率之后，在 *C-D* 生产函数中添加了一个时间趋势表示"效率"水平，认为影响产出量的技术水平是随时间变化的。同一时期，施蒂格勒(Stigler G J，1947)[93]对全要素生产率的概念进一步的诠释，在此基础之上计算了美国制造业 TFP 变动。戴维斯(Davis，1954) [74]在《生产率核算》一书中明确了 TFP 的内涵，指出测算生产率的时候应该扣除价格变化的影响，即以不变价格计算。索洛(Solow，1957)[91]在其他人研究的基础之上，第一次将技术进步因素纳入经济增长模型中，他认为劳动生产率提高引起的人均产出增长扣除资本产出率增长引起的产出增长后，未被解释部分归为技术进步的结果，这就是著名的"索洛余值"，即全要素生产率的增长率。1961 年肯德里克(Kendrick)[55]在其著作中指出单要素生产率仅能测度某一投入要素的利用效率，并不能反映全部要素联系起来产生的生产率变化与产出之间的关系。丹尼森(Denision，1962)[75]以肯德里克提出的全要素生产率概念为基础，发展了"索洛余值"的测算方法，把投入要素进行了更加详细的分类，例如劳动要素考虑了劳动时间，劳动者文化程度、年龄、性别等因素，然后利用权数合成总投入指数。1977 年，Aigner，Lovell，Schmidt[68]和 Meeusen，van den Broeck(1977)[87]分别独立研究并提出了随机前沿生产函数模型，给出了有效测算效率的方法，由此掀起了计量经济学对随机前沿生产模型的研究热潮。乔根森(Jorgenson，

1987)[79]采用超越对数生产函数的形式量化分析了全要素生产率的变动，为全要素生产率理论发展和测度方法更新做出了突出贡献。诺贝尔奖得主保罗·克鲁格曼(Paul Krugman，1994)[81]提出“亚洲四小龙是纸老虎”的观点，认为其经济增长不是效率的增长，而是投入驱动型增长。

2.4.1.2　国内研究现状

国内对全要素生产率的理论认识和经济研究从 20 世纪 80 年代才真正开始，研究范围主要分布在宏观经济、工业、省际经济、农业、装备制造业、服务业等，但这一时期的研究基本上都是借鉴西方的全要素理论和实证研究方法。史清琪等(1984)[29]首先提出技术进步对于中国经济发展的重要性并对我国技术进步展开度量。王积业等(1995、1996、1998、2000)[39-42]探讨了一些行业的技术进步、经济增长和宏观调控问题。易纲和樊纲(2003)[48]、林毅夫等(2007)[21]、郑玉歆(1999、2007)[62-63]等针对克鲁格曼“东亚奇迹”问题对中国 TFP 进行了深入的论证，为中国经济增长方式进行辩护。刘小玄和郑京海(1998、2002)[24-25]对 1980—1994 年间 769 家国有企业抽样数据进行分析，探讨改革中对企业效率的影响因素。孔翔等(1999)[17]估算了 1990—1994 年我国建材、化工、机械、纺织四个行业的全要素生产率及其分解变动率。余修斌等(2000)[49]测算了中国制造业的技术效率并与其他国家进行比较分析，提出提高技术效率是增强我国制造业国际竞争力的主要途径和手段。吴方卫、孟令杰、熊诗平等(2000)[43]在《中国农业的增长与效率》一书中对我国农业生产率变化及其分解的研究进一步理论化与系统化。郭庆旺和贾俊雪(2005)[12]在比较分析全要素生产率的四种估算方法基础上，利用三种不同方法测算了 1979—2004 年中国全要素生产率及增长。涂正革等(2005)[32]选取不同方法测算了我国工业行业的全要素生产率增长情况。王志刚等(2006)[37]利用超越对数生产函数的随机前沿模型对 1978—2003 年地区间全要素生产率进行测算分解。郑京海等(2005)[61]从生产率角度分析中国经济增长能否持续的问题。韩妍(2009)[13]在其博士论文研究中利用随机前沿生产函数方法测算了中国工业全要素生产率，研究表明，技术进步是促进全国以及各地区工业 TFP 增长的主要源泉。周彩云(2010)[64]运用 DEA 数据包络分析方法测算了中国区域经济 TFP 增长，及对区域经济的贡献。

2.4.2 畜牧业 TFP 研究

2.4.2.1 国外研究现状

Helena Johansson(2005)[78]通过比较 DEA 方法和 SFA 方法两种测算结果，认为 DEA 方法因为不需要设定具体的函数形式而更加适合测算瑞典奶牛养殖场的技术效率、配置效率和经济效率，分别为 0.77、0.57 和 0.43，其中规模效率与经济效率是负相关的，并得出瑞典奶牛养殖场的主要挑战是提高成本最小化技能的结论。Nigel Key, William McBride 和 Roberto Mosheim(2008)[86]利用随机前沿分析法测算了美国 1992—2004 年养猪企业全要素生产率及其变动分解，结果表明，12 年间生产力发展几乎完全依靠技术进步和规模效率。美国东南部和中部地区的全要素生产率差异在于农场规模效率的不同。Allan N Rae，Hengyun Ma，黄季焜(2006)[67]认为对畜牧业 TFP 的研究十分少见，但从已有的发展中国家畜牧业信息中尤其是中国，畜牧业在国内农业经济中变得越来越重要。他们利用随机前沿方法测算四种主要畜产品的全要素生产率及其分解，结果表明，20 世纪 80 年代和 90 年代，中国畜牧业 TFP 增长变动及其分解超过产业结构调整，中国畜牧业生产部门有相当多的技术创新，而技术效率改进一直较缓慢。

2.4.2.2 国内研究现状

国内现有的对全要素生产率运用的研究主要集中在宏观经济、农业、制造业等领域，将畜牧业从农业中分离出来，并针对这一单独产业的研究较少，且多集中在某一地区或者特定养殖业生产率的测定。杨军(2003)[47]在其硕士论文中以生猪、肉牛、肉羊和奶牛为例，采用超越对数随机边界生产方法分析得出 1997—2001 年我国畜牧业 TFP 的贡献率只有 36%，生产方式仍处于中度粗放式阶段。詹和平(2004)[52]在其硕士论文《山东省畜牧业生产的效率分析》中利用数据包络分析法分别对山东省 1997—2002 年生猪、菜牛及奶牛的生产情况进行了效率分析。曹暕等

(2005)[1]基于奶牛养殖户的实际调查资料，利用随机前沿生产函数模型测算出奶牛生产的平均技术效率为 70%，并分析了影响奶牛生产技术效率的因素。朱玉春、郭江(2006)[66]在利用增长速度方程测算陕西省 1984—2004 年畜牧业技术进步贡献率对畜牧业增长的贡献并不明显，测得陕西省全要素生产率的增长率为 2.7%时，技术贡献率为 35.014%。陶红军、冯中朝(2007)[31]利用随机前沿生产函数模型对，1995—2004 年湖北省畜牧业技术效率进行测算，结果表明，1995—2004 年湖北省畜牧业技术效率平均值约为 0.969 8，实际畜牧业生产曲线与生产前沿曲线比较接近，畜牧业生产还是很有效率的。田露(2007)[33]在其硕士论文《吉林省畜牧业增长及其生产率研究》一文中采用曼奎斯特生产率指数法对吉林省 1989—2005 年主要畜产品生产率进行测算。结果表明，1989—2005 年间，吉林省生猪和肉牛的全要素生产率指数总体呈上升趋势，分别平均上升了 2.99%和 14.4%；而奶牛的全要素生产率有所上升，平均上升了6.66%。曹佳、肖海峰、杨光(2009)[2]运用扩展的索洛模型和 *C-D* 生产函数测算了 1978—2007 年我国畜牧业 TFP 及其影响因素，结果表明，我国畜牧业 TFP 的年均增长率为 4.71%；从总体上处于规模报酬递增阶段。肖洪波(2010)[45]在其博士论文《我国生猪生产增长与波动研究》测算出生猪生产的全要素生产率(TFP)对产出的贡献达到 50.87%。1980—2008 年我国生猪业的 TFP 共增长了 64.3%，年均增长率为 2.29%，技术进步相对缓慢，技术效率增长较小，甚至出现效率倒退。

2.4.3　畜牧业增长的影响因素研究

对畜牧业增长的影响因素的研究存在如下倾向：首先是对畜牧业产业结构的研究，如李瑾、秦富(2007)[18]认为自然资源环境、社会发展进程以及科技进步是畜牧业产业结构的三大影响因素，其中自然资源环境是结构调整的基础，社会发展是动力，科技进步是支撑条件。曹佳、肖海峰等(2009)[2]测算了 1978—2007 年我国畜牧业 TFP 及其影响因素认为畜牧业政策、劳动者质量、规模化程度和科技投入量是影响我国畜牧业 TFP 变动的主要因素。

其次是对某一地区畜牧业发展的影响因素进行分析，如张丽霞、李震钟(1993)[54]应用灰色关联度分析法,分析了西乡桑园乡畜牧业发展从属于种植业,肉类产量不单纯决定于牲畜存栏数,而主要依赖于出栏率的提高。赵亮、陶红军(2006)[51]分析认为1995—2004年湖北省畜牧业技术效率的主要影响因素是劳动力数量和户均耕地面积。甄琳、刘纪远等(2008)[60]分析认为蒙古高原农牧业系统格局变化的影响因素主要包括气候因素、农业技术投入和牧业管理、经济体制和社会制度,尤其气候灾害和开放市场经济对蒙古高原农牧业产生了深刻的影响。沈子寅、孙炎(2009)[30]分析云南省畜牧业生产虽然处于规模报酬递增阶段,畜牧业投入水平还不高,增加投入将会获得更大的产出,技术进步对于云南省技术效率的改进存在正面作用,但是水平并不高。陈秋红(2010)[3]对草原生态敏感地区畜牧业生产经营行为进行分析,认为影响牧户畜牧业经营的内部因素包括家庭规模、家庭畜牧业生产经营方式、家庭经济状况、家庭性质、是否兼业、拥有草场资源的数量等,外部因素包括地区自然禀赋、产业结构、草地利用的制度安排。张玉海(2012)[56]统计了1996—2009年河北省主要畜产品产量和京、津、冀三地牧业产值,在诸多影响因素中,选取了政策导向、养殖企业与加工企业关系、动物疫病、药物残留与食品安全、养殖企业的污染与防治等5个方面进行研究与分析。

此外,还有针对畜牧业中单一养殖业发展的影响因素的研究,如曹暕、孙顶强、谭向勇(2005)[1]基于奶牛养殖户的实际调查资料,在测算奶牛生产技术效率同时认为养殖规模、专业化程度、参加培训对技术效率有正面的影响,家庭决策者年龄对技术效率有负面影响。陈诗波等(2008)[4]针对生猪产业,考察了1979—2005年不同地区生猪散户养殖的生产率(TFP)增长,得出技术水平是制约散户养殖生产率增长的关键因素的结论。张越杰、田露(2010)[33]认为自然因素、农业技术进步、屠宰加工业的带动、环境压力和政策驱动是中国肉牛生产区域布局变动的主要影响因素。张震、乔娟(2011)[59]认为粮食产量、原有饲养规模、消费市场的潜力、交通运输的通达性、气候条件、畜牧业与种植业的比较优势等都是影响生猪生产区域格局的因素。刘雨佳、盖志毅(2012)[27]从成本收益角度出发,对影响内蒙古肉羊产业成本收益方面的主要因素以及影响方向进行了测算和分析。

综上所述,这些先驱性相关成果对畜牧业TFP及其影响因素研究具有借鉴意义。但是以往对畜牧业 TFP 的研究存在如下倾向：首先，专门研究畜牧业 TFP 的成果不多；其次，大多数文献通常采用单一测算方法分析畜牧业 TFP，其可靠性无法查证，把随机前沿生产函数和数据包络分析这两种方法做相互验证的研究十分鲜见；第三，大多数文献在利用随机前沿生产函数方法通常采用简单的 *C-D* 生产函数模型，局限性在于使用时需要对投入要素之间的替代关系进行一系列很严格的假设；第四，在利用 Malmquist 生产率指数方法测算畜牧业 TFP 时假定规模报酬可变，而在测算技术进步和规模效率时利用的却是规模报酬不变情况下的参照技术的进步（章祥荪等，2008）[53]。以往对于区域畜牧业 TFP 研究的不足，为本研究提供了一个切入的空间，更突出本研究的重要性。因此，本研究拟运用全国畜牧业省际面板数据，利用时变的超越对数随机前沿生产函数和修正了的 Malmquist 指数法这两种方法做相互验证，对全国以及区域畜牧业 TFP 进行定量测算，在此基础之上，考察畜牧业 TFP 对于区域畜牧业产出增长的贡献份额，以及对于不同区域畜牧业增长的贡献是否相同，以期为推进不同区域畜牧业增长方式转变和调整改进方向提供可靠的计量依据。

第3章　中国畜牧业发展现状及区域差异

畜牧业是上连种植业，下接加工业的“中轴”产业，具有投资少、见效快、产业链长的特点，在促进种植业结构调整，发展农产品加工和增加农民收入方面具有独特的优势，而且畜牧业可变粮为肉，使农产品内部转化循环，不会对粮食安全造成影响。从国际经验来看，畜牧业的发展水平通常是一个国家农业发展水平的重要标志，发达国家畜牧业产值占农业产值比重一般在40%～50%，如丹麦、荷兰占80%以上，美国、新西兰占70%以上，而我国2011年只有30%左右，因此我国畜牧业的发展潜力很大；从食品营养成分角度来看，畜牧业能将大量的人类不能从植物中直接利用的物质转化为脂肪和蛋白质等营养物质，从而改善人们的膳食结构，提高人们的身体素质；从农牧民收入角度来看，农牧民可以通过畜牧业生产来增加收入；从农业产业结构调整角度来看，畜牧业养殖是人类与大自然进行物质交换的另一种农业产业，始终处于农业产业的最低端，畜产品价值增值缓慢，但空间极大，所以深化畜牧业发展，延长畜牧业生产链条，可以实现畜产品增值。2011年9月，农业部发布《全国畜牧业发展第十二个五年规划(2011—2015年)》，提出到2015年全国畜禽规模养殖比重提高10～15个百分点，畜牧业产值占农林牧渔业总产值的比重达到36%。因此，为保障我国粮食安全，增加农民收入，提高人民生活水平，积极发展畜牧业具有重要的现实意义和可行性。

自20世纪80年代以后，我国畜牧业由过去的数量短缺、质量不高、种类单一发展到现在的畜产品供给充足、营养丰富和品种齐全的新局面。目前，畜牧业生产和经营已经成为我国农村经济中一项重要产业。

3.1　畜牧业发展历程分析与评价

3.1.1　全国畜牧业发展历程分析

畜牧业可为人们提供基本生活资料如肉、蛋、奶、皮毛等动物性初级产品。除此之外，畜牧业不仅为毛纺工业、肉类及食品加工业、皮革工业、油脂工业、生物制药等轻工业提供羊毛、山羊绒、皮、鬃、兽骨、肠衣等基本原料，并且为种植业、饲料工业及其他生产资料部门提供了广阔的市场，为农村剩余劳动力提供就业机会，增加农民收入，促进广大牧区的经济和文化发展，促进少数民族地区的经济繁荣。畜牧业在国民经济中的地位和作用越来越重要。如今，随着我国参加国际贸易的程度不断加强，畜牧业为出口创汇提供畜产品物资。虽然我国的畜牧业有了长足和深远的发展，其中畜产品养殖已经持续 30 多年的稳定增长，但是我国的畜牧业发展道路并不是一帆风顺的，按照全国畜牧业产值增长率的变动情况（图 3-1）将 1978—2011 年间的畜牧业生产分为以下 5 个时期。

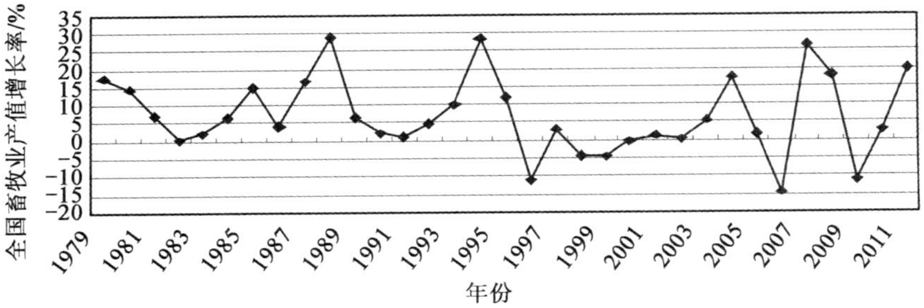

图 3-1　全国畜牧业产值增长率变动趋势

Fig. 3-1　Changing Tendency of Animal Husbandry Output Growth Rate of China

1978—1983 年畜牧业产值增长下降时期。这一时期，从畜牧业产值增长率来看，如图 3-1 所示，全国畜牧业产值增长率呈下降趋势，这说明，这一时期畜牧业发展缓慢，增速连年下降，体现出畜牧业发展过程中的很多阻力和问题亟待解决。这是由于我国畜牧业经历了农区畜牧业从属于种植业的家庭副业、牧区以自给为主的游牧生活，由中华人民共和国成立之前畜牧业生产力水平低，到由于“大跃进”、人民公社化、反右倾及“文革”等“左”的错误路线干扰，畜牧业生产或迅速下滑，或时起时落，畜牧业发展止步不前，受挫严重。

但是从畜牧业产值上看，如表 3-1 和图 3-2 所示，虽然畜牧业增长率呈下降趋势，但是始终都是大于零的。全国畜牧业产值连年增长，从 1978 年的 209 亿元增加到 1983 年的 354.21 亿元；占农林牧渔业产值比重也有所增加，由 1978 年全国畜牧业占农林牧渔业比重的 14.96% 到 1983 年的 17.94%，这是由于党的十一届三中全会以来，中共中央和国务院制定了一系列加强和推动农牧业发展的政策和措施，为畜牧业的发展指出了方向，提供了保障。1982 年，中共中央在批转《全国农村工作会议纪要》中强调，“要把一切行之有效鼓励畜牧业发展的政策落实到各家各户”。由于中央政府不断调整发展畜牧业的方针政策，如恢复“公养和私养并重，以私养为主”的养猪方针，调整牧区生产政策，重申牧区“以牧为主”的方针，调整畜产品收购价格，实行奖售政策，整顿畜兽医站，充实检疫机构等，使我国畜牧业在薄弱的基础上，仍然得到新的发展。

表 3-1　全国畜牧业产值时序变动情况

Tab. 3-1　The Movement of Timing-based Animal Husbandry Output of China

年份	全国畜牧业产值/亿元	增长率/%	全国农林牧渔业产值/亿元	比重/%
1978	209.00	—	1 397.00	14.96
1979	265.88	24.07	1 578.57	16.84
1980	324.57	19.94	1 763.11	18.41
1981	346.11	6.43	1 877.75	18.43
1982	353.60	2.14	1 921.18	18.41
1983	354.21	1.53	1 974.41	17.94
1978—1983 平均值	308.89	10.82	1 752.00	17.50

续表 3-1
Continue Tab. 3-1

年份	全国畜牧业产值/亿元	增长率/%	全国农林牧渔业产值/亿元	比重/%
1984	375.43	5.82	2 055.60	18.26
1985	493.54	27.35	2 238.57	22.05
1986	524.02	5.99	2 400.58	21.83
1987	603.84	14.18	2 643.79	22.84
1988	871.05	36.64	3 190.93	27.30
1989	949.74	8.65	3 448.10	27.54
1984—1989 平均值	636.27	16.44	2 662.93	23.30
1990	964.56	1.55	3 757.25	25.67
1991	1 021.07	5.69	3 857.74	26.47
1992	1 096.02	7.08	4 045.93	27.09
1993	1 242.97	12.58	4 534.54	27.41
1994	1 774.16	35.58	5 981.13	29.66
1995	2 069.88	15.42	6 964.95	29.72
1990—1995 平均值	1 361.44	12.98	4 856.92	27.67
1996	1 882.68	−9.48	6 995.50	26.91
1997	2 004.23	6.26	6 975.49	28.73
1998	1 944.65	−3.02	6 792.67	28.63
1999	1 850.70	−4.95	6 484.34	28.54
2000	1 887.15	1.95	6 360.04	29.67
2001	1 950.08	3.28	6 411.20	30.42
2002	1 973.09	1.17	6 392.01	30.87
2003	2 140.54	8.15	6 662.80	32.13
1996—2003 平均值	1 954.14	0.42	6 634.26	29.49
2004	2 541.28	17.16	7 564.77	33.59
2005	2 628.80	3.39	7 791.18	33.74
2006	2 263.76	−14.95	7 645.30	29.61
2007	2 908.48	25.06	8 818.87	32.98
2008	3 511.56	18.84	9 894.97	35.49
2009	3 175.18	−10.07	9 844.53	32.25

续表 3-1
Continue Tab. 3-1

年份	全国畜牧业产值/亿元	增长率/%	全国农林牧渔业产值/亿元	比重/%
2010	3 253.40	2.43	10 829.17	30.04
2011	3 852.55	16.90	12 154.39	31.70
2004—2011 平均值	3 016.88	7.35	9 317.90	32.43
增长率		8.87	7.03	—

数据来源:《新中国成立六十周年统计资料》、中国统计年鉴 1979—2012 年。

注:①畜牧业和农林牧渔业产值以 1978 年为基期,利用农林牧渔业指数平减即 1978 年=100,其中,为了便于比较,四川包括重庆市;

②比重为全国畜牧业产值占农林牧渔业总产值比重,单位:%;

③增长率为对数增长率。

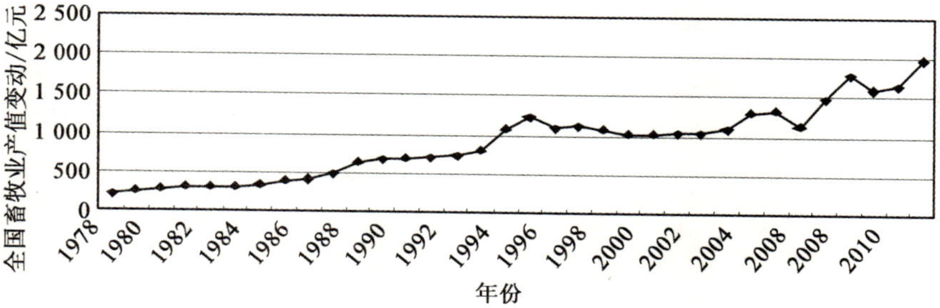

图 3-2 全国畜牧业产值变动趋势

Fig. 3-2 Changing Tendency of the Animal husbandry Output Value of China

1984—1989 年畜牧业产值增长波动上升时期。这一时期,可谓我国畜牧业发展的黄金时期,全国畜牧业产值和产值增长率以及畜牧业产值占农林牧渔业的比重都呈上升状态,其中畜牧业产值从 1984 年的375.43 亿元到 1989 年的 949.74 亿元,翻了一番还多。畜牧业产值增长率如图 3-1 所示,1985 年、1987 年和 1988 年分别达到了 27.35%、14.18%和 36.64% 的高速增长,年平均增长率为 16.44%。畜牧业产值占农林牧渔业产值的比重也由 1984 年的 18.26%上升到 1989 年的 27.54%左右。这是因为在《中共中央关于加快农业发展若干问题的决定》(1979 年十一届四中全会)和《关于加速发展畜牧业的报告》(1980 年)等专题文件的政策影响下,农牧民开始承包养畜,有了养殖经营自主权;1984 年,中国粮食产量达到 4 亿吨,比 1978 年增长了 1 亿吨,为畜牧业的快速发展提供了物质基础;到了 1985 年,国务院发布《关于进一步活跃农村经济的十项政策》,国家改革畜产品价格和流通体制,取消了多数畜产品的计划派养和统一定价,完全放开猪肉、蛋、禽和牛奶等畜产品价格,城乡集贸市场如雨后春笋般兴起,极大地推动了畜牧业生产的快速发展。这一时期,不但大牲畜、生猪饲养等传统养殖业得到长足的发展,蛋鸡、肉鸡等家禽饲养规模化进程也加快了前进的步伐。

1990—1995 年畜牧业产值增长徘徊时期。这一时期畜牧业产值在波动中快速增长,增长率较前一期放缓,但是仍然以递增的速度增长,年平均增长了 12.98%,达到了一个新的增长黄金时期,如表 3-1 和图 3-2 所示,全国畜牧业产值由 1990 年的 964.56 亿元增长到 1995 年的 2 069.88 亿元,畜牧业占农林牧渔业产值比重仍然在 27%左右。这表明 20 世纪 90 年代以来,全国畜牧业产业发展迅速,畜牧业生产经营开始由农牧民散养向小型规模化养殖发展,出现了家庭畜禽饲养、专业户畜禽饲养、养殖小区和企业规模化饲养多种饲养方式共存的局面。由于进一步深化畜牧业经济体制和流通体制,价格进一步开放,自主经营日趋成熟,极大地推动了畜牧业生产商品化、专业化发展。1990 年禽蛋和肉类产量跃居世界第一位。20 世纪 90 年代中期,牧区又逐步推行草场有偿承包使用责任制,使有偿承包使用面积占到利用面积的 50%,促进了草原建设、牧民定居和牧区经济的发展。

1996—2003 年畜牧业产值增长率下降时期。1996 年较 1995 年的畜牧业产值增长率为-9.48%,出现了改革开放以来第一次的负增长,产值下降了 187.19 亿元,这一时期畜牧业产值增长缓慢,徘徊在 1 900 亿~2 000 亿元,但畜牧业产值占农林牧渔业产值比重有所增长,比重达到 29.49%。由此中国畜牧业进入了缓慢增长时期。这一时期中国主要畜产品总量实现了供需基本平衡的历史性跨越,奠定了农业支柱产业的地位。但这一时期之前畜牧业增长主要是靠扩大养殖规模和增加养殖数量取得的,这种粗犷的增长方式生产效率偏低、资源转化率偏低,加之我国畜牧业结构不尽合理，面临着资源不足、农村基础设施建设和维护欠缺，环境污染，对抗动物疫病能力有限，畜牧业生产资料价格不断上涨，养殖成本提高，质量安全等诸多因素的制约，体现在这一时期为结构性、地区性的相对过剩，产品质量安全等问题，成为中国畜牧业发展的瓶颈时期。随着1999年《关于加快畜牧业发展的意见》出台，标志着中国畜牧业开始逐步由数量增长型向质量效益型转变。

2004—2011年畜牧业产值增长波动上升时期。这一时期，畜牧业产值、畜牧业产值增长率在农林牧渔业产值比重都呈现剧烈的波动增长的趋势。畜牧业产值平均增长了7.87%，但是在2006年和2009年都出现了负增长的态势，形成畜牧业产值增长的两个低谷。畜牧业产值占农林牧渔业产值的比重总体上来讲较上一时期仍然有所增长，达到32.43%。这段时期，受动物疫病、饲料等生产资料价格上涨、畜产品价格波动引起养殖户数大量减少、养殖规模仍以散养为主，占90%以上，规模化程度不高、养殖水平不及发达国家等一系列原因造成畜牧业养殖业风险巨大，所以导致这一时期畜牧业生产呈波动式发展。自2004年以来，中央连续发布了六个“1号文件”，明确提出要深入贯彻落实科学发展观，把保持农业农村经济平稳较快发展作为首要任务，进一步强化了惠农政策，强调增强科技支撑，加大投入力度，优化产业结构，推进改革创新等一系列切实可行的政策。畜牧业作为我国农村经济发展的重要组成部分，我国进一步加大了畜牧业结构调整力度。其中，猪肉比重下降，牛、羊肉和禽肉比重上升，蛋、奶及其他畜产品产量增长速度加快。畜产品生产逐步向优势区域集中，初步形成了东北区、黄淮海区、长江中游区和西南区四大片区。东北地区以牛、奶、禽为主；黄淮海区、长江中游区以猪、禽为主；西南地区以牛、羊为主。2007年，国务院下发了《国务院关于促进畜牧业持续健康发展的意见》，明确提出新时期要以构建现代化畜牧业、促进畜牧业持续健康发展为主要目标，中国畜牧业迈入新的发展阶段。

综上所述，我国畜牧业发展是在曲折中稳步增长的，这体现出诸多方面的因素影响。首先，畜牧业作为现代化农业三元产业的中心，既可促进农业生产出的粮食过腹转化，又为种植业提供大量优质有机肥料，既可为加工业提供原材料，又为工业提供广阔的生产资料销售市场，受种植业和加工业的双向影响；其次，畜牧业作为农业产业链条的前端环节，受政策影响的比重比较大，从我国畜牧业发展历程可以看出，畜牧业几次飞跃性的发展都是由于中央政府采取对畜牧业的扶持和前瞻性的指导产生的，所以畜牧业若想稳固在农业中支柱产业的位置，需要政府继续大力扶持。

3.1.2　六大畜牧业生产区域分布及畜牧业生产条件

在政策扶持下，中国向现代畜牧业转变取得了实质性进展。一是畜产品区域布局进一步优化。目前已基本形成以长江流域、中原和东北为中心的生猪产业带，以中原和东北为主的肉牛产业带，以中原、西北牧区、西南地区、内蒙古中东部及河北北部为主的肉羊产业带，以东部省份为主的禽肉产业带和以中原省份为主的禽蛋产业带，以东北、华北及京津沪等城市郊区为主的奶业产业带。

本研究借鉴中国畜牧业综合区划研究组对我国畜牧业生产区域划分的方法，并对个别省份做适当调整，将我国畜牧业生产区域划分为六大区域，分别为五大牧区、黄土高原区、西南山区、东北区、黄淮海区和东南区（表3-2）。

表3-2　中国畜牧业生产区域布局划分①

Tab. 3-2　Regional Distribution of Animal Husbandry in China

区域	省（自治区、直辖市）
五大牧区	内蒙古、西藏、青海、宁夏、新疆
黄土高原区	山西、陕西、甘肃
西南山区	湖北、广西、重庆、四川、贵州、云南
东北区	辽宁、吉林、黑龙江
黄淮海区	北京、天津、河北、江苏、安徽、山东、河南
东南区	上海、浙江、福建、江西、湖南、广东、海南

①20世纪80年代，中国畜牧业综合区划研究组根据地区饲料资源、自然环境、饲养技术和社会需要4个要素将我国畜牧业分为7个区域，即：青藏高原区、蒙新高原区、黄土高原区、西南山地区、东北区、黄淮海区、东南区。

五大牧区包括内蒙古自治区、西藏自治区、新疆维吾尔自治区、宁夏回族自治区、青海省，都是少数民族地区。如表3-3所示，五大牧区2011年的畜牧业产值为194.21亿元，是1978年产值(19.84亿元)的10倍左右，在改革开放的33年中，以年平均6.91%的速度增长。其中内蒙古、西藏、新疆、宁夏和青海2011年的畜牧业产值分别为998.31亿元、54.11亿元、415亿元、97.60亿元和119.34亿元，产值排名分别排在第14位、30位、20位、28位和26位(部分年份各省(自治区、直辖市)畜牧业产值及2011年排名见附表3-1)。少数民族地区畜牧资源十分丰富，是全国重要的草原畜牧业和生态畜牧业基地。五大牧区畜牧业类型多为牧区、半牧区畜牧业和草地畜牧业，其特点表现为在草原和荒漠地区，以放牧为主，家畜主要是草食动物。经营管理粗放，农牧结合不密切，饲草供应季节性波动大，易受灾害性天气的威胁，家畜生产力低而不均衡。五大牧区有青藏高原区、蒙新高原区两大畜牧业地域类型区，这些地域类型区的饲料资源、自然环境、饲养技术和社会需要以及民族习惯与生产特点也存在地区差异。五大牧区畜牧业发展在改善全国人民生活水平、供应工业原料、推动牧区经济社会进步、发挥生态功能等诸多方面起着举足轻重的作用，但一直以来国家对畜牧业的投入少，畜牧生产的发展仍受到很大限制，民族地区畜牧资源和畜牧业发展状况如何，直接关系到整个国民经济的发展。随着国家西部大开发战略的实施，五大牧区畜牧业发展尚有很大的空间。

黄土高原区由陕西省、甘肃省、山西省组成，2011年黄土高原区的畜牧业产值达到134.79亿元，接近1978年产值(11.30亿元)的12倍(表3-3)，1978—2011年以年平均7.51%的速度增长。陕西、甘肃、山西2011年的畜牧业产值分别为553.40亿元、210.60亿元、295.69亿元，产值分别排在全国的第17位、23位和22位(见附表3-1)。黄土高原区大陆性气候特点明显，光热资源丰富，年降雨量大多在300～400毫米，气候干燥，温差较大。该地区农村人均耕地面积0.18公顷，高于全国水平。该区有全国最大的天然牧场，但载畜量低，生态环境脆弱，水土流失，沙漠、盐渍化危害严重，其中陕西水土流失面积占辖区面积的67%，甘肃占38%。

表 3-3　六大畜牧业生产区域产值及增长率变动情况

Tab. 3-3　Changing Tendency of the Animal husbandry Output Value and Growth Rate of the Six Animal Husbandry Production Regions

年份	五大牧区		黄土高原区		西南山区		东北区		黄淮海区		东南区	
	产值	增长率	产值	增长率	产值	增长率	产值	增长率	产值	增长率	产值	增长率
1978	19.84	—	11.30	—	60.65	—	18.90	—	62.32	—	52.70	—
1979	20.68	4.12	12.64	11.19	56.14	−7.74	23.56	22.05	71.48	13.72	55.33	4.87
1980	19.97	−3.47	13.83	9.04	65.21	14.98	30.66	26.32	81.22	12.77	70.95	24.87
1981	23.66	16.98	14.46	4.39	70.82	8.26	24.61	−21.95	89.60	9.82	67.89	−4.41
1982	22.90	−3.29	15.27	5.46	74.61	5.20	28.63	15.10	92.87	3.59	79.63	15.95
1983	23.82	3.96	16.57	8.16	76.62	2.66	28.37	−0.90	94.94	2.20	80.71	1.35
1984	25.84	8.15	18.04	8.53	77.69	1.38	30.93	8.64	104.80	9.88	83.90	3.88
1985	30.34	16.05	19.55	8.02	87.74	12.17	33.71	8.59	123.32	16.28	99.87	17.42
1986	32.17	5.83	19.89	1.72	95.12	8.08	35.09	4.03	125.43	1.70	101.58	1.70
1987	38.38	17.67	25.15	23.49	110.85	15.30	41.61	17.03	145.71	14.98	116.78	13.95
1988	50.74	27.92	35.88	35.52	147.89	28.83	49.41	17.18	194.99	29.13	146.43	22.62
1989	50.65	−0.18	35.85	−0.09	163.37	9.96	52.23	5.55	204.26	4.65	161.38	9.72
1990	50.48	−0.35	35.53	−0.87	166.70	2.01	58.38	11.14	212.93	4.15	192.52	17.65
1991	52.19	3.34	36.05	1.43	176.73	5.84	60.22	3.10	224.19	5.15	183.48	−4.81
1992	55.44	6.04	37.74	4.58	181.27	2.54	65.73	8.75	235.18	4.79	184.62	0.62
1993	63.80	14.05	40.38	6.77	191.89	5.69	70.65	7.22	258.58	9.48	219.32	17.22
1994	87.30	31.36	53.31	27.78	257.61	29.46	101.59	36.32	351.00	30.56	277.52	23.54
1995	99.48	13.06	66.80	22.56	290.75	12.10	111.76	9.54	411.54	15.91	307.66	10.31

续表 3-3
Continue Tab. 3-3

年份	五大牧区		黄土高原区		西南山区		东北区		黄淮海区		东南区	
	产值	增长率	产值	增长率	产值	增长率	产值	增长率	产值	增长率	产值	增长率
1996	99.38	−0.10	71.38	6.63	306.24	5.19	121.81	8.61	436.15	5.81	327.61	6.28
1997	100.07	0.69	74.28	3.98	312.61	2.06	122.83	0.83	414.78	−5.02	318.64	−2.78
1998	99.47	−0.60	68.72	−7.78	298.65	−4.57	94.75	−25.95	371.91	−10.91	282.29	−12.11
1999	99.85	0.38	60.76	−12.30	284.38	−4.89	90.02	−5.12	352.08	−5.48	312.48	10.16
2000	102.79	2.90	62.14	2.24	281.96	−0.86	88.66	−1.52	345.69	−1.83	318.09	1.78
2001	106.59	3.63	63.84	2.71	283.84	0.67	86.78	−2.14	354.16	2.42	323.39	1.65
2002	106.68	0.08	64.25	0.64	275.17	−3.10	86.68	−0.11	356.46	0.65	326.94	1.09
2003	108.89	2.05	65.92	2.56	279.24	1.47	92.67	6.68	371.19	4.05	343.53	4.95
2004	117.67	7.76	76.53	14.92	321.68	14.15	110.19	17.32	448.24	18.86	501.43	37.82
2005	117.10	−0.48	76.93	0.52	340.70	5.74	111.83	1.47	456.50	1.83	416.04	−18.67
2006	115.79	−1.13	72.61	−5.78	335.73	−1.47	107.98	−3.50	395.62	−14.31	401.18	−3.64
2007	134.17	14.73	84.74	15.46	373.20	10.58	127.09	16.30	505.17	24.44	494.09	20.83
2008	161.09	18.29	106.37	22.73	450.70	18.87	150.49	16.90	609.89	18.84	594.65	18.53
2009	157.12	−2.50	105.88	−0.46	424.41	−6.01	151.73	0.82	556.91	−9.09	506.29	−16.09
2010	170.22	8.01	110.86	4.60	394.78	−7.24	158.03	4.07	571.55	2.60	514.59	1.63
2011	194.21	13.19	134.79	19.55	496.73	22.97	191.05	18.97	687.20	18.43	634.31	20.92
增长率平均值		6.91		7.51		6.37		7.01		7.27		7.54

数据来源:《新中国成立六十周年统计资料》、中国统计年鉴 2009--2012 年;

注:①产值利用各地区牧业产值指数平减,以 1978 年=100 的畜牧业产值,其中,为了便于比较四川包括重庆;

②增长率为对数平均值;

③单位:产值:亿元;增长率:%。

西南山区由湖北省、广西壮族自治区、四川省(包括重庆市)、贵州省、云南省组成,2011年西南山区的畜牧业产值为496.73亿元,与1978年相比,翻了3番还多,以年平均6.37%的速度增长。其中湖北、广西、四川、贵州和云南2011年畜牧业产值分别为1 205.80亿元、1 096.58亿元、2 977.85亿元、808.20亿元,分别位列全国的第7位、11位、1位和15位,均在全国排名的前二分之一。西南山区地形地貌复杂,水土流失严重,大部分地区是山区,山地和高原占辖区面积的比重高达80%,崩塌、滑坡、泥石流等山地灾害密集分布,农村人均面积只有0.071公顷,耕地质量差,农业生产能力低,全地区农田有效灌溉面积为6 463万公顷,农田有效灌溉率只有47%,每公顷农作物播种面积的化肥使用量2 856千克。但是,西南山区有历年畜牧业生产位列第1位的四川省和第7位的湖北省,生猪和家禽业发达,在引导零星分散低效养殖向规模高效的现代畜牧业转变,形成一批产业聚集度高、具有较强竞争力的畜牧业优势产区方面处于全国领先位置,地处肉羊产业带上的西南山区使得肉羊产业在山区快速推进。

东北区包括辽宁省、吉林省、黑龙江省,2011年东北区的畜牧业产值为191.05亿元,是1978年(18.90亿元)的11倍还多,以年平均7.01%的速度增长。辽宁、吉林和黑龙江2011年畜牧业产值分别为1 521.07亿元、1 074.49亿元和1 189.92亿元,分别位列全国畜牧业产值的第5位、13位和9位,均位在全国前列。由于气候适宜、水热条件的纵横交叉,形成了东北地区农业体系和农业地域分异的基本格局,是综合性大农业基地的自然基础;饲料饲草资源丰富,全区域耕地总面积2 162万公顷,2010年,东北三省粮食产量达到973亿千克,占全国粮食产量的17.8%,为该区域畜牧业发展提供了丰富的饲料资源;草原总面积835公顷,本区草原牧草品质好,粗蛋白含量高,适口性好且易上膘,具有发展畜牧业的天然优势。

黄淮海区由北京市、天津市、河北省、江苏省、安徽省、山东省、河南省组成,是我国目前最大的农业生产区域,2011年黄淮海区的畜牧业产值为687.20亿元,是1978年(62.32亿元)的10倍还多,以年平均7.21%的速度增长。北京、天津、河北、江苏、安徽、山东、河南2011年的畜牧业产值分别为162.73亿元、98.52亿元、1 674.04亿元、1 190.50亿元、1 083.54亿元、2 171.92亿元、2 198.38亿元，分别位列全国畜牧业产值的第25位、27位、4位、8位、12位、3位和2位。黄淮海区拥有我国最大的平原，耕地面积及农村人均耕地面积高于全国农村平均水平，人口资源最为丰富。地属温带，光资源丰富，农作物大多夏秋两季种植，年降水量多在500毫米，该地区具有良好的畜牧业生产资源禀赋，在我国粮食生产区域和畜牧业生产区域北移过程中，起到了至关重要的作用。

东南区包括上海市、浙江省、福建省、江西省、湖南省、广东省、海南省，2011年东南区的畜牧业产值为634.31亿元，是1978年的12倍还多，以年平均7.54%的增速增长，是六大畜牧业生产区域中增速最快的地区。其中，上海、浙江、福建、江西、湖南、广东、海南2011年的畜牧业产值分别排在全国畜牧业产值的第29位、18位、19位、16位、6位、10位、24位（具体数据详见附表3-1）。东南区畜牧业生产资源优良，适于农作物的生长，它是我国经济最发达的地区，第二、三产业发达，农民人均纯收入也最高，高于全国平均水平，大量耕地被转到工业生产，发达的社会经济条件，使该地区的农业劳动力素质高，农村人口的文化教育程度高于全国平均水平，农业物质基础坚实，农业生产投入高于全国其他地区，整个东南沿海农田有效灌溉已经达到近80%，每百公顷耕地的农机总动力达到684千瓦，每公顷的化肥施用量达到499.4千克，良好的农业经济环境，弥补了耕地的不足，充裕的社会资金投入，为规模畜牧业生产创造了生产发展的条件。

3.1.3 六大畜牧业生产区域产值及增长率变动分析

从各区域畜牧业产值情况来看，如图3-3所示，六大区域的产值2011年与1978年相比，都增长了10倍左右，1978年改革开放以来，各区域的畜牧业产值都得到了深远的发展，但是增长幅度大有区别。其中，黄淮海区、东南区和西南山区地处沿海等经济发达和自然地理条件优越地区，在改革开放之初畜牧业生产基数较其他产区就高，改革开放之后，由于政府采取一系列促进和鼓励畜牧业发展的政策，所以畜牧业产值提高得非常快。五大牧区、黄土高原区和东北区地处内陆地区，经济落后、自然条件恶劣，畜牧业生产有着重重阻碍，虽然改革开放给畜牧业提供了发展契机，但是畜牧业生产基础薄弱，发展起来显得较为笨重而缓慢。

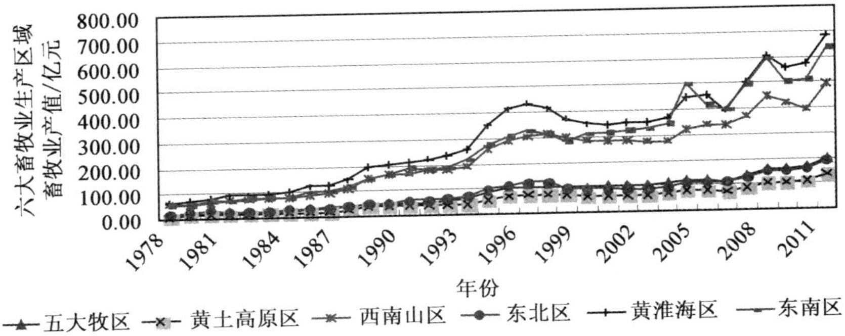

数据来源：《新中国成立六十周年统计资料》、中国统计年鉴 1979—2012 年

注：利用各地区牧业产值指数平减，以 1978 年＝100 为基期计算各省（自治区、直辖市）的畜牧业产值，再相加得到六大畜牧业生产区域畜牧业产值之和，其中，为了便于比较四川包括重庆市，图 3-4 同。

图 3-3　六大畜牧业生产区域畜牧业产值变动趋势

Fig. 3-3　Changing Tendency of the Animal husbandry Output Value of the Six Animal Husbandry Production Regions.

从各区域畜牧业产值增长率角度和变动幅度来看，六大畜牧业生产区域畜牧业产值增长的变动趋势与全国的增长情况基本一致（图 3-4，表 3-3）。其中，东北地区和东南区在个别时期变动幅度稍大。在 1987 年之前，各区域畜牧业产值均有所增长，但增长缓慢，到了 1987 年，六大区域畜牧业增长率较 1986 年都达到了 13%以上，六大区域畜牧业增长率增幅由多到少分别为：黄土高原区（23.49%）、五大牧区（17.67%）、东北区（17.03%）、西南山区（15.30%）、黄淮海区（14.98%）、东南区（13.95%）。达到一个全国性畜牧业增长的好势头。从图 3-3 中可以看出，1993 年又出现一次畜牧业全国性的增长，其中增长幅度最大的是东南区，比 1992

年产值增加了 34.7 亿元，产值增长率为 17.22%，这是由于禽肉、禽蛋和奶类产品市场的价格放开，刺激了以禽类产品的生产和经营为主地区的生产欲望，以家庭为单位经营的农民养殖户增加了养殖积极性，扩大生产规模，出现了新形势的生产经营方式。增长幅度位居第二的是五大牧区，增长率为 14.04%，这与同期中央政府出台的草场承包使用责任制有密切的关系，以此促进了草原牧民定居和牧区畜牧业经济的生产发展。

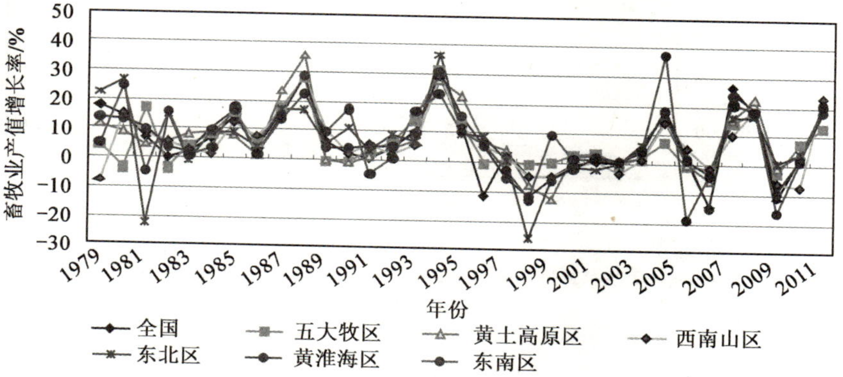

图 3-4　全国及六大畜牧业生产区域畜牧业产值增长率变动趋势

Fig. 3-4　The Changing Tendency of the Animal husbandry Output Value Growth Rate in the Whole Country and the Six Animal Husbandry Production Regions.

从各区域畜牧业产值占全国畜牧业产值比重来看，如图 3-5 所示，1978—2011 年平均产值占全国畜牧业产值比重由高到低排名为黄淮海区、东南区、西南山区、五大牧区和东北区、黄土高原区，分别占全国产值比重的 29.86%、26.33%、22.61%、7.98%、7.98%、5.23%；从比重的时序变动来看(具体数值详见附表 3-2)，1978—2011 年间，五大牧区、黄土高原区、东北区产值比重占全国的比重变动不大，均在 2%左右，西南山区产值占全国比重变动幅度较大，黄淮海区和东南区的产值占全国的比重稳步上升。

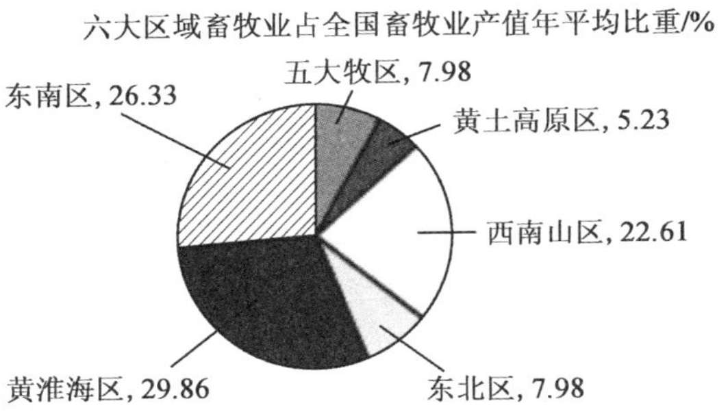

数据来源：《新中国成立六十周年统计资料》、中国统计年鉴 2009—2012 年。

注：①产值利用各地区牧业产值指数平减，以 1978 年＝100 的畜牧业产值，其中，为了便于比较四川包括重庆市；

②比重为各畜牧业生产区域畜牧业产值占全国畜牧业产值比重。

图 3-5 六大畜牧业生产区域产值占全国畜牧业总产值 1978—2011 年平均比重

Fig. 3-5 Average Proportion of the Animal Husbandry Output Value of the Six Animal Husbandry Production Regions to the Entire County (1978—2011)

3.2 畜牧业增长过程分析与评价

3.2.1 全国畜牧业产量变动分析

1978—2011 年这 33 年中，我国畜牧业虽然在各个时期体现出不同的发展特点，但是畜牧业生产能力在逐年提高，从表 3-4 和图 3-6 可以看出，全国肉类总产量除了 1995 年（减产 412.9 万吨）和 2007 年（减产 1 185.75 万吨）比上一年有所下降，其他年份都是平稳增加。如表 3-4 所示，2011 年全国肉类总产量为 7 957.80 万吨，是 1978 年的 9 倍，猪牛羊肉产量分别为 5 053.1 万吨、647.50 万吨和 393.10 万吨，分别是 1979 年的 5 倍、28 倍和 10 倍。2011 年人均畜产品占有水平为：肉类 45.36 千克，超过世界平均水平；蛋 20.87 千克，超过发达国家平均水平。从畜牧业生产结构来看，猪肉产量比重占肉类产量的比重逐年下降，从 1979 年占肉类产量94.26%，调整为2011年的63.50%，而牛肉和羊肉的比重在逐年上升，牛肉占肉类总产量比重由1979年仅占2.16%甚至低于羊肉比重，上升为8.14%；羊肉占肉类总产量比重变动幅度较小，由1978年的3.56%上升为2011年的4.94%。由于肉羊养殖的生产成本和环境成本较高，所以发展较为缓慢，但是随着人们生活水平的提高以及饮食习惯的改变，肉羊养殖业作为调整畜牧业生产结构的重要抓手，它的发展前景广阔，是发展节粮型畜牧业的重要组成部分。

表3-4 全国主要畜产品产量时序变动情况

Tab. 3-4 Timing-based Movement of Output of Major Livestock Husbandry Products of China

年份	全国肉类总产量/万吨	猪肉		牛肉		羊肉		禽蛋
		产量/万吨	比重/%	产量/万吨	比重/%	产量/万吨	比重/%	产量/万吨
1978	856.30	—	—	—	—	—	—	—
1979	1 062.40	1 001.4	94.26	23	2.16	38	3.56	—
1980	1 205.40	1 134.07	94.08	26.87	2.23	44.48	3.69	—
1981	1 260.90	1 188.43	94.25	24.84	1.97	47.61	3.78	—
1982	1 350.80	1 271.85	94.16	26.56	1.97	52.39	3.88	280.86
1983	1 402.10	1 316.14	93.87	31.48	2.25	54.47	3.88	332.34
1984	1 540.60	1 444.75	93.78	37.28	2.42	58.58	3.80	431.63
1985	1 926.50	1 654.70	85.89	46.70	2.42	59.32	3.08	534.70
1986	2 112.40	1 796.00	85.02	58.90	2.79	62.20	2.94	555.00
1987	2 215.50	1 834.90	82.82	79.20	3.57	71.90	3.25	590.20
1988	2 479.50	2 017.60	81.37	95.80	3.86	80.20	3.23	695.50
1989	2 628.50	2 122.80	80.76	107.20	4.08	96.20	3.66	719.80
1990	2 857.00	2 281.10	79.84	125.60	4.40	106.80	3.74	794.60
1991	3 144.40	2 452.30	77.99	153.50	4.88	118.00	3.75	922.00
1992	3 430.70	2 635.30	76.82	180.30	5.26	125.00	3.64	1 019.90
1993	3 841.50	2 854.40	74.30	233.60	6.08	137.30	3.57	1 179.80
1994	4 499.30	3 204.83	71.23	327.02	7.27	160.89	3.58	1 478.99
1995	4 076.39	2 853.49	70.00	298.53	7.32	151.98	3.73	1 676.66
1996	4 584.00	3 158.00	68.89	355.70	7.76	181.00	3.95	1 965.20
1997	5 268.80	3 596.30	68.26	440.90	8.37	212.80	4.04	1 897.10
1998	5 723.80	3 883.70	67.85	479.90	8.38	234.60	4.10	2 021.30

续表 3-4

Continue Tab. 3-4

年份	全国肉类总产量/万吨	猪肉		牛肉		羊肉		禽蛋
		产量/万吨	比重/%	产量/万吨	比重/%	产量/万吨	比重/%	产量/万吨
1999	5 949.00	4 005.60	67.33	505.43	8.50	251.26	4.22	2 134.67
2000	6 125.35	4 031.43	65.82	532.81	8.70	273.96	4.47	2 243.30
2001	6 333.92	4 184.48	66.06	548.85	8.67	292.68	4.62	2 336.73
2002	6 586.48	4 326.62	65.69	584.61	8.88	316.66	4.81	2 462.70
2003	6 932.94	4 518.61	65.18	630.45	9.09	357.24	5.15	2 606.73
2004	7 244.82	4 701.61	64.90	675.87	9.33	399.28	5.51	2 723.65
2005	7 743.09	5 010.61	64.71	711.52	9.19	435.47	5.62	2 879.49
2006	8 051.45	5 197.17	64.55	750.00	9.32	469.66	5.83	2 945.60
2007	6 865.70	4 287.80	62.45	613.40	8.93	382.60	5.57	2 529.00
2008	7 278.70	4 620.50	63.48	613.20	8.42	380.30	5.22	2 702.20
2009	7 649.70	4 890.80	63.93	635.50	8.31	389.40	5.09	2 742.50
2010	7 925.80	5 071.20	63.98	653.10	8.24	398.90	5.03	2 762.70
2011	7 957.80	5 053.10	63.50	647.50	8.14	393.10	4.94	2 811.40
增长率	6.78%	5.27%	—	12.43%	—	7.82%	—	8.41%

数据来源:《新中国六十年统计资料》、中国统计年鉴 2009—2012 年计算整理;

注:增长率是根据 1978—2011 年三年移动平均值计算。

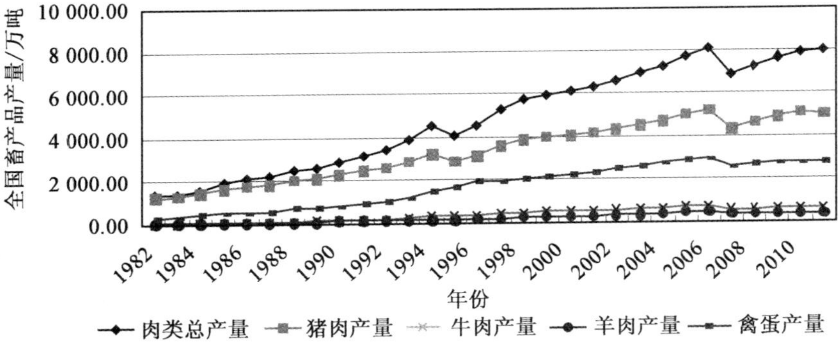

图 3-6　全国主要畜产品产量时序变动情况

Fig. 3-6　Timing-based Movement of Output of Major Livestock Husbandry Products of China

3.2.2 六大畜牧业生产区域畜牧业产量变动分析

改革开放 30 多年以来，中国畜牧业得到了长足的发展，但是中国幅员辽阔，各个地区在畜牧业生产条件、对外开放程度、市场化程度、政府对畜牧业的重视程度等方面都存在着显著的区域差异，正是这些差异的存在，导致畜牧业产出和畜牧业生产效率的不同。本节旨在分析各个畜牧业生产区域畜牧业产量变动情况和各养殖单品占全国的比重及排名变动情况。

从表 3-5 和图 3-7 可以看出，五大牧区的肉类总产量在 1998—2005 年连年增加，在 2005 年达到生产高峰，肉类总产量达到 446.30 万吨，然后在 2006—2008 年连续 3 年下降，自 2009 年开始又缓慢上升，这段时期五大牧区的畜产品的生产是在波动中明显上升的。其中猪肉产量变动幅度不大，1998—2011 年平均增产 0.97%，但是占肉类总产量的比重却明显下降，由 1998 年的 40.27%减少为 25.53%，这与五大牧区肉类总产量持续上升的大好势头正好相反，这说明五大牧区的肉类产总产量的增长不是靠猪肉产品的增长；牛肉和羊肉产量增长非常明显，2011 年牛肉和羊肉产量分别为 114.5 万吨和 160 万吨，与 1998 年相比产量都翻了一番，1998—2011 年平均增长率分别达到 6.62%和 6.85%，超过肉类总产量增长率(4.65%)2 个百分点，是五大牧区肉类产品增长的主力军；五大牧区的禽类产业也发展迅速，其中禽蛋产量也逐年增加，1998—2011 年平均增长率达到 5.55%。

表 3-5 五大牧区主要畜产品产量时序变动情况

Tab. 3-5 Timing-based Movement of Output of Major Livestock Husbandry Products in the Largest Five Pasturing Area

年份	肉类总产量/万吨	猪肉		牛肉		羊肉		禽蛋
		产量/万吨	比重/%	产量/万吨	比重/%	产量/万吨	比重/%	产量/万吨
1998	254.80	102.60	40.27	54.10	21.23	73.90	29.00	42.60
1999	272.90	112.10	41.08	55.80	20.45	78.30	28.69	48.90
2000	281.20	104.00	36.98	62.20	22.12	85.30	30.33	52.00
2001	294.90	106.60	36.15	65.60	22.24	90.60	30.72	57.00

续表 3-5

Continue Tab. 3-5

年份	肉类总产量/万吨	猪肉		牛肉		羊肉		禽蛋
		产量/万吨	比重/%	产量/万吨	比重/%	产量/万吨	比重/%	产量/万吨
2002	304.90	106.70	35.00	64.70	21.22	95.80	31.42	61.00
2003	338.80	107.70	31.79	74.40	21.96	112.20	33.12	68.30
2004	399.40	124.60	31.20	83.30	20.86	135.60	33.95	73.20
2005	446.30	134.30	30.09	93.20	20.88	155.40	34.82	80.80
2006	410.40	114.80	27.97	92.90	22.64	159.20	38.79	69.20
2007	408.60	94.90	23.23	106.00	25.94	163.90	40.11	71.60
2008	406.17	105.37	25.94	103.81	25.56	153.64	37.83	78.55
2009	425.90	110.20	25.87	110.90	26.04	156.00	36.63	81.40
2010	439.40	113.90	25.92	116.00	26.40	162.00	36.87	83.50
2011	437.50	111.70	25.53	114.50	26.17	160.00	36.57	87.50
增长率	4.65%	0.97%	—	6.62%	—	6.85%	—	5.55%

数据来源：国家统计数据库 1999—2012 年；

注：增长率是三年移动平均值，比重是各肉类畜产品产量占该区域肉类总产量的百分比。

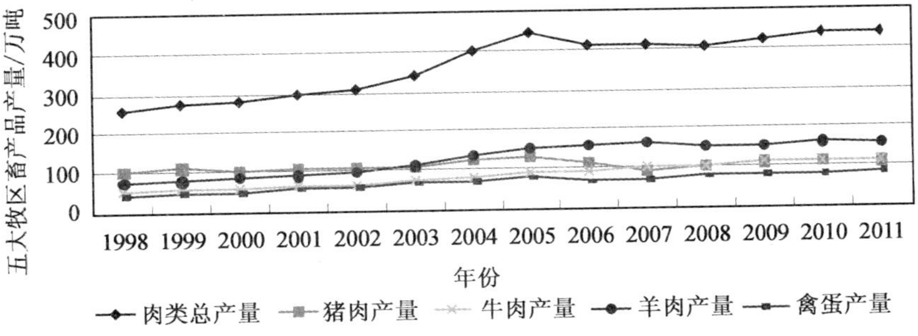

图 3-7　五大牧区主要畜产品产量时序变动趋势

Fig. 3-7　Timing-based Changing Tendency of Major Livestock Husbandry Products Output in the Five Pasturing Area

表3-6和图3-8列出的是黄土高原区主要畜产品产量变动情况，1998—2011年间，黄土高原区的肉类总产量、猪肉、牛肉和羊肉的增加缓慢，年平均增长率分别为2.11%、1.76%、2.86%和3.82%，并且肉类生产主要以猪肉为主，虽然猪肉占肉类总产量的比重有所下降，但是到了2011年仍然占68.83%；牛、羊肉产量增加不大，2011年比1998年分别只增加了7.7万吨和9.6万吨；禽蛋产量增幅较肉类产品要好一些，1998—2011年平均增加4.25%，说明黄土高原区畜牧业主要以消耗饲料和粮食的生猪和家禽为主，养牛业和养羊业节粮畜牧业发展缓慢。

表3-6　黄土高原区主要畜产品产量时序变动情况

Tab. 3-6　Timing-based Changing Tendency of Major Livestock Husbandry Products Output in Loess Plateau Area

年份	肉类总产量/万吨	猪肉		牛肉		羊肉		禽蛋
		产量/万吨	比重/%	产量/万吨	比重/%	产量/万吨	比重/%	产量/万吨
1998	201.20	145.70	72.42	20.30	10.09	18.10	9.00	86.40
1999	205.50	147.10	71.58	20.90	10.17	19.30	9.39	88.00
2000	205.80	143.30	69.63	23.10	11.22	19.90	9.67	94.00
2001	214.10	149.40	69.78	23.50	10.98	21.10	9.86	97.00
2002	222.00	151.50	68.24	25.60	11.53	23.10	10.41	104.50
2003	234.50	157.50	67.16	27.90	11.90	25.70	10.96	112.70
2004	244.80	164.90	67.36	29.20	11.93	26.80	10.95	114.10
2005	253.10	166.80	65.90	31.60	12.49	29.20	11.54	120.10
2006	238.30	165.10	69.28	24.70	10.37	25.50	10.70	96.30
2007	231.00	156.10	67.58	26.00	11.26	26.80	11.60	103.00
2008	241.78	161.82	66.93	26.59	11.00	27.77	11.49	121.68
2009	251.40	171.50	68.22	27.70	11.02	28.50	11.34	137.30
2010	259.40	178.50	68.81	28.30	10.91	28.50	10.99	131.40
2011	254.70	175.30	68.83	28.00	10.99	27.70	10.88	135.50
增长率	2.11%	1.76%	—	2.86%	—	3.82%	—	4.25%

数据来源：国家统计数据库1999—2012；

注：增长率是三年移动平均值，比重是各肉类畜产品产量占该区域肉类总产量。

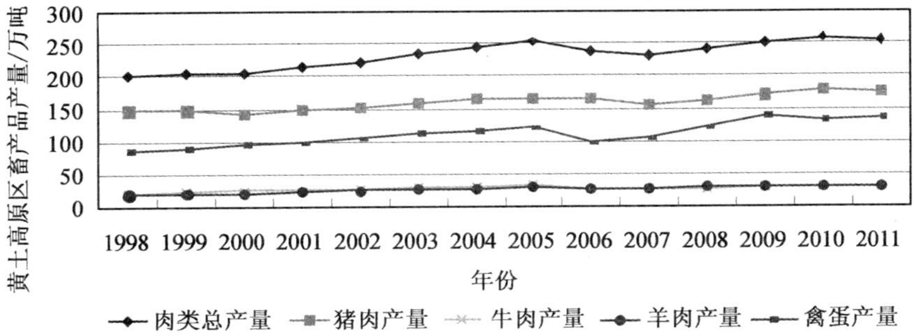

图 3-8　黄土高原区主要畜产品产量时序变动趋势

Fig. 3-8　Timing-based Changing Tendency of Major Livestock Husbandry Products Output in Loess Plateau Area

如表 3-7 和图 3-9 所示，西南山区的肉类总产量在 1998—2011 年除了在 2006 年比 2005 年少了 13.7 万吨以外，其他年份都是在不断增加的，在 2011 年达到生产高峰，肉类总产量达到 2 124.90 万吨，可以看出西南山区畜产品是稳步上升的。肉类产品中无论是猪肉还是牛羊肉，产量都增长迅速，其中猪肉由 1998 年的 1 157 万吨，增加到 2011 年的 1 555.9 万吨，增加了 398.5 万吨，增长了 34.48%，1998—2011 年平均增产 2.44%，猪肉占肉类总产量的比重也有所下降，由 1998 年的 80.68% 减少到 73.22%，下降了 6 个百分点，是我国最大的生猪主产区，其中我国生猪生产第一大省四川 2011 年猪肉产量达到 633.4 万吨，牛肉和羊肉产量也有显著的增长，2011 年牛肉和羊肉产量分别为 110.8 万吨和 54.1 万吨，1998—2011 年平均增长率分别达到 4.67% 和 6.01%，羊肉比牛肉和猪肉产量的增长速度快，超过肉类总产量增长率（3.14%）接近 3 个百分点；西南山区的禽类产业也发展迅速，其中禽蛋产量也逐年增加，1998—2011 年平均增长率达到 3.52%。

表 3-7　西南山区主要畜产品产量时序变动情况

Tab. 3-7　Timing-based Changing Tendency of Major Livestock Husbandry Products Output in the Southwest Area

年份	肉类总产量/万吨	猪肉		牛肉		羊肉		禽蛋
		产量/万吨	比重/%	产量/万吨	比重/%	产量/万吨	比重/%	产量/万吨
1998	1 434.00	1 157.00	80.68	62.80	4.38	24.90	1.74	257.20
1999	1 501.80	1 199.80	79.89	66.40	4.42	29.20	1.94	251.00
2000	1 562.80	1 228.80	78.63	71.60	4.58	33.60	2.15	261.80
2001	1 569.20	1 271.60	81.03	72.20	4.60	35.20	2.24	280.10
2002	1 622.10	1 306.50	80.54	79.50	4.90	37.80	2.33	300.90
2003	1 676.80	1 347.80	80.38	86.40	5.15	40.50	2.42	324.90
2004	1 723.10	1 368.00	79.39	94.40	5.48	45.10	2.62	342.40
2005	1 867.90	1 480.70	79.27	101.70	5.44	49.00	2.62	365.40
2006	1 854.20	1 425.20	76.86	88.10	4.75	43.40	2.34	316.40
2007	1 779.10	1 311.10	73.69	94.50	5.31	47.20	2.65	332.90
2008	1 909.48	1 409.81	73.83	98.75	5.17	50.51	2.65	356.57
2009	2 033.00	1 503.80	73.97	104.60	5.15	52.70	2.59	361.30
2010	2 116.70	1 558.90	73.65	109.00	5.15	54.90	2.59	367.50
2011	2 124.90	1 555.90	73.22	110.80	5.21	54.10	2.55	375.60
增长率	3.14%	2.44%	—	4.67%	—	6.01%	—	3.52%

数据来源：国家统计数据库 1999—2012；

注：增长率是三年移动平均值，比重是各肉类畜产品产量占该区域肉类总产量。

从表 3-8 和图 3-10 可以看出东北区主要畜产品产量的变动情况，1998—2001 年间，肉类总产量由 1998 年的 583 万吨增加到 2011 年的 853.3 万吨，个别年份增长明显，其中猪、牛、羊肉产量均有所增加，尤其是羊肉产量，由 1998 年的 8.2 万吨增长到 2011 年的 23.6 万吨，年均增长率为 9.47%，但是猪、牛、羊肉产量占肉类总产量的比重均没有太大的变动，但是猪肉的比重始终在 50%以上，说明东北区的家畜生产仍然以耗粮较多的生猪产业为主，猪、牛、羊养殖发展比较均匀；禽蛋产量增长迅速，年均增长 4.92%。

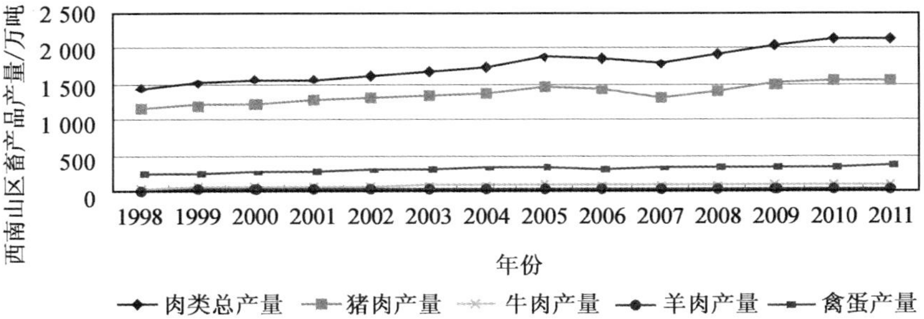

图 3-9　西南山区主要畜产品产量时序变动趋势

Fig. 3-9　Timing-based Changing Tendency of Major Livestock Husbandry Products Output in the Southwest Area

表 3-8　东北区主要畜产品产量时序变动情况

Tab. 3-8　Timing-based Changing Tendency of Major Livestock Husbandry Products Output in the Northeast Area

年份	肉类总产量/万吨	猪肉		牛肉		羊肉		禽蛋
		产量/万吨	比重/%	产量/万吨	比重/%	产量/万吨	比重/%	产量/万吨
1998	583.00	313.50	53.77	77.40	13.28	8.20	1.41	275.90
1999	612.00	332.40	54.31	82.40	13.46	8.90	1.45	287.00
2000	593.60	299.60	50.47	86.40	14.56	10.10	1.70	295.60
2001	565.10	265.50	46.98	86.20	15.25	11.00	1.95	311.70
2002	602.20	290.40	48.22	94.90	15.76	12.60	2.09	328.40
2003	650.10	318.00	48.92	104.10	16.01	15.60	2.40	349.80
2004	727.20	367.70	50.56	117.70	16.19	19.10	2.63	385.70
2005	781.60	399.80	51.15	124.30	15.90	22.00	2.81	426.70
2006	735.30	398.20	54.15	111.30	15.14	20.20	2.75	366.70
2007	744.70	379.40	50.95	119.00	15.98	21.80	2.93	381.80
2008	759.61	411.20	54.13	110.27	14.52	21.32	2.81	434.98
2009	803.00	440.20	54.82	118.80	14.79	23.00	2.86	463.60
2010	843.50	462.70	54.85	123.80	14.68	23.80	2.82	476.60

续表 3-8

Continue Tab. 3-8

年份	肉类总产量/万吨	猪肉		牛肉		羊肉		禽蛋
		产量/万吨	比重/%	产量/万吨	比重/%	产量/万吨	比重/%	产量/万吨
2011	853.30	464.80	54.47	124.70	14.61	23.60	2.77	478.10
增长率	3.23%	3.74%	—	3.96%	—	9.47%	—	4.92%

数据来源：国家统计数据库 1999—2012；

注：增长率是三年移动平均值，比重是各肉类畜产品产量占该区域肉类总产量。

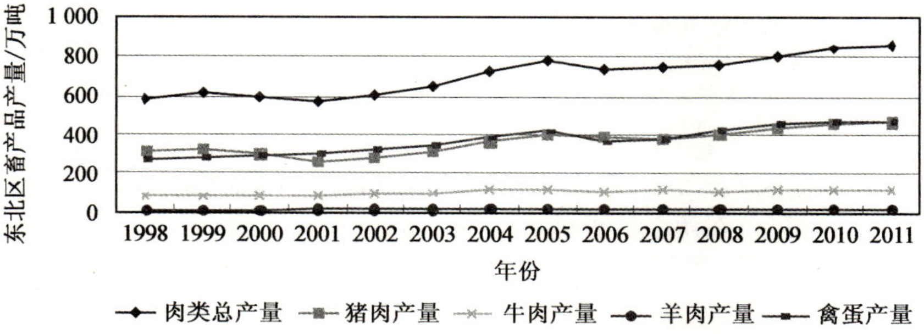

图 3-10 东北区主要畜产品产量时序变动趋势

Fig. 3-10 Timing-based Changing Tendency of Major Livestock Husbandry Products Output in the Northeast Area

黄淮海区地处三江平原，农业比较发达，饲料充足，畜牧业主要以生猪产业为主。如表 3-9 和图 3-11 所示，样本期内，肉类总产量和猪肉产量增长非常快，2011 年肉类总产量为 2 609.7 万吨，比 1998 年增加了 622.2 万吨，猪肉产量 2011 年为 1 500.7 万吨，比 1998 年增加了 300.8 万吨，其中山东、河南、河北都是生猪生产大省，2011 年的猪肉产量分别达到 346.9 万吨、406.4 万吨、246.6 万吨；牛肉的产量变动不大，年平均下降了 0.13%，羊肉的产量有所增加，但牛羊肉产量占肉类总产量的比重是下降的，说明黄淮海区的肉类总产量的增长不是依靠牛、羊肉的增加，除了猪肉产量的增加还得益于禽肉等其他肉类产品的增长。黄淮海区的禽蛋产量增长也很迅速，2011 年比 1998 年增加了 317 万吨。

表 3-9　黄淮海区主要畜产品产量时序变动情况

Tab. 3-9　Timing-based Changing Tendency of Major Livestock Husbandry Products Output in Huang-Huai

年份	肉类总产量/万吨	猪肉		牛肉		羊肉		禽蛋
		产量/万吨	比重/%	产量/万吨	比重/%	产量/万吨	比重/%	产量/万吨
1998	1 987.50	1 199.90	60.37	239.20	12.04	98.60	4.96	1 162.70
1999	2 081.80	1 244.90	59.80	252.30	12.12	103.70	4.98	1 251.00
2000	2 192.00	1 288.50	58.78	260.60	11.89	112.00	5.11	1 323.60
2001	2 334.30	1 372.50	58.80	271.90	11.65	120.30	5.15	1 369.00
2002	2 437.10	1 425.00	58.47	286.60	11.76	130.80	5.37	1 433.10
2003	2 576.20	1 504.70	58.41	302.40	11.74	144.40	5.61	1 514.50
2004	2 677.00	1 562.40	58.36	312.40	11.67	152.60	5.70	1 548.90
2005	2 828.60	1 646.30	58.20	317.70	11.23	158.10	5.59	1 619.70
2006	2 397.30	1 447.50	60.38	228.80	9.54	99.30	4.14	1 354.00
2007	2 268.90	1 293.60	57.01	235.60	10.38	106.20	4.68	1 402.70
2008	2 416.03	1 392.33	57.63	237.49	9.83	109.50	4.53	1 466.80
2009	2 519.30	1 468.60	58.29	235.40	9.34	111.00	4.41	1 451.60
2010	2 591.10	1 510.70	58.30	236.70	9.14	111.70	4.31	1 455.40
2011	2 609.70	1 500.70	57.50	229.30	8.79	110.00	4.22	1 479.90
增长率	2.14%	1.89%	—	−0.13%	—	1.55%	—	1.68%

数据来源：国家统计数据库 1999—2012；

注：增长率是三年移动平均值，比重是各肉类畜产品产量占该区域肉类总产量。

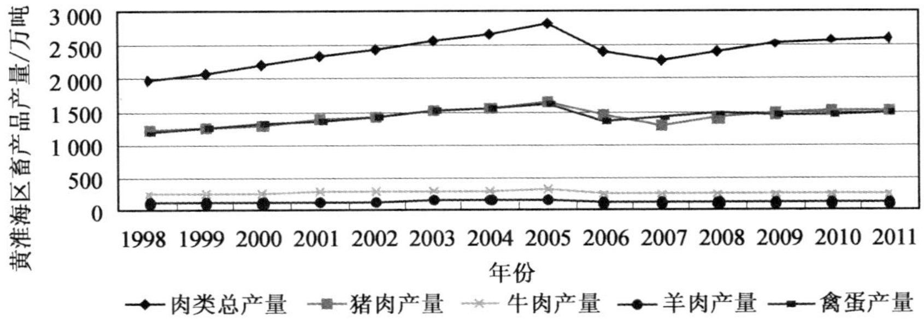

图 3-11　黄淮海区主要畜产品产量时序变动趋势

Fig. 3-11　Timing-based Changing Tendency of Major Livestock Husbandry Products Output in Huang-Huai

东南区位于我国的长江中下游流域，粮食生产较充裕，提供了生猪产业和禽肉产业所需的大量玉米、豆粕等饲料资源。如表 3-10 和图 3-12 所示，东南区的肉类总产量和猪肉产量基数都较大，并且稳步增长，牛、羊肉和禽蛋的产量也有所增长，其中猪肉产量占肉类总产量的比重始终位于 70%以上，牛、羊肉占肉类比重的增加并不明显，禽蛋产量的增加也不及黄淮海区、东北区和西南山区。

表 3-10 东南区主要畜产品产量时序变动情况

Tab. 3-10 Timing-based Changing Tendency of Major Livestock Husbandry Products Output in the Southeast Area

年份	肉类总产量/万吨	猪肉		牛肉		羊肉		禽蛋产量/万吨
		产量/万吨	比重/%	产量/万吨	比重/%	产量/万吨	比重/%	
1998	1 263.20	965.10	76.40	26.30	2.08	11.20	0.89	196.50
1999	1 274.50	969.40	76.06	27.50	2.16	12.10	0.95	209.10
2000	1 289.50	967.00	74.99	29.00	2.25	13.00	1.01	216.30
2001	1 355.80	1 019.00	75.16	29.30	2.16	14.50	1.07	222.10
2002	1 398.10	1 046.70	74.87	33.10	2.37	16.40	1.17	234.90
2003	1 456.50	1 083.10	74.36	35.60	2.44	18.80	1.29	236.50
2004	1 473.20	1 113.80	75.60	39.00	2.65	19.90	1.35	259.30
2005	1 565.60	1 182.80	75.55	43.00	2.75	21.80	1.39	266.90
2006	1 453.60	1 099.60	75.65	31.00	2.13	16.20	1.11	221.50
2007	1 433.20	1 052.70	73.45	32.30	2.25	16.70	1.17	237.10
2008	1 545.70	1 139.95	73.75	36.26	2.35	17.61	1.14	243.60
2009	1 617.00	1 196.70	74.01	38.20	2.36	18.10	1.12	247.50
2010	1 675.80	1 246.60	74.39	39.40	2.35	17.90	1.07	248.50
2011	1 678.00	1 244.90	74.19	40.50	2.41	17.60	1.05	254.80
增长率	2.48%	2.30%	—	3.95%	—	4.24%	—	1.97%

数据来源：国家统计数据库 1999—2012 年；

注：增长率是三年移动平均值，比重是各肉类畜产品产量占该区域肉类总产量。

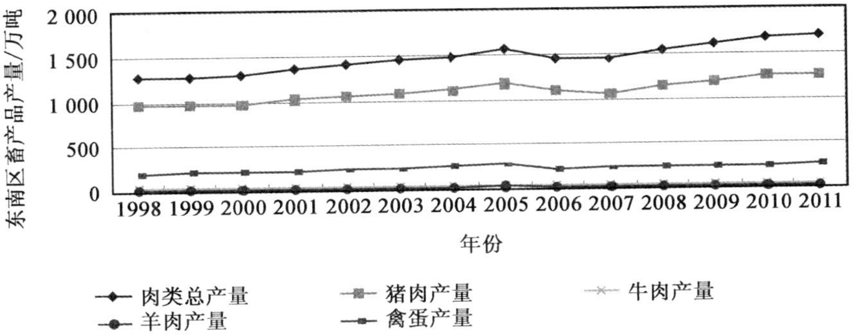

图 3-12　东南区主要畜产品产量时序变动趋势

Fig. 3-12　Timing-based Changing Tendency of Major Livestock Husbandry Products Output in the Southeast Area

3.2.3　畜牧业投入要素增长的区域差异分析

中国畜牧业发展由于畜牧业生产条件、经济社会发展水平、资源禀赋的差异导致区域间生产布局、区域规划的差异，从而使得畜牧业产出增长和生产效率也存在明显的区域差异，这些差异也体现在要素投入的数量和利用效率的不同。

六大畜牧业生产区域的劳动力要素投入数量和年均增长率变动情况如表 3-11 和图 3-13 所示，各区域畜牧业劳动力的一致性特征首先是畜牧业生产劳动力投入数量均呈现下降趋势，其中黄淮海区、西南山区和东南区下降的幅度非常明显；其次是各区域畜牧业生产劳动力投入数量下降的速度都很明显，1998—2011 年平均下降幅度由高到低的是西南山区、黄土高原区、黄淮海区、东南区、五大牧区和东北区，分别下降了 8.03%、6.67%、6.40%、5.83%、5.12%和 4.48%，畜牧业劳动力数量变动方向与畜牧业增长的变动方向相反，说明我国的畜牧业由劳动密集型向现代化畜牧业转变的趋势显著，畜牧业生产效率的提高不是依靠劳动力的增加而实现的。各区域畜牧业劳动力变动不同点在于各个年份的增长率变动的大小和方向，由此可以反映出各区域畜牧业接纳农村剩余劳动力和畜牧业产业调整的区域性差异。

表 3-11 中国畜牧业增长中的劳动力投入量(L)及增长率的区域差异

Tab. 3-11 Labor Input(L) in the Growth of Animal Husbandry and Regional Difference in Growth Rate of China

投入要素	年份	五大牧区	黄土高原区	西南山区	东北区	黄淮海区	东南区
劳动力(L)/万人	1998	378.68	567.48	3 120.93	563.59	3 190.80	1 844.04
	1999	390.30	545.55	2 993.44	549.73	3 062.19	1 813.23
	2000	395.41	540.89	2 825.83	572.13	3 029.25	1 768.77
	2001	392.59	549.51	2 713.94	502.39	2 885.67	1 715.36
	2002	372.68	516.17	2 454.55	470.21	2 767.07	1 656.26
	2003	320.43	483.46	2 251.74	442.72	2 677.17	1 582.04
	2004	294.94	451.24	2 032.03	425.56	2 475.91	1 690.39
	2005	264.66	419.50	1 953.10	384.48	2 247.82	1 421.24
	2006	243.68	371.95	1 790.28	338.05	1 794.99	1 258.94
	2007	234.84	363.57	1 565.55	328.71	1 925.91	1 298.03
	2008	250.58	367.55	1 604.99	348.60	1 959.35	1 336.43
	2009	233.47	308.57	1 516.74	306.99	1 674.18	1 102.54
	2010	208.28	263.84	1 240.90	304.78	1 475.88	942.73
	2011	186.59	225.88	1 027.15	303.53	1 301.81	807.48
增长率/%	1999	3.07	−3.86	−4.09	−2.46	−4.03	−1.67
	2000	1.31	−0.85	−5.60	4.07	−1.08	−2.45
	2001	−0.71	1.59	−3.96	−12.19	−4.74	−3.02
	2002	−5.07	−6.07	−9.56	−6.41	−4.11	−3.45
	2003	−14.02	−6.34	−8.26	−5.85	−3.25	−4.48
	2004	−7.95	−6.66	−9.76	−3.87	−7.52	6.85
	2005	−10.27	−7.03	−3.88	−9.65	−9.21	−15.92
	2006	−7.93	−11.34	−8.34	−12.07	−20.15	−11.42
	2007	−3.63	−2.25	−12.55	−2.76	7.29	3.11
	2008	6.70	1.09	2.52	6.05	1.74	2.96
	2009	−6.83	−16.05	−5.50	−11.94	−14.55	−17.50
	2010	−10.79	−14.50	−18.19	−0.72	−11.84	−14.49
	2011	−10.42	−14.38	−17.23	−0.41	−11.79	−14.35
	平均	−5.12	−6.67	−8.03	−4.48	−6.40	−5.83

注:劳动力数据为各省(自治区、直辖市)历年畜牧业总产值与各地区历年农林牧副渔总产值的比值作为权重,乘以各地区历年年末农林牧副渔从业人员人数,原始数据来源于《中国统计年鉴》1999—2012 年。

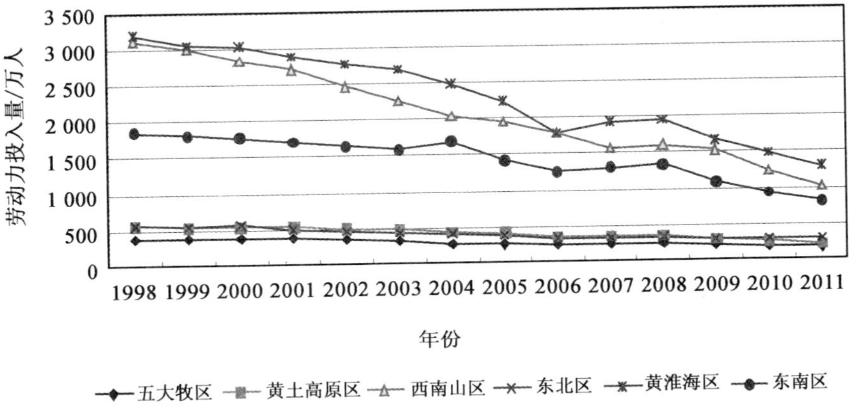

图 3-13　六大区域畜牧业劳动力投入量的变动趋势

Fig. 3-13　Changing Tendency of Labor Input in the Six Animal Husbandry Production Regions

全国六大畜牧业生产区域的存栏投入数量和增长率如表 3-12 和图 3-14 所示，从各区域存栏投入数量上看，样本期内五大牧区、东北区的主要畜产品存栏量是增加的，黄土高原区、黄淮海区的主要畜产品存栏数量呈下降趋势，西南山区和东南区的主要畜产品存栏数量基本保持不变；从各区域存栏数增长率上看，五大牧区和东北区的年平均增长率大于 1%，年平均增长率分别为 1.09%和 2.54%，说明这两个区域的畜牧业生产增长方式仍然是数量和规模扩张；黄土高原区和黄淮海区的存量年平均增长率为负，分别为－0.17%和－0.88%，说明两区域正在转变畜牧业产值的由数量扩张的增长方式；西南山区和东南区畜牧业存栏增长率几乎没有什么变化，说明在原有的饲养规模上实现了畜牧业产值的增长。

表 3-12　中国畜牧业增长中的存栏投入量(M)及增长率的区域差异

Tab. 3-12　The Amount of Livestock(M) in the Growth of Animal Husbandry and Regional Difference in Growth Rate of China

单位:万个猪单位

投入要素	年份	五大牧区	黄土高原区	西南山区	东北区	黄淮海区	东南区
存栏量(M)/万个猪单位	1998	9 621.56	5 086.32	26 263.85	6 379.40	26 053.03	14 682.89
	1999	9 698.90	5 129.91	27 078.40	7 656.15	33 755.83	14 649.48
	2000	9 654.08	5 031.41	28 459.10	6 793.27	27 175.08	15 240.79
	2001	9 636.48	5 127.30	28 725.16	7 156.17	27 811.42	15 190.60
	2002	10 119.19	5 378.25	29 096.79	6 930.35	28 694.92	15 327.09
	2003	10 799.77	5 480.34	33 026.41	7 633.10	29 232.83	15 494.16
	2004	11 551.73	5 552.29	29 889.13	8 203.48	29 964.97	15 929.93
	2005	12 053.07	5 982.72	30 854.22	8 494.71	30 565.49	16 600.53
	2006	11 926.47	5 700.60	30 252.03	8 871.59	27 378.15	16 130.87
	2007	11 229.26	4 850.33	25 310.18	8 558.55	22 629.26	13 588.68
	2008	11 254.11	4 913.87	26 178.56	8 397.45	21 801.23	14 378.41
	2009	11 263.64	5 042.87	26 593.73	8 724.61	21 745.46	14 825.87
	2010	11 172.84	4 965.85	26 494.90	8 648.86	21 321.58	14 585.10
	2011	10 986.09	4 884.53	26 124.36	8 551.04	21 362.80	14 891.48
增长率/%	1999	0.80	0.86	3.10	20.01	29.57	−0.23
	2000	−0.46	−1.92	5.10	−11.27	−19.50	4.04
	2001	−0.18	1.91	0.93	5.34	2.34	−0.33
	2002	5.01	4.89	1.29	−3.16	3.18	0.90
	2003	6.73	1.90	13.51	10.14	1.87	1.09
	2004	6.96	1.31	−9.50	7.47	2.50	2.81
	2005	4.34	7.75	3.23	3.55	2.00	4.21
	2006	−1.05	−4.72	−1.95	4.44	−10.43	−2.83
	2007	−5.85	−14.92	−16.34	−3.53	−17.35	−15.76
	2008	0.22	1.31	3.43	−1.88	−3.66	5.81
	2009	0.08	2.63	1.59	3.90	−0.26	3.11
	2010	−0.81	−1.53	−0.37	−0.87	−1.95	−1.62
	2011	−1.67	−1.64	−1.40	−1.13	0.19	2.10
	平均	1.09	−0.17	0.20	2.54	−0.88	0.25

注:存栏量根据不同畜禽种类的平均自然体重和饲料消耗量将所有畜禽数量都统一折合成猪单位,具体折算比例为:1 头肉牛=3 个猪单位,1 只肉羊=0.3 个猪单位,1 只家禽=0.03 个猪单位,原始数据来源于《中国畜牧业年鉴》1999—2012 年。

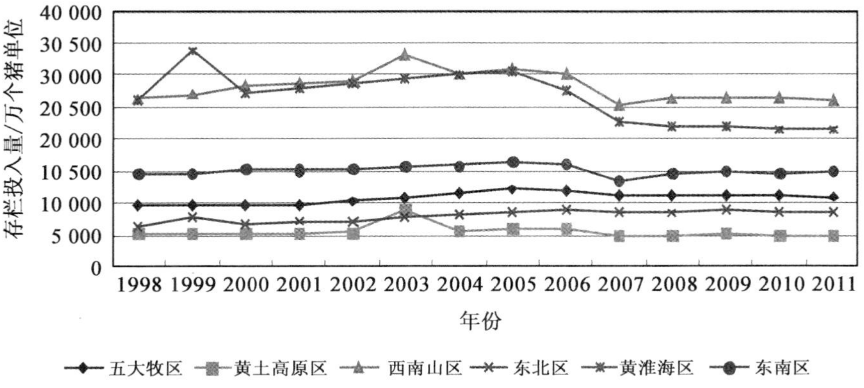

图 3-14　六大区域畜牧业存栏投入量的变动趋势

Fig. 3-14　Changing Tendency of the Amount of Livestock in the Six Animal Husbandry Production Regions

表 3-13 和图 3-15 和展示的是样本期内各区域在畜牧业发展中的资本投入。从资本投入的数量上看，各区域畜牧业资本投入均有不同程度的增长，显示出各个区域对畜牧业生产的重视程度和投入幅度不断提高，尤其是 2006 年以后，增长幅度相当明显。从资本投入增长率来看，1998—2011 年间，畜牧业资本投入量年平均增长率由高到低的区域依次是五大牧区、西南山区、东南区、黄土高原区、黄淮海区和东北区，分别为 24.84%、19.13%、18.43%、18.34%、16.75%和 13.16%；从畜牧业资本投入变动趋势上看，由于各区域的经济水平高低不同、畜牧业生产条件良莠不齐，导致各区域畜牧业资本投入的数量不同，1998 年，畜牧业资本投入数量最高的区域是黄淮海区，为 43.01 亿元，最低的是黄土高原区，为 8.69 亿元，相差 34.32 亿元，而到了 2011 年差距更加明显，差距达到 222.97 亿元。

表 3-13　中国畜牧业增长中的资本投入量(*K*)及增长率的区域差异

Tab. 3-13　The Capital Input(*K*) in the Growth of Animal Husbandry and Regional Difference in Growth Rate of China

投入要素	年份	五大牧区	黄土高原区	西南山区	东北区	黄淮海区	东南区
资本量(*K*)/亿元	1998	11.69	8.69	31.33	19.21	43.01	30.38
	1999	14.50	9.61	32.48	21.13	45.61	37.59
	2000	14.69	12.25	45.59	26.86	46.87	41.03
	2001	21.88	16.00	52.36	27.21	52.36	46.99
	2002	22.59	16.56	56.66	28.79	62.55	67.50
	2003	20.07	15.60	53.61	26.77	62.09	65.50
	2004	20.67	29.86	75.20	34.24	70.80	91.34
	2005	16.48	22.99	43.92	32.79	76.74	75.40
	2006	18.60	24.90	47.14	35.52	86.24	79.19
	2007	48.77	32.72	90.90	55.99	146.82	129.02
	2008	64.46	37.72	109.36	51.84	171.57	142.22
	2009	83.71	52.09	165.08	69.63	241.18	180.32
	2010	85.84	51.00	165.79	83.54	245.87	194.95
	2011	111.11	57.48	193.09	81.32	280.45	226.94
增长率/%	1999	24.03	10.52	3.67	9.99	6.05	23.74
	2000	1.33	27.45	40.38	27.09	2.77	9.15
	2001	48.97	30.64	14.86	1.33	11.70	14.52
	2002	3.25	3.50	8.20	5.81	19.47	43.66
	2003	−11.19	−5.78	−5.38	−7.04	−0.74	−2.97
	2004	3.02	91.41	40.27	27.92	14.03	39.45
	2005	−20.26	−23.02	−41.60	−4.25	8.39	−17.44
	2006	12.83	8.31	7.33	8.34	12.37	5.02
	2007	162.24	31.42	92.82	57.64	70.25	62.93
	2008	32.17	15.29	20.32	−7.42	16.86	10.23
	2009	29.87	38.09	50.95	34.32	40.57	26.79
	2010	2.54	−2.10	0.43	19.98	1.94	8.12
	2011	29.43	12.70	16.47	−2.66	14.07	16.41
	平均	24.48	18.34	19.13	13.16	16.75	18.43

注:资本量数据为各地区历年畜牧业总产值与各地区历年农林牧渔总产值的比值作为权重,乘以各地区历年农林牧渔业总投入额,为了便于比较,当年畜牧业资本投入量均按照各省(自治区、直辖市)农业生产资料价格指数折算成 1998 年不变价计算,原始数据来源于《中国统计年鉴》1999—2012。

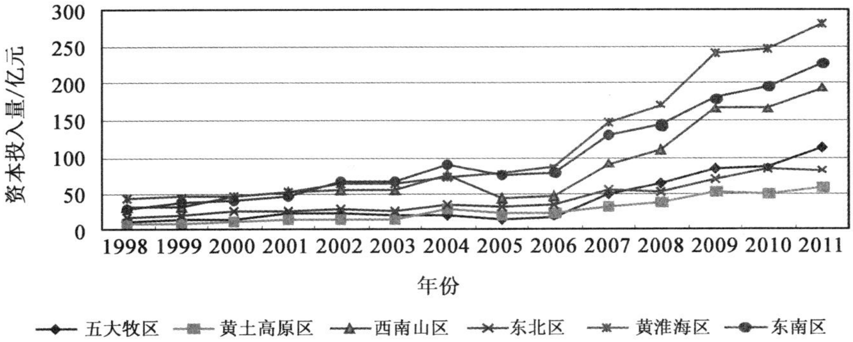

图 3-15　六大区域畜牧业资本投入量的变动趋势

Fig. 3-15　Changing Tendency of the Capital Input in the Six Animal Husbandry Production Regions

3.3　区域畜牧业单要素生产率增长的差异分析

表 3-14,图 3-16、图 3-17 和图 3-18 分别计算出六大畜牧业生产区域畜牧业单要素投入所带来的畜牧业产值增长情况。首先由表 3-14 可以看出,各区域单位畜牧业劳动力引起的畜牧业产出和单位存栏投入引起的畜牧业产出均在波动中上升,而各区域单位资本投入所带来畜产品产出却是在下降的。如图 3-16 所示,各区域畜牧业劳动力生产率呈现稳步上升的共性,这表明畜牧业产值不断增长是靠越来越少的畜牧业劳动力投入来实现的,这与近年来从事畜牧业生产的劳动人口的文化水平和科学生产管理水平的不断提高有密切关系,但是在劳动力投入数量以及劳动力生产率的提高程度上体现出明显的区域性差异,其中位于内陆地区的五大牧区、东北区和位于东部沿海地区的东南区畜牧业劳动力生产率位于全国前三名,可能的原因是与该地区畜牧业养殖品种和养殖方式有密切关系,五大牧区牧草丰富,主要是草场养殖,以牛、羊为主要畜产品,

一个人可以管理的家畜头数较多；东南区以家禽业为主，规模化养殖程度较高。图 3-17 展示的是单位存栏投入所引起的畜产品产值的变动趋势，各区域除了显示出共同的波动性增长趋势以外，还显示出各区域存栏投入所引起产出增长的地区性差异，其中存栏投入所引起的畜牧业增长基础较高并且增长速度较快的是位于东部沿海地区的东南区、黄淮海区，该地区的经济水平较高，地方政府和养殖户对畜牧业的重视程度和投入力度都较高。如图 3-18 所示，各区域资本投入的边际效益是递减的，因为随着资本投入数量的增加，使得畜牧业生产条件不断得到改善的同时，投入畜牧当中的每一元钱所能得到的畜牧业产值的增加是不断下降的。

表 3-14 六大区域畜牧业单要素生产率产出水平的区域比较

Tab. 3-14 Regional Comparison of Output Basing on Single Factor Productivity in the Six Animal Husbandry Production Regions

投入要素	年份	五大牧区	黄土高原区	西南山区	东北区	黄淮海区	东南区
单位畜牧业劳动力的产出(*Y*/*L*)/(元/人)	1998	2 626.83	1 210.90	956.92	1 681.21	1 165.57	1 530.80
	1999	2 558.33	1 113.75	950.02	1 637.47	1 149.77	1 723.31
	2000	2 599.49	1 148.83	997.79	1 549.64	1 141.19	1 798.39
	2001	2 715.03	1 161.83	1 045.87	1 727.34	1 227.32	1 885.26
	2002	2 862.48	1 244.84	1 121.05	1 843.51	1 288.23	1 973.98
	2003	3 398.13	1 363.48	1 240.09	2 093.18	1 386.51	2 171.45
	2004	3 989.58	1 695.93	1 583.05	2 589.35	1 810.41	2 966.35
	2005	4 424.52	1 833.75	1 744.39	2 908.56	2 030.88	2 927.32
	2006	4 751.63	1 952.04	1 875.31	3 194.20	2 204.02	3 186.69
	2007	5 713.09	2 330.83	2 383.85	3 866.35	2 623.01	3 806.42
	2008	6 428.84	2 893.97	2 808.14	4 317.04	3 112.74	4 449.55
	2009	6 729.65	3 431.14	2 798.15	4 942.60	3 326.45	4 592.03
	2010	8 172.64	4 201.71	3 181.40	5 185.13	3 872.61	5 458.50
	2011	10 408.74	5 967.24	4 835.97	6 294.23	5 278.79	7 855.38

续表 3-14

Continue Tab. 3-14

投入要素	年份	五大牧区	黄土高原区	西南山区	东北区	黄淮海区	东南区
单位存栏数量的产出(*Y*/*M*)/(元/猪单位)	1998	103.39	135.10	113.71	148.53	142.75	192.25
	1999	102.95	118.44	105.02	117.58	104.30	213.30
	2000	106.47	123.50	99.07	130.51	127.21	208.71
	2001	110.61	124.52	98.81	121.27	127.34	212.89
	2002	105.42	119.47	94.57	125.08	124.22	213.31
	2003	100.82	74.75	84.55	121.40	126.98	221.72
	2004	101.86	137.83	107.62	134.32	149.59	314.77
	2005	97.15	128.58	110.42	131.64	149.35	250.62
	2006	97.09	127.36	110.98	121.71	144.50	248.71
	2007	119.48	174.71	147.45	148.50	223.24	363.60
	2008	143.14	216.46	172.17	179.21	279.75	413.57
	2009	139.49	209.95	159.59	173.91	256.10	341.49
	2010	152.35	223.24	149.00	182.72	268.06	352.82
	2011	176.78	275.95	190.14	223.42	321.68	425.95
单位资本的产出(*Y*/*K*)/(元/元)	1998	8.51	7.90	9.53	4.93	8.65	9.29
	1999	6.89	6.32	8.76	4.26	7.72	8.31
	2000	7.00	5.07	6.18	3.30	7.38	7.75
	2001	4.87	3.99	5.42	3.19	6.76	6.88
	2002	4.72	3.88	4.86	3.01	5.70	4.84
	2003	5.43	4.23	5.21	3.46	5.98	5.25
	2004	5.69	2.56	4.28	3.22	6.33	5.49
	2005	7.10	3.35	7.76	3.41	5.95	5.52
	2006	6.23	2.92	7.12	3.04	4.59	5.07
	2007	2.75	2.59	4.11	2.27	3.44	3.83
	2008	2.50	2.82	4.12	2.90	3.55	4.18
	2009	1.88	2.03	2.57	2.18	2.31	2.81
	2010	1.98	2.17	2.38	1.89	2.32	2.64
	2011	1.75	2.35	2.57	2.35	2.45	2.80

注：各地区畜牧业产值和资本投入是利用各地区农业生产资料物价指数平减之后的实际产值。

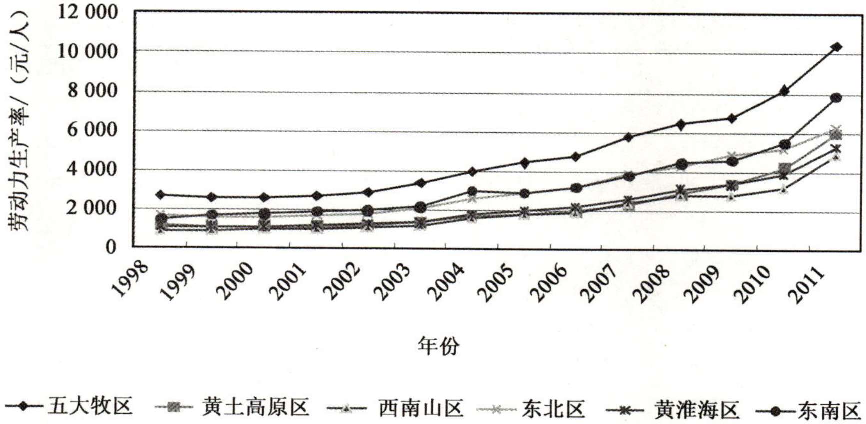

图 3-16　六大区域单位畜牧业劳动力生产率变动趋势

Fig. 3-16　The Changing Tendency of Unit Labor Productivity in the Six Animal Husbandry Production Regions

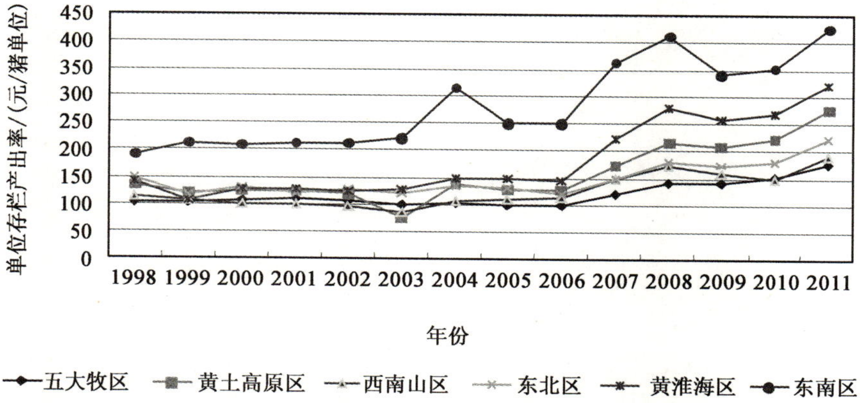

图 3-17　六大区域单位畜牧业存栏数量的畜牧业产值变动趋势

Fig. 3-17　Changing Tendency of the Unit of Amount of Livestock in the Six Animal Husbandry Production Regions

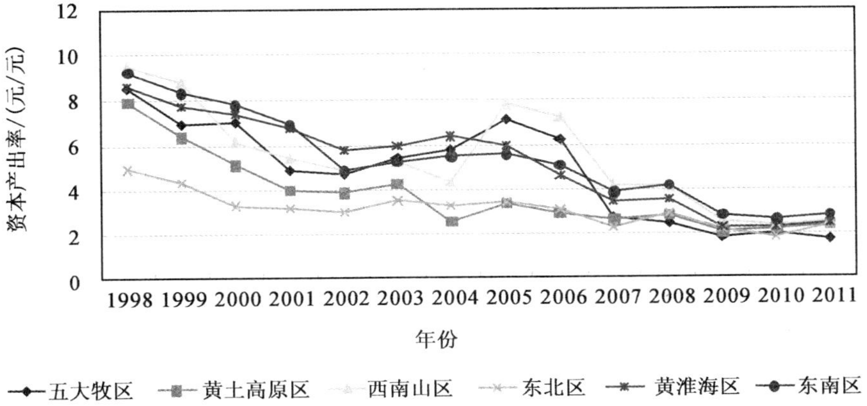

图 3-18　六大区域单位畜牧业资本投入的畜牧业产值变动趋势

Fig. 3-18　Changing Tendency of Unit Capital Input in the Six Animal Husbandry Production Regions

3.4　本章小结

本章在论述了改革开放以来全国以及六大畜牧业生产区域畜牧业发展历程基础之上，主要分析了各区域畜牧业要素投入和单要素生产效率增长变动情况，体现出在诸多因素影响下，各区域畜牧业发展的基础条件和后期投入都呈现区域性差异，从而导致各区域畜牧业生产效率也呈现区域性差异，这为进一步研究全国以及各区域全要素生产率对畜牧业增长的贡献奠定了基础。综合上述分析得出以下结论：

(1)改革开放以后，畜牧业的历次发展都与相应的农业、农村和畜牧业支持政策相关。

(2)六大畜牧业生产区域畜牧业劳动力投入数量均呈现下降趋势，其中黄淮海区、西南山区和东南区下降的幅度非常明显，畜牧业劳动力数量变动方向与畜牧业增长的变动方向相反，说明我国的畜牧业由劳动密集型向现代化畜牧业转变的趋势显著，畜牧业生产效率的提高不是依靠劳动力的增加而实现的。各区域畜牧业劳动力变动不同点在于各个年份的增长率变动的大小和方向，由此可以反映出各区域畜牧业接纳农村剩余劳动力和畜牧业产业调整的区域性差异。

(3)样本期内五大牧区、东北区的主要畜产品存栏量是增加的，黄土高原区、黄淮海区的主要畜产品存栏数量呈下降趋势，西南山区和东南区的主要畜产品存栏数量基本保持不变。五大牧区和东北区的主要畜产品存栏量年平均增长率大于1%，分别为1.09%和2.54%，说明这两个区域的畜牧业生产增长方式仍然是数量和规模扩张；黄土高原区和黄淮海区的存栏量年平均增长率为负，分别为－0.17%和－0.88%，说明两区域正在转变畜牧业增长方式；西南山区和东南区畜牧业存栏增长率几乎没有什么变化，说明在原有的饲养规模上实现了畜牧业产值的增长。

(4)各区域畜牧业资本投入均有不同程度的增长，显示出各个区域对畜牧业生产的重视程度和投入幅度不断提高，尤其是2006年以后，增长幅度相当明显。从资本投入增长率来看，1998—2011年间，畜牧业资本投入量年平均增长率由高到低的区域依次是五大牧区、西南山区、东南区、黄土高原区、黄淮海区和东北区，由于各区域的经济水平高低不同、畜牧业生产条件良莠不齐，导致各区域畜牧业资本投入的数量不同。

(5)六大畜牧业生产区域单位畜牧业劳动力和单位存栏投入引起的畜牧业产出均在波动中上升，而各区域单位资本投入所带来畜产品产量却在下降。其中位于内陆地区的五大牧区、东北区和位于东部沿海地区的东南区畜牧业劳动力生产率为全国前三名，可能的原因是与该地区畜牧业养殖品种和养殖方式有密切关系，五大牧区牧草丰富，主要是草场养殖，以牛、羊为主要畜产品，一个人可以管理的家畜头数较多；东南区以家禽业为主，规模化养殖程度较高；存栏投入所引起的畜牧业增长基础较高并且增长速度较快的是位于东部沿海地区的东南区、黄淮海区，该地区的经济水平较高，地方政府和养殖户对畜牧业的重视程度和投入力度都较高。

第4章　基于SFA方法的中国畜牧业TFP变动的区域差异分析

本章将采用基于超越对数生产函数的随机前沿分析方法，利用1998—2011年间全国31个省(自治区、直辖市)畜牧业投入产出面板数据来分析全国以及六大畜牧业生产区域的畜牧业TFP的增长及构成，探讨引起畜牧业TFP变动及区域差异的主要动因。

4.1　超越对数生产函数的随机前沿分析方法及样本选取、变量选择

4.1.1　超越对数生产函数模型设定

利用随机前沿生产函数法最重要的就是事先选择合适的生产函数形式，以便较好地处理随机扰动和测量误差，以此区分由于函数设定带来的误差和技术非效率。20世纪70年代以前，SFA方法经常使用的生产函数模型有*C-D*生产函数模型、不变替代弹性生产函数模型(CES)以及变替代弹性生产函数模型(VES)，在应用时需要对投入要素之间的替代关系进行一系列很严格的假设，在现实生产中很难实现，因此使用时有很大的局限性。

1973年，L. 克里斯滕森，D. 乔根森和L. 劳伦斯提出了建立在新古典生产理论上的超越对数生产函数(transcendental logarithmic production function)的计量模型，最早将连续时间的面板数据(panel data)引入索洛增长模型中。该函数中投入产出变量均采用对数形式，并引入了投入要素对数的二次项，在假设只有资本 K 和劳动力 L 两种投入的情况下，时间变量 T 体现了技术进步随时间变动的差异，具体生产函数形式如下：

$$Y = \exp\Big[\alpha_1 + \alpha_2 \ln K + \alpha_3 \ln L + \alpha_4 \ln T + \frac{1}{2}\alpha_5 \ln^2 K + \alpha_6 \ln K \ln L + \alpha_7 T \cdot \ln K + \frac{1}{2}\alpha_8 \ln^2 L + \alpha_9 T \cdot \ln L + \frac{1}{2}\alpha_{10} \ln T^2\Big] \tag{4.1}$$

式(4.1)中 $\alpha_i(i=1,2,\cdots,10)$为待估计参数,在规模报酬不变的假设条件下,待估计参数有以下关系成立:

$$\begin{aligned}\alpha_2 + \alpha_3 &= 1\\ \alpha_5 + \alpha_6 &= 0\\ \alpha_6 + \alpha_8 &= 0\\ \alpha_5 + \alpha_8 &= 0\\ \alpha_7 + \alpha_9 &= 0\end{aligned} \tag{4.2}$$

对式(4.2)中的各个参数进行无偏估计,然后在此基础上计算某一时期平均生产率增长率 Y_t,计算公式如下:

$$Y_t = \partial \ln Y(K,L,T)/\partial \ln T = \alpha_4 + \alpha_7 \ln K + \alpha_9 \ln L + \alpha_{10} \ln T \tag{4.3}$$

超越对数生产函数是一种更具一般性的变替代弹性生产时变函数,该函数的优越性体现在以下几个方面:第一,超越对数生产函数在投入空间点的邻域,可以对任意可微的真实函数提供二阶泰勒级数近似,在形式上体现了更强的包容性;第二,该函数形式放松了以往模型对替代弹性为常数的假设限制,对生产技术几乎没有附加任何限制条件,提高了模型的可靠性;第三,它在结构上属于平方反应面(quadratic response surface)模型,可以较好地研究各种投入要素之间的替代关系和相互作用,更好地估算各投入要素对 TFP 增长率的贡献份额。但超越对数生产函数不适用于相邻两年或短周期的生产率度量。

由于超越对数生产函数形式更为灵活,包容性更强,近年来越来越多的研究利用此方法来分析国内各行业的 TFP 增长。如刘勇和孟令杰(2002)[26]测算了 1989—1998 年我国棉花生产的 Malmquist 生产率指数。余建斌、李大胜(2008)[50]测算了中国农业生产的技术效率。田伟、李明贤等(2010)[34]测算了中国棉花主产区的技术进步率。计志英(2012)[15]测算了中国沿海地区经济效率。目前,使用随机前沿生产函数模型对中国畜牧业 TFP 进行研究的并不多（杨军[47]，2003；Allan N Rae 等[67]，2005；曹佳等[2]，2007），上述研究并没有将中国畜牧业 TFP 从区域差异角度考察其变动，而且已有研究在测算时间上也只到 2007 年。因此，本章研究拟利用 1998—2011 年中国 31 个省（自治区、直辖市）畜牧业投入产出面板数据，采用超越对数生产函数形式对全国及区域畜牧业 TFP 的增长及构成进行实证研究。

参考 L. 克里斯滕森，D. 乔根森和 L. 劳伦斯提出超越对数生产函数模型，本研究将中国畜牧业随机前沿生产函数模型设定为：

$$\begin{aligned}\ln Y_{it} =& \alpha_0 + \alpha_L \ln L + \alpha_M \ln M + \alpha_K \ln K + \alpha_T \cdot T \\ &+ \frac{1}{2}\beta_{LL}\ln^2 L + \frac{1}{2}\beta_{MM}\ln^2 M + \frac{1}{2}\beta_{KK}\ln^2 K + \frac{1}{2}\beta_{TT}\cdot T^2 \\ &+ \frac{1}{2}\beta_{LM}\ln L\ln M + \frac{1}{2}\beta_{LK}\ln L\ln K + \frac{1}{2}\beta_{MK}\ln M\ln K \\ &+ \beta_{TL}\cdot T\ln L + \beta_{TM}\cdot T\ln M + \beta_{TK}\cdot T\ln K + \nu_{it} + \mu_{it}\end{aligned} \tag{4.4}$$

式(4.4)式中，Y_{it} 表示第 i 省（自治区、直辖市）第 t 年的畜牧业产出；变量 T 表示技术随时间变化的趋势；投入变量 L、M、K 分别表示畜牧业生产要素劳动力、存栏量和资本；α_0，α_L，α_M，α_K，α_T 和 β_{LL}，β_{MM}，β_{KK}，β_{TT}，β_{LM}，β_{LK}，β_{MK}，β_{TL}，β_{TM}，β_{TK} 为待估计参数，本章将在下一节给出各个变量的具体含义；随机误差项 ν_{it} 为复合误差项，表示经济系统不可控因素造成的随机误差，且是经典白噪音项，服从对称的标准正态分布（$\nu_{it} \sim N(0, \delta_v^2)$），$\mu_{it} \geqslant 0$，表示生产决策单位 i 在第 t 年生产技术非效率，即独立于函数选择或统计时产生的随机误差，衡量的是实际产出与其所处相同技术水平与投入量下所能实现最大产出之间的差距；设定时变欠效率指数 μ_{it} 服从不同的分布可以衍生出不同的随机前沿生产函数模型，本章研究借鉴 Battese 和 Coelli(1993)[71]设定的相对前沿技术效率时变性的随机前沿模型，所以假定 μ_{it} 服从：

$$\mu_{it} = \beta(t)\mu_i = \exp[-\eta(t-T)]\mu_i \tag{4.5}$$

式(4.5)中，μ_i 服从单侧的正态分布（$\mu_i \sim N^+(\mu, \delta_\mu^2)$），参数 η 是技术效率指数（$-\mu_{it}$）的变化率，$\beta(t)$ 具有以下特性：$\beta(t) \geqslant 0$、$\eta > 0$ 时，$\beta(t)$ 以递

增的速率下降，这表明随时间推移技术效率逐步提高；当 $\beta(t)\geqslant 0$、$\eta<0$ 时，$\beta(t)$ 以递增的速率增加，则表明随着时间推移技术效率逐步恶化；当 $\eta=0$ 时，$\beta(t)$ 维持不变，技术效率则不变。

可以从混合误差 $\nu_{it}-\mu_{it}$ 中分离出技术欠效率指数 μ_{it}，那么第 i 省（自治区、直辖市）第 t 年的技术效率可定义为：

$$TE_{it} = E(y_{it} \mid \mu_{it}, x_{it})/E(y_{it} \mid \mu_{it}) = 0, x_{it} = \exp(-\mu_{it}) \tag{4.6}$$

式(4.6)中，如果 $\mu_{it}=0$，则 $TE_{it}=1$，表明第 t 期第 i 个决策单元技术有效率，即生产单位的生产经营恰好处于生产前沿面上；如果 $\mu_{it}>1$，则 $0<TE_{it}<1$，表明此时该决策单元处于技术非效率的状态，即生产单位的生产经营位于生产前沿面之下。

超越对数随机前沿函数式(4.4)考虑了非中性的前沿技术进步。如果 $\beta_{TT}<0$(或 $\beta_{TT}>0$)，则表明减少(或增加)投入要素则有助于前沿技术进步；如果系数 β_{TL}，β_{TM}，β_{TK} 均为零，则表明前沿技术对投入要素而言是中性的；如果系数 β_{LM}，β_{LK}，β_{MK}，β_{TL}，β_{TM}，β_{TK} 均为零，则该前沿生产函数就退化为柯布-道格拉斯生产函数。

利用极大似然估计法将随机前沿函数模型式(4.4)和时变技术欠效率指数模型式(4.5)联合，可以得到两式中所有的待估参数，即：

$$\gamma = \delta_u^2/(\delta_\nu^2 + \delta_u^2), \gamma \in [0,1] \tag{4.7}$$

式(4.7)中，γ 为随机扰动项中技术无效项所占的比例。通过考察 γ 数值便可以判断模型设定是否合适。当 δ_ν^2 趋于 0 时，γ 趋于 1，说明随机前沿生产函数的误差主要源于技术非效率项 μ_{it}，意味着选取的模型对实际生产有很好的表达，γ 越接近 1，采用随机前沿模型就越合适；当 δ_μ^2 趋于 0 时，γ 趋于 0，说明实际产出与潜在最大产出的差距主要源于统计或者外在随机冲击造成的白噪声误差，此时就没有必要采用随机前沿函数模型。可以通过如下假设的检验，来判断随机前沿生产函数是否合理：

H_0：$\gamma=0$，表示 $\delta_\mu^2=0$，完全不存在技术非效率项，应该选用非前沿函数；

$H_0:\eta=0$，表明技术非效率是非时变的。因此：

$$TE=-\partial\mu_{it}/\partial t=\eta\cdot\mu_i\exp[-\eta(t-T)]=\eta\cdot\mu_{it} \tag{4.8}$$

从式(4.8)可以看出，技术效率的变化不仅与技术效率指数变化率参数 η 有关，且与生产单位特定的技术欠效率 μ_{it} 相关。

计算 TFP 增长中的规模效率，必须首先计算前沿生产函数的各投入要素的产出弹性。本章研究选取的投入要素 L、M、K 的产出弹性可分别表示为：

$$\varepsilon_L=\partial\ln Y/\partial\ln L=\alpha_L+\beta_{LL}\ln L+\frac{1}{2}\beta_{LM}\ln M+\frac{1}{2}\beta_{LK}\ln K+\beta_{TL}\cdot T \tag{4.9}$$

$$\varepsilon_M=\partial\ln Y/\partial\ln M=\alpha_M+\beta_{MM}\ln M+\frac{1}{2}\beta_{LM}\ln L+\frac{1}{2}\beta_{MK}\ln K+\beta_{TM}\cdot T \tag{4.10}$$

$$\varepsilon_K=\partial\ln Y/\partial\ln K=\alpha_K+\beta_{KK}\ln K+\frac{1}{2}\beta_{LK}\ln L+\frac{1}{2}\beta_{MK}\ln M+\beta_{TK}\cdot T \tag{4.11}$$

规模报酬指数 $RTS=\varepsilon_L+\varepsilon_M+\varepsilon_K$，前沿生产函数中各投入要素的相对产出弹性 $\lambda_i=\varepsilon_i/RTS$，$j=L,M,K$，且 $\lambda_L+\lambda_M+\lambda_K=1$，令 ΔL、ΔM 和 ΔK 分别表示要素 L、M 和 K 的增长率，则规模效率和配置效率分别为：

$$SE=(RTS-1)(\lambda_L\Delta L+\lambda_K\Delta K+\lambda_M\Delta M) \tag{4.12}$$

$$AE=(\lambda_L-S_L)\Delta L+(\lambda_K-S_K)\Delta K+(\lambda_M-S_M)\Delta M \tag{4.13}$$

式(4.13)中，S_j，$j=L,M,K$ 表示要素 j 在要素总成本中的份额，且 $S_L+S_M+S_K=1$，本研究利用产出弹性系数作为产出贡献系数的近似值。

根据随机前沿函数模型式(4.4)以及前沿技术进步的定义，可以把前沿技术进步对产出增长的贡献定义为：

$$TP=\partial\ln Y/\partial T=\alpha_T+\beta_{TT}\cdot T+\beta_{TL}\ln L+\beta_{TM}\ln M+\beta_{TK}\ln K \tag{4.14}$$

式(4.14)中，$\alpha_T+\beta_{TT}\cdot T$ 表示技术进步，可理解为全体生产单位面临的共同技术进步率，它主要是由技术外溢与扩散效应而带来。

全要素生产率的变化率可以表示为：

$$\dot{\mathrm{TFP}} = (\mathrm{RTS}-1)\sum_{n=1}^{N}\lambda_n \frac{\mathrm{dln}x_n}{\mathrm{d}t} + \sum_{n=1}^{N}(\lambda_n - s_n)\frac{\mathrm{dln}x_n}{\mathrm{d}t} + \frac{\partial \ln Y}{\partial t} - \frac{\partial u_{it}}{\partial t}$$
$$= \dot{\mathrm{SE}} + \dot{\mathrm{AE}} + \dot{\mathrm{TP}} + \dot{\mathrm{TE}} \quad (4.15)$$

式(4.15)中，$\dot{\mathrm{TFP}}$、$\dot{\mathrm{SE}}$、$\dot{\mathrm{AE}}$、$\dot{\mathrm{TP}}$和$\dot{\mathrm{TE}}$分别表示从 t 期到 $t+\mathrm{d}t$ 期全要素生产率的变化率、规模效率的变化率、要素配置效率的变化率、技术进步的变化率和技术效率的变化率；规模弹性 RTS＞1(＝1,＜1)意味着规模报酬递增(不变，递减)。

4.1.2 样本选取、变量选择与解释

本研究选取各地区历年畜牧业总产值为产出变量(Y)；畜牧业从业人员(L)、存栏量(M)、畜牧业资本投入量(K)为投入变量。

产出变量 (Y)中为了剔除与劳动力(L)、资本(K)等投入变量之间的多重共线性以及统计误差的影响，本文采用 1998 年可比价的全国 31 个省(自治区、直辖市)历年畜牧业总产值(单位：亿元)作为被解释变量代替畜牧业产量。数据来源于历年《中国农村统计年鉴》(1999—2012)。

劳动力变量(L)是经过计算整理而来的数据，因为在现有统计资料中未公布畜牧业劳动力工资和劳动力投入数量，因此，本文利用全国 31 个省(自治区、直辖市)历年畜牧业总产值与各地区历年农林牧渔业总产值的比值作为权重，乘以各地区历年年末农林牧渔业从业人员人数作为劳动力变量(单位：万人)，数据来源于《1998—2004 农业统计资料》以及《中国农村统计年鉴》(2006—2012)，农林牧渔总产值来源于历年《中国农村统计年鉴》(1999—2012)。计算公式为：

$$\text{历年畜牧业劳动力数量} = \text{历年农林牧渔业从业人员数量} \times \frac{\text{历年畜牧业总产值}}{\text{历年农林牧渔业总产值}}$$

存栏变量(M)中的生猪、牛、羊采用各地区各个种群年末存栏量，现有统计年鉴中家禽的存栏量不连续，所以家禽存栏原始数据采用种蛋鸡

与种肉鸡之和。由于作为自变量之一的牲畜存栏是由个体大小相差悬殊的生猪、肉牛、肉羊、禽类等多种组成，为了便于比较，根据不同畜禽种类的平均自然体重和饲料消耗量将所有畜禽数量都统一折合成猪单位，具体折算比例为：1 头肉牛＝3 个猪单位，1 只肉羊＝0.3 个猪单位，1 只家禽＝0.03 个猪单位。基础数据来源于《中国畜牧业年鉴》(1999—2012)(单位：万头猪单位)。

资本变量(K)也是经过调整后的数据(单位：亿元)，当年畜牧业资本投入量均按照各省(自治区、直辖市)农业生产资料价格指数折算成 1998 年不变价计算。数据来源于《新中国六十年统计资料汇编》以及《中国统计年鉴》(2009—2012)。历年畜牧业资本投入量计算公式如下：

$$\text{历年畜牧业资本投入额}=\text{历年农林牧渔总投入额}\times\frac{\text{历年畜牧业总产值}}{\text{历年农林牧渔业总产值}}$$

4.1.3　模型检验与估计结果

4.1.3.1　模型参数的检验

如何选择生产函数 $y=f(x_{it},\alpha,\beta)$ 是利用随机前沿生产函数方法最关键的问题，在 SFA 方法中通常选择对数形式的 $C\text{-}D$ 生产函数，即：

$$\ln f=\alpha+\sum_{j=1}^{n}\beta_j\ln x_j \tag{4.16}$$

式(4.16)中，α,β_j 为待估计参数，x_j 表示第 j 个投入要素，$j=1,2,\cdots,n$。

超越对数函数实质上是生产函数 $f(\ln x_1,\ln x_2,\cdots,\ln x_n)$ 在零点的二阶泰勒级数近似展开。式(4.4)中，当 $\alpha_T=0,\beta_{ij}=0,\beta_{Tj}=0,i=L,M,K,j=L,M,K$ 时，超越对数就退化为形式简单的 $C\text{-}D$ 生产函数，而且此时的 $\alpha_L,\alpha_M,\alpha_K$ 具有直接的经济学含义，分别表示劳动力、存栏、资本的产出弹性。但本文选择时变的超越对数生产函数的原因是该函数形式考虑了投入要素相互作用对产出的影响(二次项的含义)，技术是否随时间变动(时间 T 的含义)，克服了 $C\text{-}D$ 生产函数替代弹性为 1 的缺点。所以在用基于超越对数生产函数的 SFA 方法测算全国以及区域畜牧业 TFP 之前，首先要对该模型的实用性、相对前沿技术效率的时变性、技术是否中性等做相关检验，以考虑是采取 $C\text{-}D$ 生产函数还是超越对数生产函数。

通过构建基于极大似然估计法的广义对数似然率统计量 LR(log likelihood ratio test statistics，LR)来进行检验。$LR=-2(\ln L_0-\ln L_1)$，其中 $\ln L_0$ 和 $\ln L_1$ 分别表示在零假设(H_0)和备择假设(H_1)下的对数似然函数值，如果零假设成立，那么检验统计量 LR 服从渐进卡方分布(或者 $\chi^2(n)$分布，n 表示自由度，为待检验参数的个数)。其中 L 表达式为：

$$L=-\frac{1}{2}\ln 2\pi-\frac{n}{2}\ln\hat{\sigma}^2-\frac{n}{2} \tag{4.17}$$

式(4.17)中 n 为样本容量，$\hat{\sigma}^2$ 为未知参数 σ^2 的极大似然估计。LR 统计量即是对数似然函数所取的最大值。

(1)是否采用超越对数生产函数检验

$H_0:\beta_{LL}=\beta_{MM}=\beta_{KK}=\beta_{LM}=\beta_{LM}=\beta_{LK}=\beta_{MK}=\beta_{TL}=\beta_{TM}=\beta_{TK}=0$。通过检验(1)可以知道形式简单的柯布一道格拉斯生产函数是否适合描述中国区域畜牧业生产情况。表 4-1 的检验结果表明，上述参数并不都为零，说明超越对数生产函数还不能退化为 $C\text{-}D$ 生产函数，基于超越对数的随机前沿生产模型能更好地勾勒全国及区域畜牧业生产增长及变化。

(2)技术非效率存在性和时变性检验

$H_0:\mu=\eta=0$。检验(2)结果表明，样本期内中国畜牧业技术效率总体上是变化的，所以选择时变的技术效率函数模型。

表 4-1 全样本超越对数生产函数 LR 检验结果

Tab. 4-1 The Inspection Results Based on All Samples beyond The Logarithm Production Function LR

零假设 H_0	对数似然值	临界值	检验结果
1. $H_0:\beta_{ij}=\beta_{ji},\forall i,j$	42.86	19.1*	拒绝 H_0
2. $H_0:\mu=\eta=0$	76.57	8.6	拒绝 H_0
3. $H_0:\alpha_T=\beta_{TT}=\beta_{TL}=\beta_{TM}=\beta_{TK}=0$	1 925.23	10.3	拒绝 H_0
4. $H_0:\beta_{TL}=\beta_{TM}=\beta_{TK}=0$	107.27	21.5	拒绝 H_0

注：4 个零假设(H_0)都在 1%的显著性水平被拒绝。* 涉及 $\lambda=0$ 的假设，其统计量服从混合卡方分布。

(3)技术进步是否存在检验

$H_0:\alpha_T=\beta_{TT}=\beta_{TL}=\beta_{TM}=\beta_{TK}=0$。技术进步是否存在,体现在生产函数的移动,反映在模型中即时间与投入要素的交叉项,反映在图上即生产函数截距项随时间的变动,检验(3)的结果表明,存在技术进步和退化。

(4)技术是否中性检验

$H_0:\beta_{TL}=\beta_{TM}=\beta_{TK}=0$。若技术中性假设成立,就表明技术没有渗透到生产要素,投入要素的变化不会引起技术进步。检验(4)结果表明,技术是非中性的。

4.1.3.2 模型参数的估计结果

利用 Stata10.0 计量软件中的最大似然估计方法,对模型式(4.4)进行参数估计,估计结果如表 4-2 所示。估计结果显示,模型中的绝大部分系数在 1%的水平上具有统计上的显著性。

4.2 中国畜牧业 TFP 的变动及分解

基于本章上一节对中国 31 个省(自治区、直辖市)畜牧业投入产出的生产技术结构参数的假设检验和参数估计,本节根据式(4.4)所定义的随机前沿生产函数,测算出六大畜牧业生产区域历年的平均技术效率、技术进步得分以及全要素生产率增长及其构成的指数。同时根据估计结果考察全国以及各区域全要素生产率、前沿技术进步、相对前沿的技术效率、相对前沿的要素配置效率以及规模效率的变化情况及趋势。

表 4-2 SFA 模型的参数估计结果

Tab. 4-2 The SFA Model Parameter Estimation Results

项目	coefficient	standard-error	t-ratio
常数项	0.577 4	0.005 1	114.187 4
$\ln L$	0.603 2	0.006 5	92.117 7
$\ln M$	0.081 2	0.012 6	6.433 1
$\ln K$	0.212 7	0.018 5	11.512 4
T	0.054 4	0.003 3	16.556 0
$\ln L\times\ln L$	−0.416 1	0.071 4	−5.831 5
$\ln M\times\ln M$	−0.231 2	0.040 1	−5.759 4
$\ln K\times\ln K$	0.068 9	0.019 3	3.569 7
$T\times T$	0.001 9	0.000 5	3.989 8
$\ln L\times\ln M$	0.706 0	0.119 4	5.914 1
$\ln L\times\ln K$	0.204 9	0.106 9	1.915 7
$\ln M\times\ln K$	−0.501 6	0.123 9	−4.048 7
$T\times\ln L$	−0.040 5	0.010 1	−4.013 3
$T\times\ln M$	0.070 3	0.010 5	6.676 1
$T\times\ln K$	0.005 3	0.003 6	1.479 6
sigma2	0.754 4	0.106 5	7.081 5
gamma	1.000 0	0.000 0	24 820 966.000 0
mu	−0.368 5	0.185 3	−1.988 6
eta is restricted to be zero			
log likelihood function = −0.179 867 79E+03			
LR test of the one-sided error = 0.102 756 11E+03			

4.2.1 全国畜牧业 TFP 增长过程分析

为了便于比较，畜牧业总产值增长率计算采取对数差形式近似，即：

$$\Delta Y \approx \ln Y_{t+1} - \ln Y_t \tag{4.18}$$

由图 4-1 可以看出，1999—2011 年间，中国畜牧业 TFP 的增长呈现波动式状态，年均增长率为 3.56%，表现出明显的阶段性特征，且与全国畜牧业产值增长阶段基本一致。按照全国畜牧业 TFP 增长和产出变动情况将其分为三个阶段分析，分别为平稳上升阶段(1999—2004 年)、缓缓下降阶段(2005—2007 年)、波动上升阶段(2008—2011 年)。

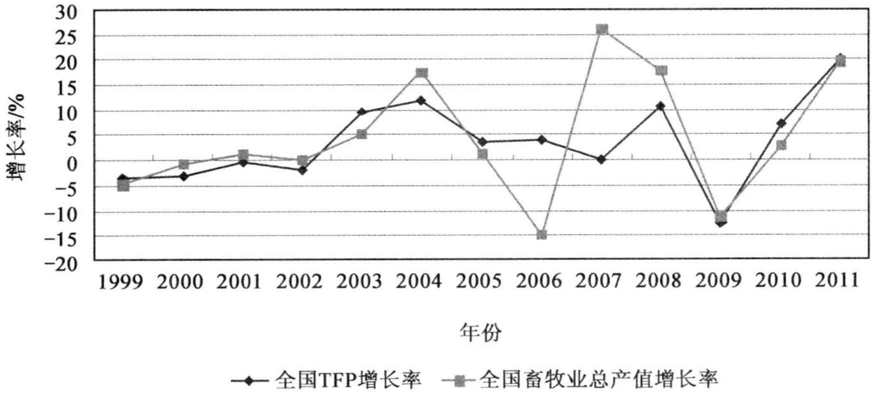

图 4-1　全国畜牧业 TFP 与畜牧业总产值增长率变动情况

Fig. 4-1　Changes in the Growth Rate of TFP Animal Husbandry and Animal Husbandry Output Value

1999—2004 年间，中国畜牧业总产值(产出)增长率非常平稳，在 2002 年出现一个拐点进入高速增长阶段，随后以更快的速度增长；该阶段畜牧业 TFP 也迎来了平稳增长期，而且在 2002 年结束了负增长之后持续两年高速增长，而该阶段年均增长率为 2.18%。2005—2007 年中国畜牧业产出增长率经历了样本期内最低波谷(2006 年)和最高波峰(2007 年)，同期中国畜牧业 TFP 增长率陷入下降状态，但年均增长率为 2.60%，高于上一阶段。2008—2011 年，中国畜牧业产出仍然以振荡式变动，中国畜牧业 TFP 的增长趋势与产出变动又出现一致性，年均增长水平为 6.35%。

4.2.2　全国畜牧业 TFP 增长及其分解的时序特征

从表 4-3 的计算结果可以看出，1998—2011 年间中国畜牧业 TFP 各年增长率有正有负，但从总体上看有所增长，其中 2011 年的增长率为最大(增长了19.99%)。从结构上看,畜牧业技术进步表现出正的增长,样本期年均增长率为5.65%,有力地推动了全国畜牧业TFP的增长,然而畜牧业技术效率则表现出负的增长,年均增长率为-0.12%,抵消了一部分由畜牧业技术进步带来的增长效应,但抵消效果不明显。要素资源配置效率对畜牧业TFP增长产生负的影响,年均增长率为-2.11%。如果某一地区生产要素的边际成本较高,而边际收益相对其他投入要素低,那么增加该投入要素会导致生产效率的下降,相反,在该地区生产要素投入减少则有利于生产效率的提高,说明我国畜牧业要素的平均配置效率较低,

表4-3 全国畜牧业TFP增长及其分解

Tab. 4-3 The National Animal Husbandry TFP Growth and Its Decomposition

年份	全要素生产率(TFP)	技术进步(TP)	技术效率(TE)	配置效率(AE)	规模效率(SE)
1999	-0.034 5	0.019 8	-0.046 4	-0.007 0	-0.000 9
2000	-0.028 7	0.025 8	-0.043 2	-0.013 0	0.001 8
2001	-0.003 7	0.030 9	-0.023 3	-0.013 5	0.002 2
2002	-0.016 1	0.038 4	-0.034 0	-0.022 1	0.001 6
2003	0.096 7	0.047 8	0.040 4	0.010 0	-0.001 6
2004	0.117 4	0.053 9	0.081 4	-0.021 5	0.003 6
1999—2004	0.021 8	0.036 1	-0.004 2	-0.011 2	0.001 1
2005	0.036 5	0.058 2	-0.035 2	0.012 3	0.001 2
2006	0.039 9	0.065 5	-0.024 3	0.008 4	-0.009 8
2007	0.001 7	0.069 3	0.046 4	-0.126 0	0.012 1
2005—2007	0.026 0	0.064 4	-0.004 4	-0.035 1	0.001 1
2008	0.106 8	0.069 4	0.038 9	-0.008 2	0.006 6
2009	-0.123 7	0.075 8	-0.162 7	-0.046 2	0.009 4
2010	0.071 3	0.085 6	0.003 3	-0.013 1	-0.004 6
2011	0.199 9	0.093 7	0.143 2	-0.034 8	-0.002 2
2008—2011	0.063 5	0.081 1	0.005 7	-0.025 6	0.002 3
样本期均值	0.035 6	0.056 5	-0.001 2	-0.021 1	0.001 5

大部分地区畜牧业生产都存在资源浪费或者要素投入不当的现象，且有恶化的趋势。全国样本期内畜牧业规模效率对畜牧业 TFP 的增长的贡献非常低，年均增长率为 0.15%。从三个阶段来看，畜牧业 TFP 的增长始终来源于畜牧业技术进步，属于技术诱导性增长；畜牧业技术进步增长率在每个子时期均大于 1，且稳定增长；畜牧业技术效率在前两个阶段都在下滑，但是对畜牧业 TFP 增长影响不大；畜牧业要素配置效率在每阶段均小于 1（即畜牧业配置效率下滑）；畜牧业规模效率对畜牧业 TFP 的增长一直是微弱的贡献。

从图 4-2 可以看出，全国畜牧业技术进步呈现稳定上升态势，畜牧业技术效率的变动趋势同全国畜牧业 TFP 增长率变动趋势相同，规模效率增长率在 0 附近徘徊，而配置效率大部分年份都小于 0。

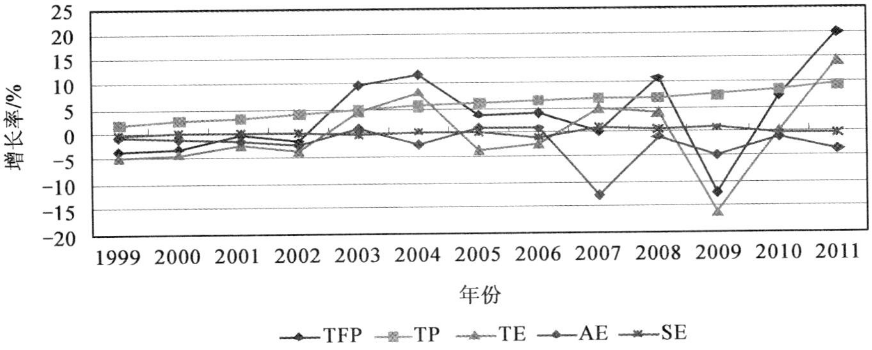

图 4-2　全国畜牧业 TFP 增长率及其分解变动趋势

Fig. 4-2　National Animal Husbandry Total Factor Productivity Growth Rate Change Trend and Its Decomposition

4.3　中国畜牧业 TFP 变动的区域差异分析

4.3.1　六大畜牧业生产区域畜牧业 TFP 增长及其分解的时序变动分析

图 4-3 至图 4-8 分别将六大区域畜牧业 TFP 增长及其分解的变动趋

势描述出来,从图中我们可以发现,六大区域畜牧业 TFP 增长完全仰仗技术进步的贡献,而畜牧业技术效率与畜牧业 TFP 的走势基本相同,因此可以说,技术效率虽然对畜牧业 TFP 的贡献不大,但影响其变动方向,应给予相当的重视。各区域的规模效率变动都不大,而配置效率在一定程度上也影响着畜牧业 TFP 的变动方向。

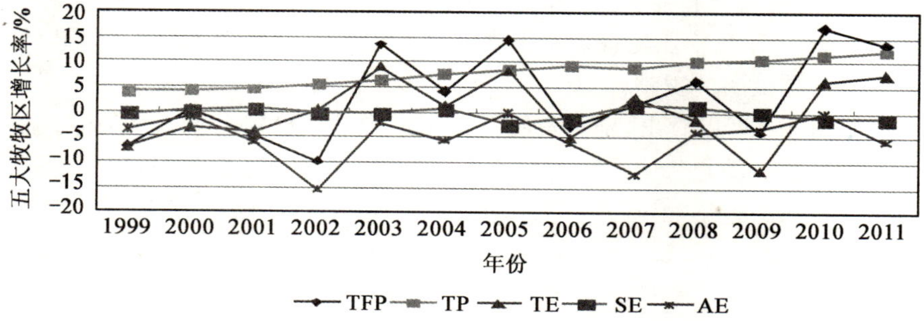

图 4-3　五大牧区畜牧业 TFP 增长率及其分解变动趋势

Fig. 4-3　Changing Tendency of The Animal Husbandry Total Factor Productivity Growth Rate and Decomposition of the Five Pastoral Animal Husbandry Areas

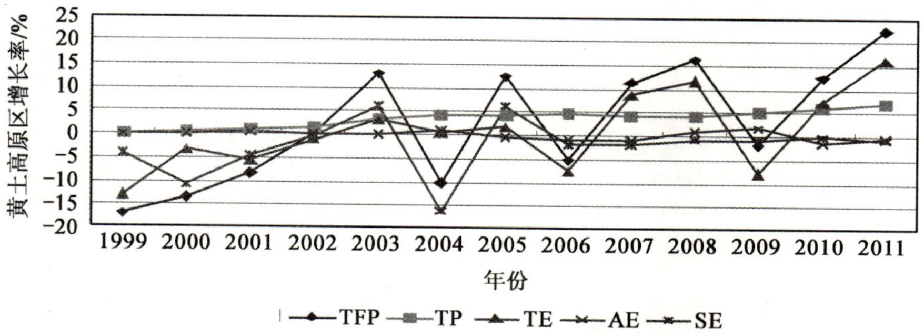

图 4-4　黄土高原区畜牧业 TFP 增长率及其分解变动趋势

Fig. 4-4　Changing Tendency of The Animal Husbandry Total Factor Productivity Growth Rate and Decomposition of the Loess Gao Yuanou

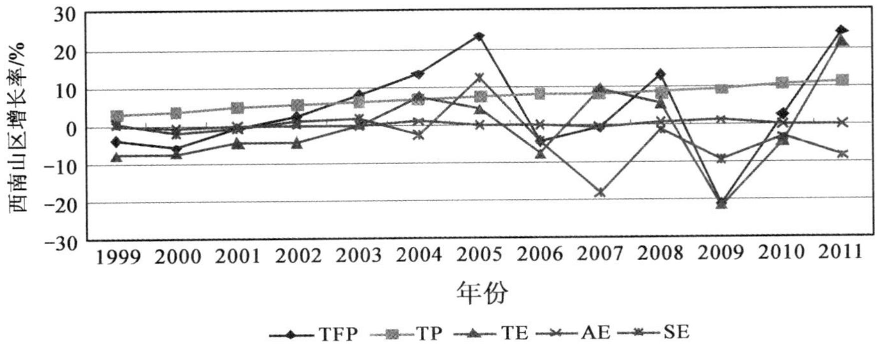

图 4-5　西南山区畜牧业 TFP 增长率及其分解变动趋势

Fig. 4-5　Changing Tendency of The Animal Husbandry Total Factor Productivity Growth Rate and Decomposition of the Southwest Areas

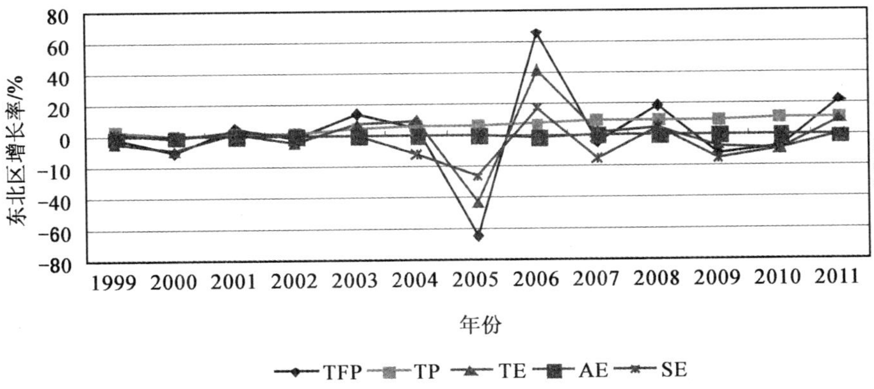

图 4-6　东北区畜牧业 TFP 增长率及其分解变动趋势

Fig. 4-6　Changing Tendency of The Animal Husbandry Total Factor Productivity Growth Rate and Decomposition of the Northeast Areas

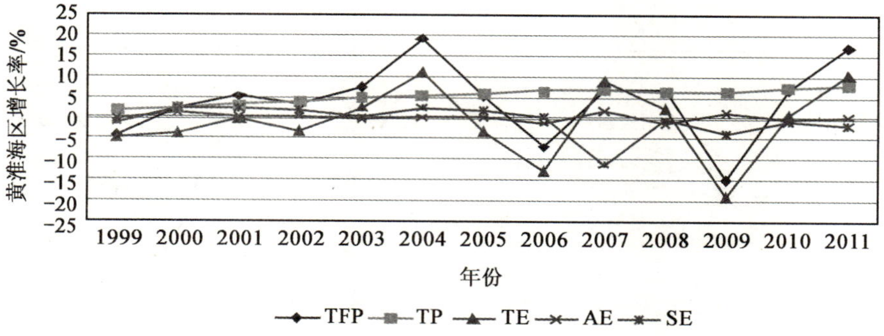

图 4-7 黄淮海区畜牧业 TFP 增长率及其分解变动趋势

Fig. 4-7 Changing Tendency of The Animal Husbandry Total Factor Productivity Growth Rate and Decomposition of Huanghuai Area

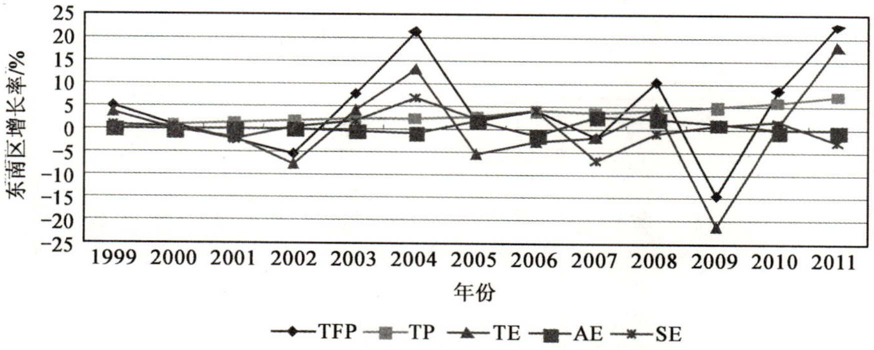

图 4-8 东南区畜牧业 TFP 增长率及其分解变动趋势

Fig. 4-8 Changing Tendency of The Animal Husbandry Total Factor Productivity Growth Rate and Decomposition of the Southeast Area

4.3.2 六大畜牧业生产区域畜牧业 TFP 增长变动差异分析

由表 4-4 可以发现，不同区域畜牧业 TFP 增长的区域差异显著，1998—2011 年间，五大牧区畜牧业 TFP 年均增长率为 3.36%、黄土高原区为 2.52%、西南山区为 3.8%、东北区为 1.89%(最低)、黄淮海区为 4.08%、东南区为 4.53%(最高)。在样本期内的三个阶段,表现最好的是五大牧区和黄土高原区,畜牧业 TFP 的变动率逐渐增长,西南山区畜牧业 TFP 的变动率为先升后降,而东北区、黄淮海区和东南区都呈 V 字形增长。从图 4-9 可以看出,在 1999—2003 年间各区域的 TFP 变动不大,

表 4-4　六大畜牧业生产区域 TFP 增长差异情况

Tab. 4-4　The Differences of TFP Growth Rate in the Six Animal Husbandry Production Regions

年份	全国	五大牧区	黄土高原区	西南山区	东北区	黄淮海区	东南区
1999	−0.034 5	−0.068 0	−0.167 6	−0.039 0	−0.013 4	−0.043 3	0.049 9
2000	−0.028 7	0.004 0	−0.133 2	−0.057 1	−0.106 1	0.022 5	0.011 1
2001	−0.003 7	−0.047 4	−0.083 9	−0.004 7	0.052 1	0.051 3	−0.023 0
2002	−0.016 1	−0.098 1	0.002 9	0.021 9	−0.020 8	0.032 6	−0.051 5
2003	0.096 7	0.135 3	0.129 0	0.079 7	0.133 6	0.071 6	0.079 0
2004	0.117 4	0.043 0	−0.100 5	0.132 0	0.039 2	0.189 5	0.213 0
1999—2004	0.021 8	−0.005 2	−0.058 9	0.022 1	0.014 1	0.054 1	0.046 4
2005	0.036 5	0.145 2	0.126 0	0.234 0	−0.645 0	0.052 5	0.017 4
2006	0.039 9	−0.027 5	−0.051 1	−0.042 8	0.654 1	−0.069 4	0.043 8
2007	0.001 7	0.014 6	0.113 1	−0.009 9	−0.048 3	0.065 1	−0.015 1
2005—2007	0.026 0	0.044 1	0.062 7	0.060 4	−0.013 1	0.016 1	0.015 4
2008	0.106 8	0.065 1	0.162 3	0.128 0	0.182 7	0.067 9	0.100 9
2009	−0.123 7	−0.037 1	−0.015 1	−0.212 0	−0.132 2	−0.146 0	−0.143 3
2010	0.071 3	0.170 2	0.124 1	0.021 7	−0.068 8	0.067 5	0.084 3
2011	0.199 9	0.137 1	0.222 4	0.242 5	0.218 5	0.168 1	0.222 2
2008—2011	0.063 5	0.083 8	0.123 4	0.045 0	0.050 1	0.039 4	0.066 0
样本期均值	0.035 6	0.033 6	0.025 2	0.038 0	0.018 9	0.040 8	0.045 3

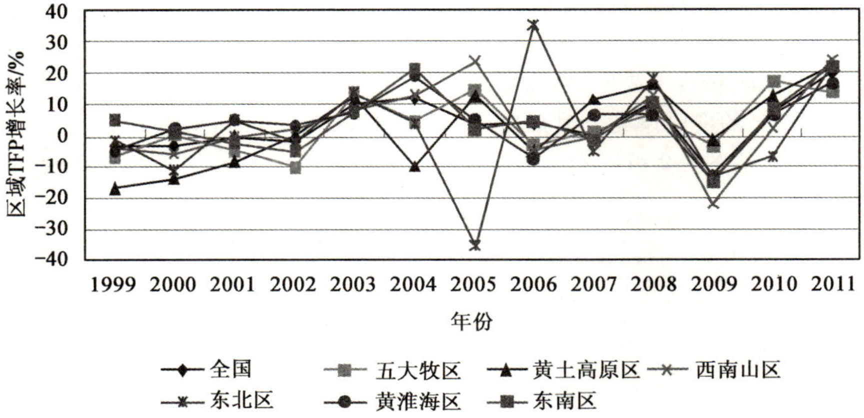

图 4-9　全国及六大畜牧业生产区域 TFP 增长的变动趋势

Fig. 4-9　Movement Tendency of TFP Growth Rate in the Entire Country and the Six Animal Husbandry Production Regions

随后，各区域都呈现波动式变化，最后趋于增长，其中东北区畜牧业 TFP 的波动最为强烈，2006 年最高值和 2005 年最低值相差 129.91%。从省（自治区、直辖市）角度来看，全国六大区域 31 个省（自治区、直辖市）的畜牧业 TFP 增长排在前 10 位的省（自治区、直辖市）为湖南、宁夏、上海、四川、河南、青海、山东、云南、广西和安徽，其中五大牧区有 2 个，西南山区有 3 个，黄淮海区有 3 个，东南区有 2 个，黄土高原区和东北区没有位列前 10 的省（自治区、直辖市）。排在后 10 位的省（自治区、直辖市）按照 TFP 值高低分别是天津、甘肃、重庆、湖北、江苏、吉林、辽宁、江西、内蒙古和西藏，其中除了黄土高原区和东南区中各占了 1 个，其他区域各占了 2 个（具体省（自治区、直辖市）畜牧业 TFP 值详见附表 4-1）。

4.3.3　六大畜牧业生产区域前沿技术进步（TP）变动差异分析

前沿技术进步表示在现有生产要素投入不变的情况下，生产前沿面外推，即通过技术的改进或者管理方法的提高使得产出增长，结果可以直接体现在 TFP 的提高。表 4-5 和图 4-10 显示，我国六大畜牧业生产区域畜牧业技术进步在 1998—2011 年间均有一定程度的增长，五大牧区畜牧业 TP 年均增长率为 8.03%（最高）、黄土高原区为 3.71%、西南山区为 7.11%、东北区为 6.35%、黄淮海区为 5.38%、东南区为 3.16%（最低）。表明各区域的技术进步成为畜牧业 TFP 增长的主要动力。从样本期的

表 4-5　六大畜牧业生产区域 TP 增长变动情况

Tab. 4-5　The Movement of TP Growth Rate in the Six Animal Husbandry Production Regions

年份	全国	五大牧区	黄土高原区	西南山区	东北区	黄淮海区	东南区
1999	0.019 8	0.039 4	0.002 0	0.029 4	0.030 2	0.019 9	0.000 5
2000	0.025 8	0.042 3	0.006 0	0.038 5	0.007 5	0.026 5	0.006 5
2001	0.030 9	0.045 9	0.009 7	0.046 8	0.010 6	0.030 1	0.012 8
2002	0.038 4	0.053 7	0.016 3	0.053 5	0.017 8	0.040 7	0.018 5
2003	0.047 8	0.065 1	0.035 5	0.062 7	0.053 3	0.049 7	0.023 8
2004	0.053 9	0.076 2	0.044 2	0.070 6	0.064 7	0.055 4	0.021 5
1999—2004	0.036 1	0.053 8	0.019 0	0.050 2	0.030 7	0.037 1	0.013 9
2005	0.058 2	0.085 4	0.045 3	0.074 4	0.061 1	0.061 7	0.027 3
2006	0.065 5	0.092 4	0.048 2	0.078 5	0.071 5	0.065 6	0.040 1
2007	0.069 3	0.091 3	0.046 0	0.079 7	0.093 8	0.069 5	0.038 1
2005—2007	0.064 4	0.089 7	0.046 5	0.077 5	0.075 5	0.065 6	0.035 2
2008	0.069 4	0.104 0	0.043 1	0.081 9	0.095 1	0.065 0	0.038 7
2009	0.075 8	0.108 8	0.052 0	0.092 2	0.100 2	0.063 2	0.048 6
2010	0.085 6	0.116 1	0.062 9	0.103 6	0.108 3	0.072 2	0.061 9
2011	0.093 7	0.123 5	0.070 8	0.113 3	0.110 8	0.079 6	0.072 2
2008—2011	0.081 1	0.113 1	0.057 2	0.097 7	0.103 6	0.070 0	0.055 3
样本期均值	0.056 5	0.080 3	0.037 1	0.071 1	0.063 5	0.053 8	0.031 6

三阶段看，全国以及各区域畜牧业技术进步速度在不断加快，都呈现出逐年递增的特征。由图 4-10 还可以看出，样本期内五大牧区和西南山区的畜牧业技术进步始终高于全国平均水平；东北地区在 2003 年以前低于全国水平，2003 年以后高于全国；黄淮海区在 2009 年以前与全国平均水平不相上下，而在 2009 年以后低于全国；黄土高原区和东南区始终低于全国水平。从省（自治区、直辖市）角度来看，全国六大区域 31 个省（自治区、直辖市）的畜牧业 TP 增长排在前 10 位的省（自治区、直辖市）为西藏、新疆、四川、内蒙古、山东、河南、云南、黑龙江、青海和甘肃，其中五大牧区有 4 个，黄土高原区有 1 个，西南山区有 2 个，东北区有 1 个，黄淮海区有 2 个，东南区有 0 个。排在后 10 位的省（自治区、直辖市）按照 TP 值高低分别是江西、重庆、福建、安徽、陕西、浙江、山西、天津、宁夏和上海，其中五大牧区和西南山区各有 1 个，黄土高原区和黄淮海区各有 2 个，东南区有 4 个（详见附表 4-2）。

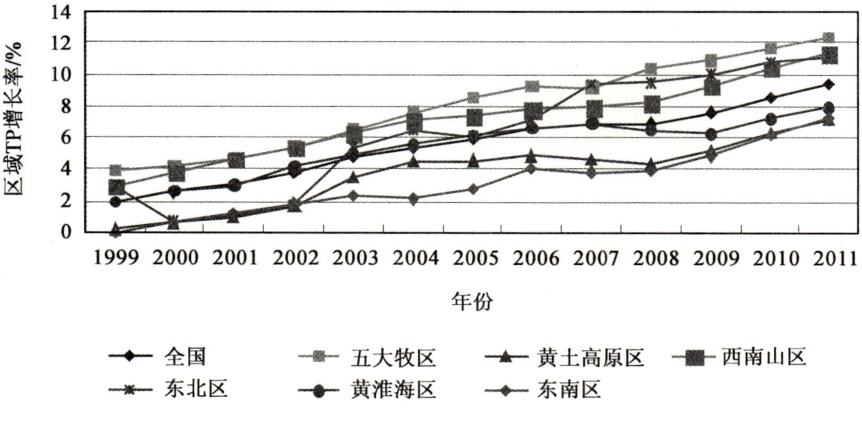

图 4-10 全国及六大畜牧业生产区域 TP 增长的变动趋势

Fig. 4-10 The Movement of TP Growth Rate in the Entire Country and the Six Animal Husbandry Production Regions

4.3.4　六大畜牧业生产区域前沿技术效率及其变化率(TE)变动差异分析

技术效率和技术效率变化率是两个不同的概念：前者衡量生产单位实际产出水平与前沿产出水平间的差距；后者则反映相对前沿的技术效率差距的变化对 TFP 的影响。根据模型计算结果得出以下三个结论(表 4-6、图 4-11 和附表 4-3)：首先，无论从总体上还是各区域来看中国畜牧业技术效率不但得分都较低而且还呈现恶化态势，2011 年与 1998 年相比，全国平均技术效率水平从 0.661 2 下降至 0.614 1，下降了 7.13 个百分点，其中，除了黄土高原区和东南区有所增长但涨幅不大，分别由 1998 年的 0.370 9 和 0.714 9 到 2011 年的 0.438 5 和 0.747 0，其他区域都呈下降趋势。其次，各区域以及各个省(自治区、直辖市)畜牧业生产技术效率与最佳生产前沿面的距离都较大，并且由东到西逐渐扩大，样本期内畜牧业技术效率年平均得分由高到低分别为黄淮海区(0.801 7)、东北区(0.740 8)、东南区(0.714 0)、西南山区(0.478 6)、五大牧区(0.465 0)和黄土高原区(0.335 7)。畜牧业生产技术效率损失严重。第三，区域间差距较大，但是这种差距有收敛的趋势，说明落后地区的"追赶效应"起了一定的作用。

表 4-6　全国及六大畜牧业生产区域 TE 得分

Tab. 4-6　TE Score of the Entire Country and the Six Animal Husbandry Production Regions

年份	五大牧区	黄土高原区	西南山区	东北区	黄淮海区	东南区	全国
1998	0.506 0	0.370 9	0.555 4	0.802 8	0.872 6	0.714 9	0.661 2
1999	0.462 0	0.326 0	0.510 4	0.771 8	0.832 5	0.723 8	0.631 0
2000	0.447 7	0.315 7	0.469 7	0.683 6	0.800 3	0.724 5	0.604 1
2001	0.421 1	0.297 8	0.452 5	0.688 6	0.797 9	0.713 9	0.592 3
2002	0.417 9	0.295 5	0.430 9	0.682 2	0.776 1	0.667 0	0.571 3
2003	0.467 4	0.305 3	0.433 2	0.727 3	0.800 1	0.696 3	0.597 0
2004	0.478 9	0.306 0	0.473 6	0.804 6	0.884 7	0.795 9	0.655 9
1999—2004	0.457 3	0.316 8	0.475 1	0.737 3	0.823 4	0.719 5	0.616 1

续表 4-6

Continue Tab. 4-6

年份	五大牧区	黄土高原区	西南山区	东北区	黄淮海区	东南区	全国
2005	0.507 7	0.323 5	0.506 9	0.568 3	0.857 6	0.752 1	0.629 8
2006	0.481 5	0.300 8	0.472 9	0.787 7	0.758 8	0.735 6	0.612 0
2007	0.485 2	0.331 2	0.501 5	0.793 4	0.825 1	0.725 3	0.634 2
2005—2007	0.491 5	0.318 5	0.493 8	0.716 5	0.813 8	0.737 7	0.625 3
2008	0.463 5	0.373 9	0.532 2	0.825 1	0.840 8	0.756 5	0.654 5
2009	0.415 6	0.343 4	0.427 6	0.769 1	0.697 0	0.618 1	0.554 4
2010	0.453 7	0.371 4	0.412 5	0.698 6	0.702 3	0.624 8	0.556 3
2011	0.501 3	0.438 5	0.520 8	0.768 3	0.778 6	0.747 0	0.642 9
2008—2011	0.458 5	0.381 8	0.473 3	0.765 3	0.754 7	0.686 6	0.602 0
样本期均值	0.465 0	0.335 7	0.478 6	0.740 8	0.801 7	0.714 0	0.614 1

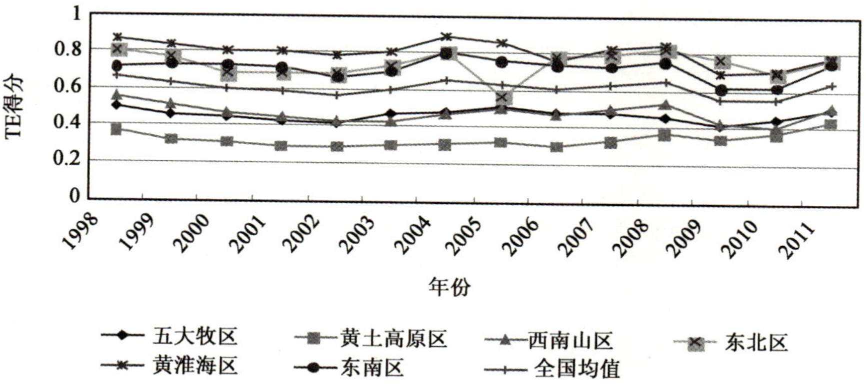

图 4-11 全国及六大畜牧业生产区域技术效率得分变动趋势

Fig. 4-11 The Movement of TE Score of the Entire Country and the Six Animal Husbandry Production Regions

由表 4-7 和图 4-12 可以发现，样本期内各区域畜牧业技术效率增长率变动不大，除了五大牧区和黄土高原区有正增长，其他区域同全国都呈现负增长。变动幅度除了东北区在个别年份出现较大波动，其他区域变动趋势相同。从省(自治区、直辖市)角度来看(详见附表 4-4),虽然样本期内全国六大区域的畜牧业技术效率年平均增长变动不大,但是部分省(自治区、直辖市)的畜牧业技术效率增长率波动非常大,呈现较高的波峰和波谷,说明我国畜牧业技术效率有很大的潜力,在今后的工作中要注重解决畜牧业生产技术的普及和推广问题,以达到通过提高畜牧业技术效率达到促进各区域畜牧业 TFP 增长的目的。

表 4-7　六大畜牧业生产区域 TE 增长变动情况

Tab. 4-7　The Movement of TE Growth Rate in the Six Animal Husbandry Production Regions

年份	全国	五大牧区	黄土高原区	西南山区	东北区	黄淮海区	东南区
1999	−0.046 4	−0.070 7	−0.129 3	−0.074 6	−0.054 8	−0.049 3	0.037 0
2000	−0.043 2	−0.030 7	−0.033 4	−0.073 1	−0.096 1	−0.038 5	0.000 3
2001	−0.023 3	−0.041 1	−0.056 2	−0.042 9	0.010 7	−0.004 1	−0.014 9
2002	−0.034 0	0.004 1	−0.011 2	−0.045 3	−0.050 6	−0.030 3	−0.075 4
2003	0.040 4	0.091 8	0.031 2	0.001 1	0.072 3	0.024 1	0.044 1
2004	0.081 4	0.012 2	0.005 5	0.077 4	0.103 6	0.106 6	0.132 2
1999—2004	−0.004 2	−0.005 7	−0.032 2	−0.026 2	−0.002 5	0.001 4	0.020 6
2005	−0.035 2	0.083 2	0.018 5	0.039 4	−0.440 3	−0.030 9	−0.052 6
2006	−0.024 3	−0.050 5	−0.075 1	−0.076 2	0.421 8	−0.127 7	−0.027 0
2007	0.046 4	0.029 4	0.087 8	0.095 7	0.012 7	0.086 3	−0.015 5
2005—2007	−0.004 4	0.020 7	0.010 4	0.019 6	−0.001 9	−0.024 1	−0.031 7
2008	0.038 9	−0.014 4	0.116 6	0.056 4	0.038 0	0.020 9	0.047 2
2009	−0.162 7	−0.114 6	−0.077 9	−0.215 9	−0.075 6	−0.186 6	−0.212 4
2010	0.003 3	0.065 3	0.074 6	−0.044 7	−0.092 7	0.007 5	0.006 7
2011	0.143 2	0.076 8	0.161 2	0.216 3	0.102 6	0.102 0	0.179 0
2008—2011	0.005 7	0.003 3	0.068 6	0.003 0	−0.006 9	−0.014 1	0.005 1
样本期均值	−0.001 2	0.003 1	0.008 6	−0.006 6	−0.003 7	−0.009 2	0.003 7

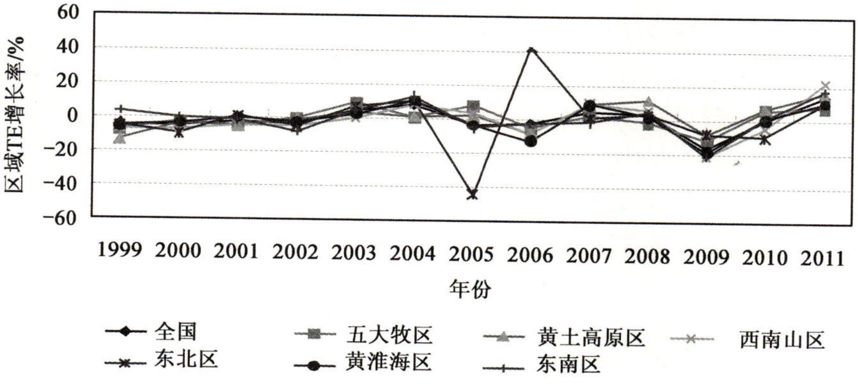

图 4-12 全国及六大畜牧业生产区域 TE 增长的变动趋势

Fig. 4-12 The Movement of TE Growth Rate of the Entire Country and the Six Animal Husbandry Production Regions

4.3.5 六大畜牧业生产区域规模效率(SE)变动差异分析

规模报酬和规模效率是两个不同的概念。规模报酬指数(RTS)反映的是生产的经济性特征，在数值上等于投入要素的产出弹性之和。当RST>1时，则说明在考虑技术进步及技术非效率条件下，适当扩大经营规模将会获得规模效应带来的经济效益；当RST<1时，则表明不利于进一步扩大经营规模。如表4-8的计算结果，1998—2011年期间全国及六大畜牧业生产区域的畜牧业平均规模报酬指数分别为1.066 2、1.092 5、1.122 9、1.004 2、1.003 6、1.047 4和1.012 18。表明在考虑畜牧业技术进步及技术非效率条件下，全国畜牧业都可以通过进一步扩大生产规模享受规模效应带来的经济效益。此外，从表4-9和图4-13还可以看出，1998—2011年期间除了五大牧区之外，全国以及其他区域的畜牧业平均规模效率均为正值，但是无论是样本期内还是三个阶段，规模效率对畜牧业TFP增长的贡献度都非常低，都小于1%。但从另一角度看，如果能

够较好地解决畜牧业规模经营与资源环境的关系，全国畜牧业规模经营还有很大的发展空间，即通过提高畜牧业规模效率促进中国畜牧业 TFP 增长应是未来工作的重点之一。从附表 4-5 可以发现，全国 31 个省（自治区、直辖市）中，绝大部分地区的规模效率都很小，只有天津部分年份的规模效率增长率比较高。

表 4-8　全国及六大畜牧业生产区域畜牧业规模报酬指数 RST 变动情况

Tab. 4-8　the Movement of Animal Husbandry Scale Reward Index RST of the Entire Country and the Six Animal Husbandry Production Regions

年份	全国	五大牧区	黄土高原区	西南山区	东北区	黄淮海区	东南区
1998	0.939 5	0.981 6	0.999 1	0.882 2	0.877 3	0.909 7	0.989 4
1999	0.957 8	1.006 3	1.023 9	0.906 9	0.881 0	0.918 7	1.010 4
2000	0.980 7	1.040 3	1.039 5	0.896 0	0.914 1	0.961 3	1.033 4
2001	0.997 2	1.047 1	1.049 8	0.914 4	0.937 6	0.978 7	1.054 3
2002	1.008 3	1.049 7	1.072 4	0.934 5	0.973 6	0.982 0	1.055 8
2003	1.037 2	1.080 6	1.062 9	0.963 6	0.998 4	1.017 8	1.094 4
2004	1.052 3	1.090 0	1.075 4	0.969 8	0.997 3	1.036 4	1.125 4
2005	1.093 3	1.145 8	1.126 7	1.061 1	0.997 2	1.061 0	1.142 5
2006	1.126 0	1.168 1	1.157 6	1.085 9	1.041 7	1.100 9	1.177 7
2007	1.116 0	1.109 6	1.193 3	1.079 1	1.031 4	1.080 0	1.191 3
2008	1.143 2	1.123 0	1.217 1	1.092 1	1.084 8	1.141 3	1.196 7
2009	1.134 7	1.127 7	1.205 6	1.069 9	1.078 7	1.131 7	1.192 1
2010	1.162 2	1.158 3	1.239 6	1.094 0	1.096 7	1.164 2	1.216 1
2011	1.177 9	1.166 4	1.258 1	1.109 0	1.140 2	1.179 9	1.224 9
样本期均值	1.066 2	1.092 5	1.122 9	1.004 2	1.003 6	1.047 4	1.121 8

表 4-9　六大畜牧业生产区域 SE 增长变动情况

Tab. 4-9　the SE Movement of the Six Animal Husbandry Production Regions

年份	全国	五大牧区	黄土高原区	西南山区	东北区	黄淮海区	东南区
1999	−0.000 9	−0.002 6	0.000 2	0.001 1	−0.005 1	−0.002 6	0.001 7
2000	0.001 8	0.003 3	0.001 0	−0.004 3	−0.001 1	0.012 4	−0.001 3
2001	0.002 2	0.006 2	0.004 3	−0.000 1	0.002 8	0.003 2	0.000 2
2002	0.001 6	−0.002 1	0.001 6	0.003 1	0.008 1	0.004 4	0.000 7
2003	−0.001 6	−0.000 2	0.001 8	−0.003 0	0.003 9	−0.002 8	−0.004 0
2004	0.003 6	0.009 4	0.010 6	0.010 2	0.002 8	0.002 3	−0.007 5
1999—2004	0.001 1	0.002 3	0.003 3	0.001 2	0.001 9	0.002 8	−0.001 7
2005	0.001 2	−0.022 0	−0.001 8	−0.002 4	0.007 7	0.002 0	0.019 9
2006	−0.009 8	−0.010 3	−0.006 2	−0.002 9	−0.017 1	−0.011 4	−0.012 3
2007	0.012 1	0.015 7	−0.005 7	−0.004 5	0.004 2	0.020 6	0.028 1
2005—2007	0.001 1	−0.005 5	−0.004 6	−0.003 3	−0.001 7	0.003 7	0.011 9
2008	0.006 6	0.013 9	0.009 3	0.004 7	−0.000 3	−0.014 4	0.025 8
2009	0.009 4	0.001 3	0.019 4	0.007 5	0.002 4	0.013 1	0.011 9
2010	−0.004 6	−0.009 4	−0.013 8	−0.002 0	0.002 1	−0.005 0	−0.001 8
2011	−0.002 2	−0.009 2	−0.003 5	−0.003 4	−0.002 0	0.004 2	−0.002 2
2008—2011	0.002 3	−0.000 9	0.002 8	0.001 7	0.000 6	−0.000 5	0.008 4
样本期均值	0.001 5	−0.000 5	0.001 3	0.000 3	0.000 6	0.002 0	0.004 5

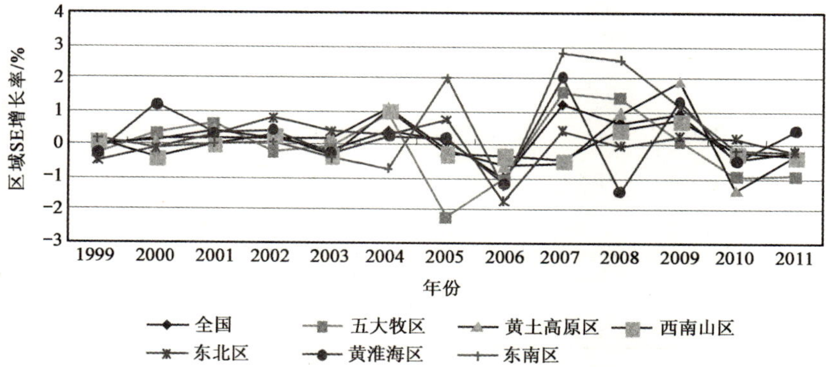

图 4-13　全国及六大畜牧业生产区域 SE 增长的变动趋势

Fig. 4-13　SE Growth Movement Tendency of the Entire Country and the Six Animal Husbandry Production Regions

4.3.6　六大畜牧业生产区域配置效率(AE)变动差异分析

配置效率(allocation efficiency,AE)反映的是生产中要素投入的有效程度。如表 4-10 所示估计结果,无论是整个样本期内还是各个阶段,各个区域畜牧业配置效率负增长的时候较多。从相对前沿的要素配置效率变化趋势来看(图 4-14),全国以及六大畜牧业生产区域的配置效率除了东南在各个阶段为正,其他区域都是负增长,这说明全国的畜牧业要素配置效率一直处于恶化状态。从变化幅度来看,五大牧区、黄土高原区以及东北区振动幅度较大,西南山区恶化幅度较为明显,其他区域规模效率的变动不大。从各省(自治区、直辖市)来看,样本期内畜牧业年平均要素配置效率为正的仅有 7 个,分别为:上海(0.102 0)、北京(0.025 4)、宁夏(0.017 6)、湖南(0.011 0)、天津(0.009 6)、安徽(0.009 0)和山西(0.000 3)(详见附表 4-6)。

表 4-10　六大畜牧业生产区域 AE 增长变动情况

Tab. 4-10　AE Growth Tendency of the Six Animal Husbandry Production Regions

年份	全国	五大牧区	黄土高原区	西南山区	东北区	黄淮海区	东南区
1999	−0.007 0	−0.034 1	−0.040 5	0.005 1	0.016 2	−0.011 4	0.010 7
2000	−0.013 0	−0.010 9	−0.106 9	−0.018 3	−0.016 4	0.022 1	0.005 6
2001	−0.013 5	−0.058 4	−0.041 7	−0.008 5	0.028 0	0.022 1	−0.021 0
2002	−0.022 1	−0.153 8	−0.003 8	0.010 6	0.003 9	0.017 9	0.004 6
2003	0.010 0	−0.021 4	0.060 4	0.018 8	0.004 1	0.000 6	0.015 0
2004	−0.021 5	−0.054 8	−0.160 8	−0.026 2	−0.131 9	0.025 2	0.066 7
1999—2004	−0.011 2	−0.055 6	−0.048 9	−0.003 1	−0.016 0	0.012 8	0.013 6
2005	0.012 3	−0.001 5	0.064 0	0.122 7	−0.273 4	0.019 7	0.022 8
2006	0.008 4	−0.059 1	−0.017 9	−0.042 1	0.177 8	0.004 1	0.043 0
2007	−0.126 0	−0.121 8	−0.015 1	−0.180 8	−0.159 0	−0.111 2	−0.065 8
2005—2007	−0.035 1	−0.060 8	0.010 3	−0.033 4	−0.084 9	−0.029 1	0.000 0

续表 4-10
Continue Tab. 4-10

年份	全国	五大牧区	黄土高原区	西南山区	东北区	黄淮海区	东南区
2008	−0.008 2	−0.038 4	−0.006 7	−0.015 0	0.049 9	−0.003 5	−0.010 8
2009	−0.046 2	−0.032 5	−0.008 6	−0.095 8	−0.159 2	−0.035 7	0.008 7
2010	−0.013 1	−0.001 8	0.000 4	−0.035 3	−0.086 5	−0.007 2	0.017 6
2011	−0.034 8	−0.054 0	−0.006 1	−0.083 8	0.007 1	−0.017 7	−0.026 7
2008—2011	−0.025 6	−0.031 7	−0.005 3	−0.057 5	−0.047 1	−0.016 0	−0.002 8
样本期均值	−0.021 1	−0.049 4	−0.021 8	−0.026 8	−0.041 5	−0.005 8	0.005 4

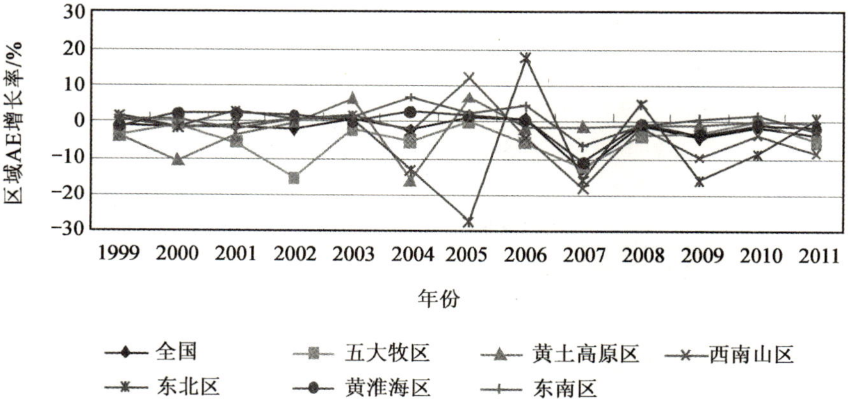

图 4-14　全国及六大畜牧业生产区域 AE 增长的变动趋势

Fig. 4-14　AE Growth Tendency of the Entire Country and the Six Animal Husbandry Production Regions

4.4　本章小结

本章首先利用 1998—2011 年间 31 个省(自治区、直辖市)的省际面板数据,并按照畜牧业生产特点将其分为六大畜牧业生产区域,运用时变的超越对数随机前沿生产函数模型,对中国以及六大畜牧业生产区域畜牧业 TFP 的增长及其分解进行了实证研究。结果表明：

(1)1998—2011 年间，中国畜牧业 TFP 增长大致经历了三个阶段，分别为平稳上升阶段(1999—2004 年)、缓缓下降阶段(2005—2007 年)、波动上升阶段(2008—2011 年)。

(2)畜牧业前沿技术进步是全国以及六大区域畜牧业 TFP 增长的主要源泉和动力。1998—2011 年间，全国畜牧业 TFP 年均增长为 3.56%，畜牧业技术进步与畜牧业技术效率损失并存，畜牧业技术效率在一定程度上阻碍了各区域 TFP 增长，这种现象表明，目前我国对现有畜牧业生产技术的应用没有足够的认识，没有完全推广和普及。

(3)相对前沿的畜牧业技术效率影响全国以及六大区域 TFP 的变动趋势，虽然各省(自治区、直辖市)现有畜牧业技术效率的发挥程度均较低，但是改善和提高畜牧业技术效率是提高畜牧业 TFP 的潜在动力。

(4)畜牧业 TFP 增长呈现出明显的区域性差异。六大区域畜牧业 TFP 年均增长率由高到低分别为东南区(4.53%)、黄淮海区(4.08%)、西南山区(3.8%)、五大牧区(3.36%)、黄土高原区(2.52%)和东北区(1.89%)。

(5)1998—2011 年期间，全国以及六大区域畜牧业要素配置效率尚未随着市场化体制的逐渐完善而不断提高，规模效率和配置效率对全国以及六大区域畜牧业 TFP 增长的贡献效应非常小。

第 5 章　基于 DEA 方法的中国畜牧业 TFP 变动的区域差异分析

本章在第 4 章运用随机前沿生产函数测算中国以及六大区域畜牧业 TFP 增长及其构成的基础上，基于相同的投入与产出数据，运用 DEAP2.1 软件再次对中国及区域畜牧业 TFP 增长的变动情况进行实证分析，以期把握中国畜牧业 TFP 增长的变动规律，找到中国畜牧业 TFP 增长的源泉及其内在机理。

5.1　基于 DEA 的 Malmquist 生产率指数方法简述

数据包络分析(DEA)方法分为产出角度和投入角度，产出角度使用产出导向型生产边界，将所有投入变量同等对待，适合单一产出的技术有效性估计；投入角度使用投入导向型生产边界，将投入要素分为可变的和常量，适合多元产出的情况；由于本文选取的产出变量只有一种，所以采用产出角度的模型。本章基于 Charnes，Cooper 等(1978)[73]提出的 DEA 非参数方法，采用 Ray 和 Desli(1997)[88]修正了的 Malmquist 指数法，利用 DEAP2.1 软件，从产出角度对全国以及畜牧业六大生产区域全要素生产率增长及其分解进行测算。

首先定义生产可能性集合，如果有 k 个决策单元 DMUk $(1 \leqslant k \leqslant K)$，每个决策单元均有 m 种投入、n 种产出，则产出角度的 t 时期的投入向量为 $\boldsymbol{X}_{\text{o}}^{t}=(x_{k1}^{t},x_{k2}^{t},\cdots,x_{km}^{t})$，产出向量为 $\boldsymbol{Y}_{\text{o}}^{t}=(y_{k1}^{t},y_{k2}^{t},\cdots,y_{kn}^{t})$，那么 t 时期所有投入产出向量构成的规模报酬不变(CRS)的生产可能性集合为：

$$C^t = \{(X,Y) \mid x^t \geqslant \sum_{k=1}^{K} \lambda_k^t x_k^t, y^t \leqslant \sum_{k=1}^{K} \lambda_k^t y_k^t, \lambda_k^t \geqslant 0, k = 1,2,\cdots,K\} \tag{5.1}$$

加上凸性约束 $\sum_{k=1}^{K} \lambda_k^t = 1$，则 t 时期规模报酬可变（VRS）的生产可能性集合为：

$$V^t = \{(X,Y) \mid x^t \geqslant \sum_{k=1}^{K} \lambda_k^t x_k^t, y^t \leqslant \sum_{k=1}^{K} \lambda_k^t y_k^t, \lambda_k^t \geqslant 0, \sum_{k=1}^{K} \lambda_k^t = 1, k = 1,2,\cdots,K\} \tag{5.2}$$

在此基础上，用（$\boldsymbol{X}_o^t, \boldsymbol{Y}_o^t$）表示 t 期产出角度的投入产出向量，用 $D_o^t(\boldsymbol{X}_o^t, \boldsymbol{Y}_o^t)$ 表示与 t 时期技术相比，t 时期投入产出向量的产出距离函数，线性规划表达式如式（5.3）：

$$\begin{aligned} & D_o^t(\boldsymbol{X}_o^t, \boldsymbol{Y}_o^t) = \max \theta_k \\ & \text{s. t.} \\ & \sum_{j=1}^{n} \lambda_j X_j^t \leqslant \theta_o X_k^t \\ & \sum_{j=1}^{n} \lambda_j Y_j^t \geqslant Y_k^t \\ & \sum_{j=1}^{n} \lambda_j = 1, \lambda_j \geqslant 0, j = 1,2,\cdots,n \end{aligned} \tag{5.3}$$

式（5.3）中 $\theta_o(0 \leqslant \theta_o \leqslant 1)$ 代表产出角度的技术效率（TE），（o 表示产出角度），通过求解上述线性规划的最优解，可以得到每一生产决策单元的技术效率，如果 $\theta_o = 1$，则生产决策单元 DMUk 处于生产可能性边界上，是技术有效的，如果 $\theta_o \neq 1$，则 DMUk 处于生产可能性边界以下，不具有技术效率。

用（$\boldsymbol{X}_o^{t+1}, \boldsymbol{Y}_o^{t+1}$）表示 $t+1$ 期产出角度的投入产出向量，则 $D_o^t(\boldsymbol{X}_o^{t+1}, \boldsymbol{Y}_o^{t+1})$ 表示与 t 时期相比，$t+1$ 时期投入产出向量的距离函数，依此类推还可得到另外两种距离函数 $D_o^{t+1}(\boldsymbol{X}_o^{t+1}, \boldsymbol{Y}_o^{t+1})$ 和 $D_o^{t+1}(\boldsymbol{X}_o^t, \boldsymbol{Y}_o^t)$。而基于 DEA 的产出角度 Malmquist 生产率指数在计算上实际是上述四项距离

函数的比值，并且将全要素生产率(TFP)分解为技术效率指数(EFFCH)和技术进步指数(TECH)，技术效率指数可以进一步分解为纯技术效率指数(PECH)与规模效率指数(SECH)的乘积，采用 Ray 和 Desli(1997)分解方法：

$$M(\boldsymbol{X}_o^t,\boldsymbol{Y}_o^t,\boldsymbol{X}_o^{t+1},\boldsymbol{Y}_o^{t+1}) = \left[\frac{D_c^t(\boldsymbol{X}_o^{t+1},\boldsymbol{Y}_o^{t+1})}{D_c^t(\boldsymbol{X}_o^t,\boldsymbol{Y}_o^t)} \times \frac{D_c^{t+1}(\boldsymbol{X}_o^{t+1},\boldsymbol{Y}_o^{t+1})}{D_c^{t+1}(\boldsymbol{X}_o^t,\boldsymbol{Y}_o^t)}\right]^{\frac{1}{2}}$$

$$= \frac{D_v^{t+1}(\boldsymbol{X}_o^{t+1},\boldsymbol{Y}_o^{t+1})}{D_v^t(\boldsymbol{X}_o^t,\boldsymbol{Y}_o^t)} \times \left[\frac{D_v^t(\boldsymbol{X}_o^{t+1},\boldsymbol{Y}_o^{t+1})}{D_v^{t+1}(\boldsymbol{X}_o^{t+1},\boldsymbol{Y}_o^{t+1})} \times \frac{D_v^t(\boldsymbol{X}_o^t,\boldsymbol{Y}_o^t)}{D_v^{t+1}(\boldsymbol{X}_o^t,\boldsymbol{Y}_o^t)}\right]^{\frac{1}{2}} \times$$

$$\left[\frac{D_c^t(\boldsymbol{X}_o^{t+1},\boldsymbol{Y}_o^{t+1})/D_v^t(\boldsymbol{X}_o^{t+1},\boldsymbol{Y}_o^{t+1})}{D_c^t(\boldsymbol{X}_o^t,\boldsymbol{Y}_o^t)/D_v^t(\boldsymbol{X}_o^t,\boldsymbol{Y}_o^t)} \frac{D_c^{t+1}(\boldsymbol{X}_o^{t+1},\boldsymbol{Y}_o^{t+1})/D_v^{t+1}(\boldsymbol{X}_o^{t+1},\boldsymbol{Y}_o^{t+1})}{D_c^{t+1}(\boldsymbol{X}_o^t,\boldsymbol{Y}_o^t)/D_v^{t+1}(\boldsymbol{X}_o^t,\boldsymbol{Y}_o^t)}\right]^{\frac{1}{2}}$$

$$= \mathrm{EFFCH} \times \mathrm{TECH} \times \mathrm{SECH} \tag{5.4}$$

式(5.4)表示 $t+1$ 年相对于 t 年的生产率，如果 $M(\boldsymbol{X}_o^t,\boldsymbol{Y}_o^t,\boldsymbol{X}_o^{t+1},\boldsymbol{Y}_o^{t+1})>1$，表明 t 年到 $t+1$ 年 TFP 正增长；如果 EFFCH>1，表明生产决策单元的 $t+1$ 期比 t 期更向生产前沿面接近，现有投入要素的使用效率提高，反之则下降；如果 TECH>1，表明技术进步，出现了新的生产方式或者管理方法，使得生产前沿面向外移动，反之则技术退步。

5.2 全国畜牧业 TFP 变动及增长

5.2.1 全国畜牧业 TFP 及分解变动的时序特征

1998—2011 年间全国畜牧业的技术效率 TE、纯技术效率 PTE 和规模效率 SE 得分值计算结果如表 5-1 和图 5-1 所示，就时间序列而言，全国畜牧业生产效率变动特征如下：

(1)畜牧业技术效率与纯技术效率变动方向一致，样本期内得分虽然很低但有所增加，技术效率得分变动趋势为：下降(1998—2002 年)→上升(2003—2008 年)→波动上升(2009—2011 年)，由 1998 年的 0.580 2 提高到 2011 年的 0.611，提高了 19.54%，年平均增长率为 1.22%，纯技术效率得分由 1998 年的 0.628 4 提高到 2011 年的 0.619 1，提高了 17.45%，年平均增长率为 1.29%。

(2)畜牧业规模效率得分最高，样本期内得分值都>0.9，变动幅度不明显。

(3)畜牧业纯技术效率和规模效率始终高于技术效率。

表 5-1　1998—2011 年全国畜牧业 TE、PTE 和 SE 的得分表

Tab. 5-1　The Animal Husbandry TE, PTE and SE Scoring Table of China(1998—2011)

年份	TE	PTE	SE
1998	0.580 2	0.628 4	0.931 2
1999	0.537 0	0.594 5	0.915 8
2000	0.517 5	0.572 7	0.914 5
2001	0.500 5	0.571 5	0.903 6
2002	0.472 2	0.522 1	0.919 8
2003	0.507 8	0.563 7	0.915 9
2004	0.569 2	0.628 7	0.916 7
1999—2004	0.526 4	0.583 1	0.916 8
2005	0.584 9	0.644 9	0.917 5
2006	0.603 6	0.647 4	0.939 8
2007	0.582 5	0.639 8	0.918 2
2005—2007	0.590 4	0.644 0	0.925 2
2008	0.636 1	0.701 9	0.916 2
2009	0.541 0	0.592 0	0.924 1
2010	0.573 2	0.621 9	0.932 2
2011	0.693 5	0.738 1	0.944 9
2008—2011	0.611 0	0.663 5	0.929 3
样本期均值	0.564 2	0.619 1	0.922 2
增长率	1.22%	1.29%	1.40%

注：增长率为三年移动平均增长率。

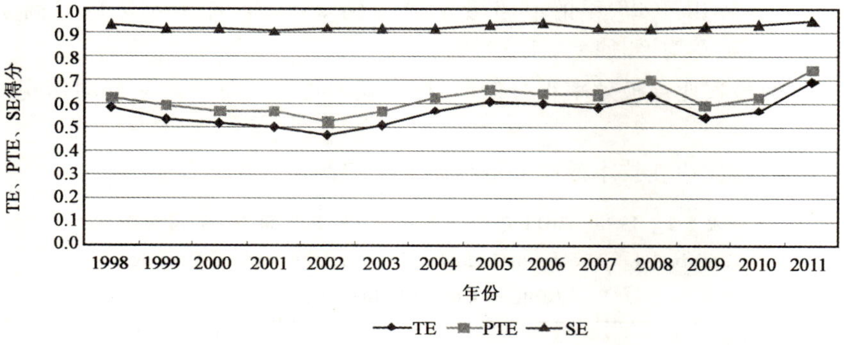

图 5-1 全国畜牧业 TFP 时序变动趋势

Fig. 5-1 The Animal Husbandry Total Factor Productivity Temporal Change Trend of China

5.2.2 全国畜牧业 Malmquist 生产率指数增长变动及其分解

表 5-2 是三个阶段和样本期内全国以及六大区域畜牧业 Malmquist 指数的变化及分解。从全国畜牧业 Malmquist 指数及分解来看，1998—2011 年间，全国畜牧业 TFP 年平均增长 2%，其中技术效率、技术进步均有所增长，但技术进步增长是全要素生产率增长的主要源泉，年平均增长 1.43%，技术效率年平均增长仅为 0.71%。从图 5-2 中可以发现，六大畜牧业生产区域畜牧业 TFP 波动趋势与全国基本保持一致。从全要素生产率波动趋势来看，全国以及六大区域都表现出一定的阶段性，其中，1999—2004 年畜牧业 TFP 缓慢增长，增长源泉是小幅的技术进步和技术效率改进，TFP 增长率为 0.25%；2005—2007 年增速虽然缓慢下降，但较上一时期，明显的技术进步和技术效率提高使得畜牧业 TFP 年平均增长率为三阶段最高，增长率为 7.77%；2008—2011 年波动增长，增长方式是技术进步的改进和技术效率恶化，由技术进步带来的增长被一部分效率恶化抵消了，使得畜牧业 TFP 增长较上一期有所放缓，增长率为 3.73%。

表 5-2　全国以及六大区域畜牧业 Malmquist 指数变动及其分解

Tab. 5-2　Change of Animal Husbandry Malmquist Index and Its Decomposition of the Entire Country and the Six Animal Husbandry Production Regions

年份	指标	全国平均	五大牧区	黄土高原区	西南山区	东北区	黄淮海区	东南区
1999—2004	EFFCH	1.000 7	1.001 1	0.962 1	0.987 6	1.005 4	1.020 5	1.035 3
	TECH	1.003 7	1.019 5	0.991 6	0.991 4	1.011 2	1.004 1	1.017 1
	PECH	0.997 0	1.021 6	0.964 6	0.981 5	1.002 8	1.001 7	1.035 7
	SECH	1.003 8	1.011 0	0.999 5	1.006 2	1.002 3	1.018 7	0.998 1
	TFPCH	1.002 5	1.017 9	0.945 1	0.975 3	1.015 9	1.019 2	1.046 1
2005—2007	EFFCH	1.031 3	1.026 5	0.993 2	1.050 7	1.043 4	1.066 1	1.028 5
	TECH	1.050 0	1.032 6	1.068 8	1.013 2	1.057 9	1.048 4	1.102 4
	PECH	1.014 0	0.994 0	0.998 8	1.020 6	1.037 2	1.037 1	1.027 1
	SECH	1.016 7	1.034 7	0.998 7	1.033 8	1.005 6	1.028 6	1.001 6
	TFPCH	1.077 7	1.062 1	1.047 0	1.049 8	1.101 7	1.109 5	1.129 9
2008—2011	EFFCH	0.998 8	0.978 1	1.061 9	1.019 9	0.994 9	0.987 4	0.999 0
	TECH	1.039 0	1.154 4	1.012 5	0.960 3	1.088 6	1.048 3	1.028 5
	PECH	0.994 8	0.957 6	1.068 3	1.020 0	0.996 7	0.987 4	0.996 2
	SECH	1.004 0	1.049 1	0.994 4	1.002 0	0.998 3	1.000 7	1.003 3
	TFPCH	1.037 3	1.117 7	1.071 3	0.983 3	1.084 4	1.030 4	1.026 9
样本期均值	EFFCH	1.007 1	0.996 4	1.018 1	1.022 0	1.036 6	1.012 8	1.018 3
	TECH	1.014 3	1.061 8	0.999 7	0.983 0	1.034 6	1.022 0	1.015 3
	PECH	1.003 5	1.025 9	1.024 2	1.010 8	1.005 4	1.001 6	1.014 2
	SECH	1.003 7	1.010 9	0.995 6	1.012 5	1.017 9	1.011 0	1.003 5
	TFPCH	1.020 0	1.052 6	1.012 5	1.002 8	1.076 3	1.028 2	1.030 5
增长率/%	EFFCH	0.71	−0.36	1.81	2.20	3.66	1.28	1.83
	TECH	1.43	6.18	−0.03	−1.70	3.46	2.20	1.53
	PECH	0.35	2.59	2.42	1.08	0.54	0.16	1.42
	SECH	0.37	1.09	−0.44	1.25	1.79	1.10	0.35
	TFPCH	2.00	5.26	1.25	0.28	7.63	2.82	3.05

注：年平均为算数平均数，增长率为年平均增长率值。

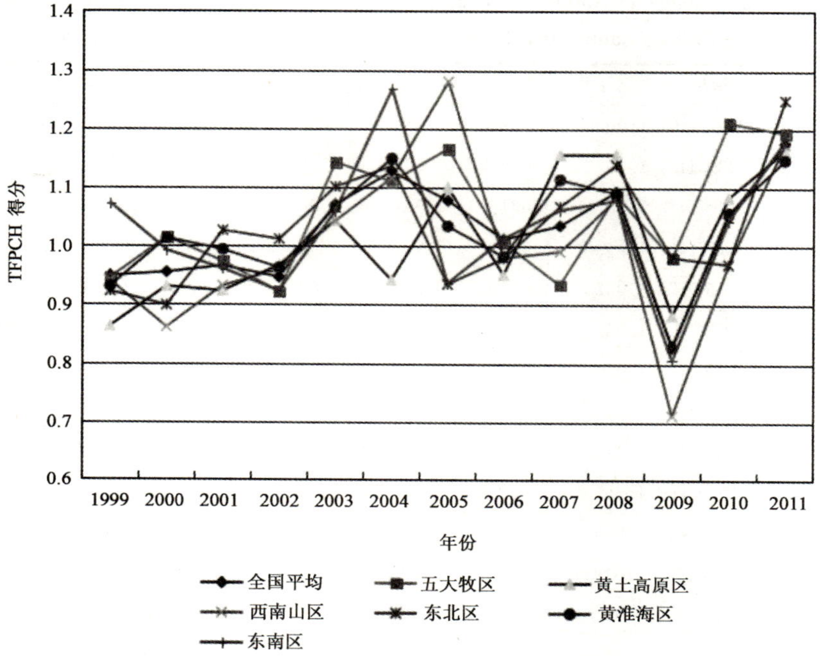

图 5-2 全国以及六大区域畜牧业 Malmquist 生产率指数变动趋势

Fig. 5-2 Change of Animal Husbandry Malmquist Productivity Index and Its Decomposition of the Entire Country and the Six Animal Husbandry Production Regions

从全要素生产率分解因素波动趋势来看，如图 5-3 所示，全国畜牧业技术进步与 TFP 变动趋势基本一致，并且快于 TFP，说明全国畜牧业 TFP 变动的主要动力仍是技术进步，规模效率变动趋势平缓、纯技术效率变动趋势与全国畜牧业技术效率基本一致。

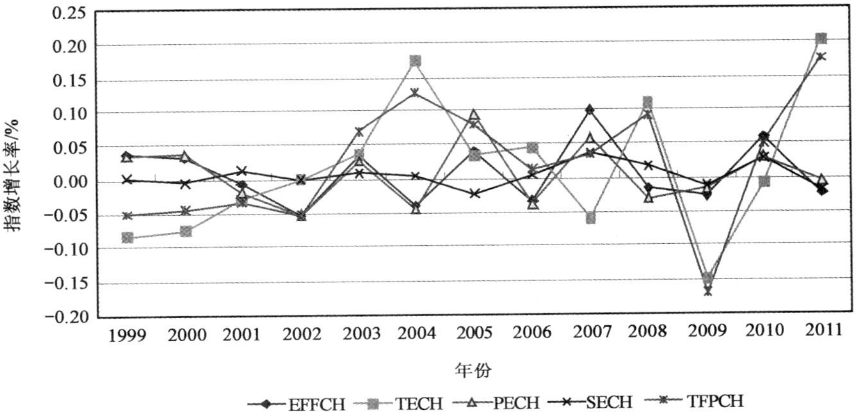

图 5-3　全国畜牧业 Malmquist 生产率指数增长率及其分解变动趋势(与图 4-2 进行比较)

Fig. 5-3　The Growth of Animal Husbandry Malmquist Productivity Rate Index and Its Decomposition of China (Comparing with Fig. 4-2)

5.3　中国畜牧业 TFP 变动及增长的区域差异分析

5.3.1　六大畜牧业生产区域畜牧业生产效率的时序变动差异分析

5.3.1.1　畜牧业技术效率变动的区域差异

如表 5-3 及图 5-4 所示，五大牧区畜牧业技术效率在样本期内围绕着 0.400 波动上升，2005 年取得最大值 0.501 0；黄土高原区的技术效率经过 1998—2007 年的平滑变化期之后逐渐增长并在 2011 年取得最大值 0.412；西南山区的技术效率得分成波动式上升趋势；东北区与黄淮海区是六大畜牧业生产区中技术效率得分状态最好的区域，不仅分值在大部分年份处于领先，而且变动趋势较为平稳。东南区技术效率变动幅度不大，其中 1998—2003 年期间先降后升，2004 年以后趋于平缓，2008 年以后波动上升。从得分上看，以样本期均值排序，东南区第一，黄淮海区年均为第二，然后是东北区，在第三个阶段位列第一，前三个地区历年技术效率水平均高于全国平均。从总体趋势上看西南山区可以排在第四位，技术效率水平在不断提高。而具有草原优势的五大牧区和黄土高原区的技术效率水平为全国最低，分别位列第五和第六。以年均增长率排序，由高到低分别为东北区、东南区、五大牧区、西南山区、黄淮海区和黄土高原区。

表 5-3　1998—2011 年六大畜牧业生产区域畜牧业技术效率 TE 得分表

Tab. 5-3　Technology Efficiency Scoring Table of the Six Animal Husbandry Production Regions (1998—2011)

年份	五大牧区	黄土高原区	西南山区	东北区	黄淮海区	东南区
1998	0.399 0	0.371 3	0.475 7	0.661 3	0.732 1	0.702 0
1999	0.368 2	0.325 3	0.427 5	0.588 3	0.654 9	0.702 4
2000	0.375 2	0.312 3	0.374 3	0.551 0	0.644 4	0.688 3
2001	0.348 8	0.293 7	0.363 3	0.540 0	0.630 0	0.668 7
2002	0.329 8	0.285 7	0.343 0	0.543 0	0.593 7	0.612 9
2003	0.386 8	0.308 0	0.356 8	0.605 0	0.626 9	0.648 7
2004	0.428 8	0.275 0	0.396 7	0.666 7	0.714 1	0.756 9
1999—2004	0.376 7	0.310 2	0.391 0	0.593 6	0.656 6	0.682 8
2005	0.501 0	0.315 3	0.503 8	0.606 9	0.732 4	0.724 4
2006	0.487 0	0.299 3	0.506 7	0.724 3	0.702 6	0.749 7
2007	0.366 4	0.325 0	0.494 2	0.670 3	0.729 0	0.739 0
2005—2007	0.451 5	0.313 2	0.501 6	0.627 1	0.721 3	0.737 7
2008	0.368 0	0.380 3	0.549 0	0.792 3	0.795 6	0.785 6
2009	0.325 4	0.364 7	0.436 2	0.718 3	0.670 9	0.654 4
2010	0.385 2	0.410 0	0.452 7	0.680 3	0.714 9	0.693 1
2011	0.463 6	0.493 0	0.574 3	0.840 0	0.846 1	0.830 6
2008—2011	0.385 6	0.412 0	0.503 0	0.757 8	0.756 9	0.740 9
样本期均值	0.395 2	0.339 9	0.446 7	0.714 3	0.699 1	0.711 2
增长率	1.05%	0.93%	0.98%	2.48%	0.96%	1.28%

注：增长率为三年移动平均增长率。

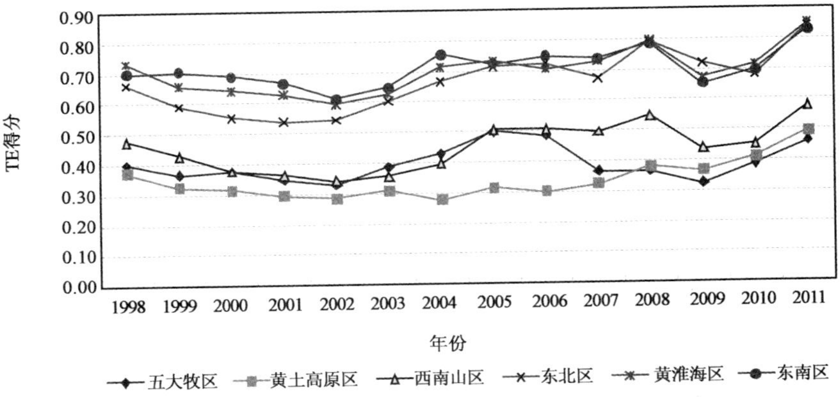

图 5-4　六大畜牧业生产区域技术效率时序变动趋势

Fig. 5-4　Temporal Change Trend of Technical Efficiency in the Six Animal Husbandry Production Regions

与随机前沿分析方法计算的全国以及六大畜牧业生产区域畜牧业技术效率得分情况(参见表 4-6 及图 4-11)相比较可见,除了黄土高原区两种方法估算的得分非常接近,其他区域的畜牧业技术效率得分都低于随机前沿分析方法计算结果,由此造成两种分析方法得到的各区域技术效率得分排名不尽相同,这可能是由于两种方法在处理变量和计算方法上造成的。但比较参数的和非参数方法的获得的技术效率变动趋势可以发现,各区域变动趋势基本一致,而非参数方法得到的变动幅度更大一些。

5.3.1.2　畜牧业纯技术效率变动的区域差异

纯技术效率变动情况如表 5-4 及图 5-5 所示,从畜牧业纯技术效率得分上看,各个地区的纯技术效率位次分明,良莠不齐。1998—2011 年间,黄淮海区和东南区畜牧业纯技术效率得分无论是样本期内还是分阶段都遥遥领先,并且变动趋势同畜牧业技术效率基本一致。东北区纯技术效率较技术效率波动幅度放缓,且在样本期内有所增长。五大牧区纯技术效率在样本期内呈波动式上升,2005 年取得最大值 0.512 8。黄土高原区的纯技术效率的变动趋势也与同期的技术效率一致,经过

1998—2006年的平滑变化期之后逐渐增长，并且在2011年达到最大值0.495 3。西南山区的纯技术效率得分成波动上升趋势，在2002年为最低值0.391 2。从得分增长率上看，与技术效率排名有所不同，从前往后依次是东北区、东南区、五大牧区、黄淮海区、西南山区和黄土高原区。

表5-4　1998—2011年六大畜牧业生产区域畜牧业纯技术效率PTE得分表

Tab. 5-4　The Scoring Table of Pure Technical Efficiency PTE of the Six Animal Husbandry Production Regions (1998—2011)

年份	五大牧区	黄土高原区	西南山区	东北区	黄淮海区	东南区
1998	0.414 4	0.375 0	0.527 3	0.682 0	0.828 3	0.753 7
1999	0.405 6	0.328 0	0.479 0	0.601 0	0.785 0	0.749 6
2000	0.425 8	0.314 0	0.427 0	0.570 0	0.756 0	0.731 3
2001	0.486 6	0.299 3	0.415 3	0.549 0	0.755 0	0.708 9
2002	0.334 8	0.292 0	0.391 2	0.548 0	0.720 0	0.657 9
2003	0.393 4	0.316 0	0.407 2	0.611 3	0.762 1	0.707 0
2004	0.436 2	0.298 0	0.436 5	0.676 0	0.867 6	0.813 4
1999—2004	0.413 8	0.317 5	0.440 5	0.605 3	0.782 0	0.731 7
2005	0.512 8	0.330 3	0.551 7	0.722 3	0.873 6	0.768 6
2006	0.499 2	0.312 7	0.550 5	0.727 7	0.809 9	0.782 9
2007	0.382 8	0.359 0	0.523 3	0.681 3	0.853 4	0.812 3
2005—2007	0.464 9	0.334 0	0.541 8	0.651 0	0.845 6	0.787 9
2008	0.387 0	0.417 0	0.598 3	0.806 0	0.939 3	0.855 6
2009	0.348 6	0.369 3	0.485 0	0.729 0	0.785 9	0.700 3
2010	0.418 2	0.413 0	0.484 2	0.690 3	0.834 3	0.733 1
2011	0.499 6	0.495 3	0.613 7	0.847 3	0.937 3	0.873 1
2008—2011	0.413 4	0.423 7	0.545 3	0.768 2	0.874 2	0.790 5
样本期均值	0.424 6	0.351 4	0.492 2	0.662 2	0.822 0	0.760 5
增长率	1.52%	1.20%	1.30%	2.07%	1.42%	1.56%

注：增长率为三年移动平均增长率。

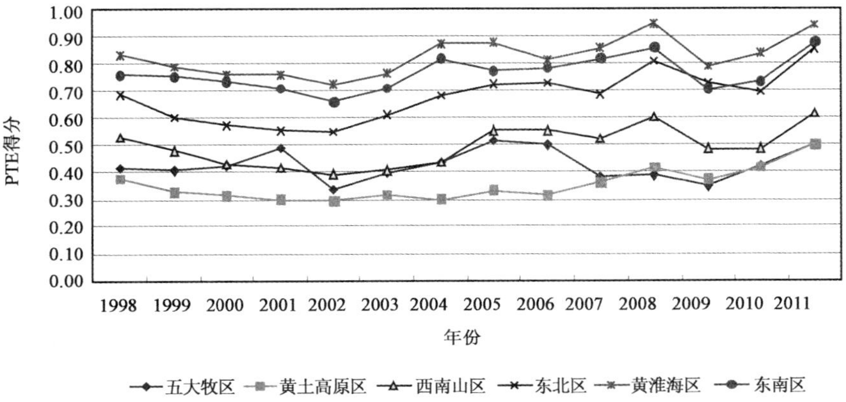

图 5-5　六大畜牧业生产区域纯技术效率时序变动趋势

Fig. 5-5　The Temporal Change Trend of Pure Technical Efficiency of the Six Animal Husbandry Production Regions

5.3.1.3　畜牧业规模效率变动的区域差异

六大区域畜牧业规模效率变动如表 5-5 及图 5-6 所示，从得分上看，样本期内六个区域的规模效率得分较技术效率和纯技术效率得分都高。从增长率角度来看，各区域的畜牧业规模效率均呈现正增长，但是涨幅都不大。从变动趋势上来看，黄土高原区、东北区和黄淮海区都呈现 U 形变动趋势，黄土高原区在 1998—2000 年和 2009—2011 年两个时间段规模效率较高，接近于 1，并且是该阶段六大区域畜牧业规模效率最高的区域，在 2001—2008 年间呈现先下降后上升的过程，东北区在 2005 年规模效率突然低至 0.866 7，之后年份的畜牧业规模效率又回到 0.950～1.000 之间。黄淮海区是整个样本期内畜牧业规模效率最低的区域。五大牧区规模效率呈现波动下降趋势。西南山区和东南区的波动较平缓，且都有一定程度的提高。

表 5-5　1998—2011 年六大畜牧业生产区域畜牧业规模效率 SE 得分表

Tab. 5-5　The Temporal Change Trend of Animal Husbandry Scale Efficiency of the Six Animal Husbandry Production Regions (1998—2011)

年份	五大牧区	黄土高原区	西南山区	东北区	黄淮海区	东南区
1998	0.953 0	0.991 3	0.913 0	0.971 0	0.883 4	0.936 1
1999	0.913 6	0.991 3	0.908 8	0.981 3	0.835 6	0.943 0
2000	0.903 0	0.994 0	0.892 7	0.966 7	0.853 9	0.945 6
2001	0.856 0	0.982 0	0.895 3	0.981 3	0.838 0	0.943 3
2002	0.984 6	0.980 0	0.896 5	0.988 3	0.831 6	0.926 6
2003	0.977 8	0.975 7	0.899 7	0.986 7	0.830 4	0.915 1
2004	0.978 0	0.927 7	0.917 8	0.984 7	0.831 1	0.923 9
1999—2004	0.938 0	0.977 4	0.903 4	0.980 0	0.843 4	0.933 4
2005	0.977 2	0.957 3	0.931 3	0.866 7	0.847 7	0.937 4
2006	0.974 2	0.960 0	0.939 2	0.994 3	0.872 4	0.951 1
2007	0.950 2	0.912 7	0.947 7	0.984 7	0.855 0	0.907 3
2005—2007	0.967 2	0.943 3	0.939 4	0.948 6	0.858 4	0.932 0
2008	0.947 2	0.920 7	0.927 3	0.984 3	0.853 1	0.916 6
2009	0.933 0	0.988 7	0.921 7	0.986 3	0.856 7	0.932 9
2010	0.922 0	0.993 7	0.940 8	0.986 7	0.867 7	0.946 9
2011	0.931 6	0.995 7	0.941 8	0.991 3	0.905 9	0.954 3
2008—2011	0.933 5	0.974 7	0.932 9	0.987 2	0.870 9	0.937 6
样本期均值	0.943 0	0.969 3	0.919 5	0.975 3	0.854 5	0.934 3
增长率	0.17%	0.30%	0.28%	0.33%	0.13%	0.32%

注：增长率为三年移动平均增长率。

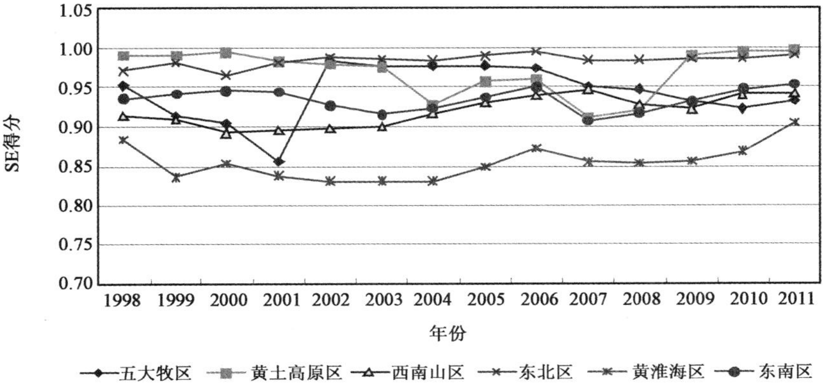

图 5-6　六大畜牧业生产区域规模效率时序变动趋势
Fig. 5-6　The Temporal Change Trend of Scale Efficiency of the Six Animal Husbandry Production Regions

5.3.1.4　各地区畜牧业生产效率差异分析

表 5-6 列出了 1998—2011 年中国 31 个省(自治区、直辖市)的畜牧业技术效率、纯技术效率、规模效率的年平均得分(各省(自治区、直辖市)具体年份技术效率、纯技术效率、规模效率得分详见附表 5-1、附表 5-2、附表 5-3)。从技术效率得分来看,六大畜牧业生产区域的得分值由高到低依次是:东南区(0.711 2)、黄淮海区(0.699 1)、东北区(0.647 7)、西南山区(0.446 7)、五大牧区(0.395 2)、黄土高原区(0.339 9)。各省(自治区、直辖市)中,得分平均值介于 0.700～0.800 的地区有 8 个,分别为上海(0.876 3)、江苏(0.861 0)、福建(0.839 2)、海南(0.821 7)、河北(0.815 2)、辽宁(0.796 6)、湖北(0.786 7)、山东(0.741 4)。技术效率得分平均值排在最后六位的是宁夏(0.323 1)、甘肃(0.286 4)、云南(0.265 7)、西藏(0.229 8)、青海(0.214 2)、贵州(0.212 0)。

从纯技术效率得分来看,六大畜牧业生产区域的得分值由高到低依次是:黄淮海区(0.822 0)、东南区(0.760 5)、东北区(0.661 6)、西南山区(0.492 2)、五大牧区(0.424 6)、黄土高原区(0.351 4)。各省(自治区、直辖市)中,得分平均值介于 0.800～1.000 的地区有 10 个,分别为天津(0.946 4)、海南(0.925 4)、上海(0.898 1)、河北(0.897 5)、江苏(0.891 8)、河南(0.862 6)、福建(0.845 2)、山东(0.834 2)、辽宁(0.823 4)、湖北

(0.802 2)。纯技术效率得分平均值排在最后六位的是山西(0.520)、西藏(0.313 5)、甘肃(0.287 5)、云南(0.286 1)、贵州(0.218 5)、青海(0.217 5)。

从规模效率得分来看,六大畜牧业生产区域的得分值由高到低依次是:东北区(0.975 3)、黄土高原区(0.969 3)、五大牧区(0.943 0)、东南区(0.934 3)、西南山区(0.919 5)、黄淮海区(0.854 5)。各省(自治区、直辖市)中,规模效率得分普遍较高,得分平均值介于0.900～1.000的地区有22个,介于0.800～0.900有6个,只有3个地区规模效率得分平均值低于0.800,分别为天津(0.728 9)、四川(0.719 3)、河南(0.645 6)。

表5-6 1998—2011年中国畜牧业TFP地区差异

Tab. 5-6 The Differences of Animal Husbandry Total Factor Productivity in Different Areas of China (1998—2011)

地区	TE	PTE	SE	地区	TE	PTE	SE
山西	0.342 5	0.356 9	0.958 1	辽宁	0.796 6	0.823 4	0.954 9
陕西	0.390 9	0.409 7	0.953 6	吉林	0.672 3	0.678 6	0.991 0
甘肃	0.286 4	0.287 5	0.996 3	黑龙江	0.474 1	0.483 0	0.980 0
黄土高原区均值	0.339 9	0.351 4	0.969 3	东北区均值	0.647 7	0.661 6	0.975 3
北京	0.563 1	0.618 9	0.909 6	上海	0.876 3	0.898 1	0.974 9
天津	0.690 1	0.946 4	0.728 9	浙江	0.654 5	0.680 1	0.963 6
河北	0.815 2	0.897 5	0.907 4	福建	0.839 2	0.845 2	0.992 1
江苏	0.861 0	0.891 8	0.963 7	江西	0.581 1	0.603 3	0.963 8
安徽	0.639 5	0.702 4	0.916 7	湖南	0.583 0	0.674 4	0.864 5
山东	0.741 4	0.834 2	0.879 4	广东	0.622 5	0.697 3	0.893 6
河南	0.583 6	0.862 6	0.675 6	海南	0.821 7	0.925 4	0.887 5
黄淮海区均值	0.699 1	0.822 0	0.854 5	东南区均值	0.711 2	0.760 5	0.934 3
湖北	0.786 7	0.802 2	0.978 5	内蒙古	0.563 4	0.572 2	0.984 4
广西	0.512 1	0.542 6	0.935 6	西藏	0.229 8	0.313 5	0.860 6
重庆	0.401 3	0.406 4	0.987 4	青海	0.214 2	0.217 5	0.987 4
四川	0.502 6	0.697 2	0.719 3	宁夏	0.323 1	0.365 4	0.895 5
贵州	0.212 0	0.218 5	0.970 3	新疆	0.645 6	0.654 6	0.986 9
云南	0.265 7	0.286 1	0.926 2	五大牧区均值	0.395 2	0.424 6	0.943 0
西南山区均值	0.446 7	0.492 2	0.919 5	全国均值	0.564 2	0.619 1	0.922 2

注:平均值为各地区几何平均数。

5.3.2 畜牧业Malmquist生产率指数增长率及其分解的区域差异

在考察经济增长时,全要素生产率增长率的高低要比全要素生产率本身的大小更重要，因为TFP增长率不仅可以衡量经济增长的幅度，还能体现经济增长是粗放型增长方式还是集约型增长方式，TFP增长率是经济增长的重要源泉。因此对某个生产决策单位TFP增长率的测度可以掌握其资源利用、结构优化、经济运营状况，从而为决策层提供改进的有力数量依据。

5.3.2.1　区域畜牧业TFP增长源泉差异分析

六大畜牧业生产区域畜牧业TFP增长率各构成因素的变动趋势以及对畜牧业TFP增长的影响表现出明显差异性和阶段性，如表5-7至表5-12所示，畜牧业TFP增长的分解因素技术进步和技术效率在六大区域都存在双改善、双恶化、单驱动的情况。从区域角度看，六大区域畜牧业TFP均有所增长，但增长幅度和增长动因都存在差异；东北区畜牧业TFP增长最快，达到7.63%，高于全国水平5.63个百分点；五大牧区次之，年均增长5.26%；之后依次是东南区、黄淮海区、黄土高原区；最后是西南山区。从年平均增长率上看，五大牧区的TFP增长方式为技术进步(6.18%)、效率恶化(−0.36%)型；黄土高原区和西南山区的TFP增长方式是技术退步、效率提高型；东北区、黄淮海区和东南区的畜牧业TFP是技术进步兼顾效率型增长。

从省(自治区、直辖市)角度看，样本期内畜牧业TFP年平均增长率排在前三位的地区都是五大牧区的省(自治区、直辖市)，分别为新疆、宁夏和青海，增长率分别为11.5%、10.93%和10.29%，均属于技术进步和技术效率提高的双驱动结果，技术进步增长率分别为7.81%、3.95%和8.11%，技术效率增长率分别为3.96%、7.3%和2.78%。畜牧业TFP年平均增长率排在后五位的地区均出现负增长，分别为河南(−0.8%)、福建(−1.86%)、浙江(−2.09%)、广西(−3.51%)和辽宁(−7.29%)，究其主要原因是这五个省(自治区、直辖市)的技术进步均是恶化的，技术进步增长率分别为−7.78%、−3.84%、−0.05%、−7.51%和−1.74%。而上述五省(自治区、直辖市)技术效率的作用有正有负，分别为8.51%、2.11%、−2.08%、5.48%和−6.5%，其中河南、福建和广西的技术效率增长明显，但是抵消不了技术退步带来的影响，而浙江和辽宁畜牧业TFP负增长是技术进步和技术效率双恶化的效果(各省(自治区、直辖市)具体Malmquist生产率指数及其分解详见附表5-4至附表5-8)。

表 5-7 五大牧区畜牧业 Malmquist 生产率指数及其分解

Tab. 5-7 The Animal Husbandry Malmquist Productivity Index and Its Decomposition of Five Major Pastoral

年份	EFFCH	TECH	PECH	SECH	TFPCH
1999	0.944 6	1.003 0	1.019 4	0.927 2	0.945 4
2000	1.030 4	0.989 4	1.227 8	0.895 4	1.014 6
2001	1.001 0	0.974 6	0.985 6	1.016 0	0.973 6
2002	0.921 2	1.010 8	0.891 6	1.117 6	0.921 8
2003	1.107 8	1.031 0	1.072 8	1.032 4	1.142 4
2004	1.001 4	1.108 2	0.932 2	1.077 6	1.109 6
2005	1.114 0	1.049 4	1.465 2	0.866 8	1.165 4
2006	0.950 4	1.060 2	0.935 2	1.018 8	1.006 2
2007	0.970 4	0.958 6	0.977 0	0.994 0	0.934 2
2008	0.949 4	1.145 6	0.843 2	1.218 4	1.087 4
2009	0.908 6	1.079 2	0.939 0	0.971 4	0.980 2
2010	1.182 0	1.024 6	1.152 4	1.030 0	1.210 2
2011	0.872 2	1.368 2	0.895 8	0.976 6	1.193 0
增长率	−0.36%	0.62%	2.59%	1.09%	5.26%

注:增长率为年平均增长率值。

表 5-8 黄土高原区畜牧业 Malmquist 生产率指数及其分解

Tab. 5-8 Animal Husbandry Malmquist Productivity Index and Its Decomposition of the Loess Gao Yuanou

年份	EFFCH	TECH	PECH	SECH	TFPCH
1999	0.945 0	0.914 3	0.954 0	0.991 0	0.863 0
2000	1.001 7	0.929 3	1.012 0	0.990 3	0.931 0
2001	0.958 3	0.963 7	0.954 7	1.003 7	0.923 3
2002	1.049 0	0.929 7	1.044 7	1.005 0	0.967 3
2003	1.028 7	1.015 3	1.057 7	0.973 3	1.043 3
2004	0.790 0	1.197 0	0.764 3	1.033 7	0.942 3
2005	1.127 7	0.975 3	1.160 0	0.972 0	1.100 0
2006	0.926 7	1.027 7	0.920 3	1.007 3	0.951 3
2007	1.161 0	0.994 0	1.174 3	0.989 0	1.155 3
2008	1.054 0	1.097 3	1.041 3	1.012 7	1.156 0
2009	1.098 7	0.804 3	1.116 7	0.983 7	0.882 3
2010	1.077 3	1.005 7	1.083 7	0.994 3	1.083 3
2011	1.017 7	1.142 7	1.031 3	0.987 0	1.163 3
增长率	1.81%	−0.03%	2.42%	−0.44%	1.25%

注:增长率为年平均增长率值。

表 5-9　西南山区畜牧业 Malmquist 生产率指数及其分解

Tab. 5-9　Animal Husbandry Malmquist Productivity Index and Its Decomposition in the Southwest Area

年份	EFFCH	TECH	PECH	SECH	TFPCH
1999	1.064 0	0.884 0	1.025 5	1.037 7	0.940 2
2000	1.023 7	0.839 2	1.026 5	0.996 3	0.861 3
2001	0.956 3	0.974 0	0.945 3	1.012 3	0.931 8
2002	0.928 2	1.036 8	0.935 8	0.991 5	0.959 8
2003	0.991 3	1.051 7	0.982 2	1.009 5	1.042 7
2004	0.962 0	1.162 7	0.973 8	0.989 8	1.116 0
2005	1.117 3	1.146 3	1.048 8	1.062 2	1.280 5
2006	0.965 2	1.017 7	1.017 2	0.952 8	0.980 3
2007	1.198 8	0.825 3	1.105 7	1.102 2	0.990 7
2008	0.987 7	1.093 2	1.028 8	0.961 0	1.080 2
2009	0.993 8	0.708 3	0.974 8	1.017 3	0.711 0
2010	1.040 5	0.930 0	0.999 2	1.047 8	0.968 3
2011	1.057 7	1.109 7	1.077 0	0.982 0	1.173 7
增长率	2.20%	−1.70%	1.08%	1.25%	0.28%

注：增长率为年平均增长率值。

表 5-10　东北区畜牧业 Malmquist 生产率指数及其分解

Tab. 5-10　Animal Husbandry Malmquist Productivity Index and Its Decomposition in the Northeast Area

年份	EFFCH	TECH	PECH	SECH	TFPCH
1999	1.002 3	0.920 0	1.005 3	0.995 3	0.922 3
2000	0.900 7	0.998 3	0.945 0	0.956 3	0.898 7
2001	1.061 7	0.966 7	1.020 7	1.039 0	1.026 0
2002	1.013 3	1.000 0	0.977 3	1.037 0	1.011 3
2003	1.063 7	1.035 0	1.058 3	1.005 0	1.101 0
2004	0.991 0	1.147 0	1.010 0	0.981 3	1.136 3
2005	0.843 7	0.968 7	0.929 7	0.867 7	0.842 0
2006	1.543 7	1.068 3	1.093 3	1.327 3	1.649 3
2007	1.075 7	0.991 7	1.043 3	1.030 3	1.067 7
2008	0.998 0	1.140 7	1.002 0	0.996 3	1.138 3
2009	0.986 3	0.996 3	0.984 0	1.002 3	0.981 0
2010	0.974 7	0.994 7	0.976 3	0.998 7	0.969 3
2011	1.020 7	1.222 7	1.024 3	0.996 0	1.249 0
增长率	3.66%	3.46%	0.54%	1.79%	7.63%

注：增长率为年平均增长率值。

表 5-11 黄淮海区畜牧业 Malmquist 生产率指数及其分解

Tab. 5-11 Animal Husbandry Malmquist Productivity Index and Its Decomposition in Huanghuai Area

年份	EFFCH	TECH	PECH	SECH	TFPCH
1999	1.040 6	0.896 6	1.009 3	1.030 6	0.930 9
2000	1.115 9	0.916 3	1.011 1	1.104 0	1.013 1
2001	1.012 1	0.982 7	0.997 1	1.015 0	0.993 4
2002	0.932 9	1.037 4	0.983 9	0.949 4	0.962 9
2003	1.014 4	1.051 0	1.008 4	1.006 0	1.066 1
2004	1.007 3	1.140 7	1.000 3	1.007 0	1.148 9
2005	0.988 9	1.047 6	1.004 9	0.984 1	1.034 0
2006	0.928 4	1.066 7	0.954 4	0.971 7	0.982 1
2007	1.176 7	0.953 4	1.102 6	1.072 7	1.113 4
2008	0.973 7	1.120 6	0.971 3	1.005 0	1.090 3
2009	0.976 4	0.849 3	0.991 7	0.984 7	0.827 4
2010	1.047 7	1.011 9	1.003 4	1.044 3	1.057 0
2011	0.951 9	1.211 4	0.983 0	0.968 7	1.146 7
增长率	1.28%	2.20%	0.16%	1.10%	2.82%

注:增长率为年平均增长率值。

表 5-12 东南区畜牧业 Malmquist 生产率指数及其分解

Tab. 5-12 Animal Husbandry Malmquist Productivity Index and Its Decomposition in the Southeast Area

年份	EFFCH	TECH	PECH	SECH	TFPCH
1999	1.185 7	0.911 4	1.168 6	1.006 4	1.072 1
2000	1.054 3	0.947 9	1.042 4	1.011 7	0.992 1
2001	0.996 6	0.964 6	0.988 0	1.008 7	0.961 3
2002	0.958 6	0.965 9	0.977 7	0.980 9	0.923 7
2003	1.034 9	1.024 7	1.025 6	1.009 0	1.059 6
2004	0.981 7	1.288 0	1.012 0	0.972 1	1.268 0
2005	0.979 6	0.955 6	0.964 6	1.013 6	0.937 0
2006	0.981 4	1.031 9	0.976 7	1.005 4	1.013 0
2007	1.068 9	0.994 6	1.043 9	1.023 7	1.062 0
2008	0.992 4	1.087 4	0.989 9	1.003 7	1.078 1
2009	0.964 7	0.837 3	0.986 0	0.979 6	0.805 4
2010	1.046 1	1.000 6	1.011 7	1.034 3	1.044 3
2011	0.992 9	1.188 6	0.997 1	0.995 7	1.179 7
增长率	1.83%	1.53%	1.42%	0.35%	3.05%

注:增长率为年平均增长率值。

5.3.2.2　畜牧业 Malmquist 生产率指数增长率分解因素的区域差异

由图 5-7 可以看出，全国以及六大畜牧业生产区域畜牧业技术进步增长率变动趋势基本一致，样本期内均有所增长，其中，五大牧区涨幅最大，与 1999 年相比，2011 年增长了 36.52 个百分点，接下来依次是黄淮海区、东北区、东南区、黄土高原区和西南山区，分别增长了 31.49 个百分点、30.27 个百分点、27.71 个百分点、22.83 个百分点和 22.57 个百分点。其中西南山区和东南区在个别年份波动幅度较大。

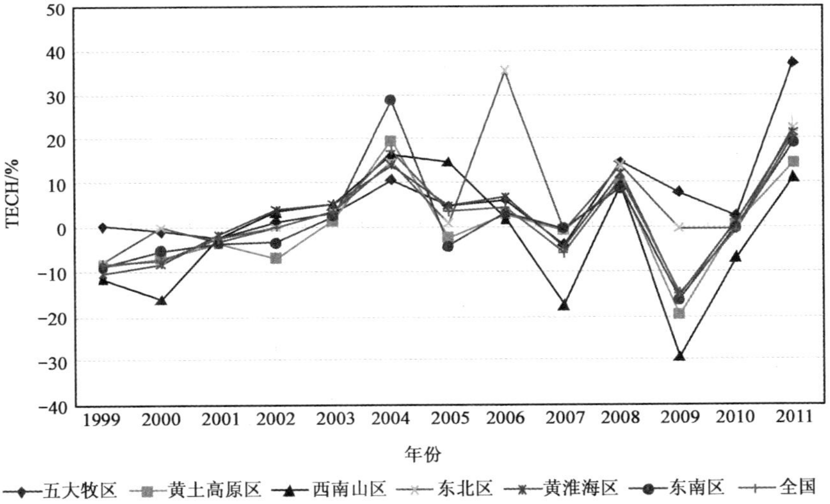

图 5-7　六大区域畜牧业技术进步指数增长率变动趋势

Fig. 5-7　The Growth Rate of Animal Husbandry Technology Progress Index and Its Change Trend of the Six Animal Husbandry Production Regions

图 5-8 展示了全国以及六大畜牧业生产区域畜牧业技术效率指数增长变动情况，各区域的技术效率变动在数值和趋势上都呈现明显的差异性，从数值上来看，样本期内，五大牧区、黄淮海区和东南区技术效率是恶化的；黄土高原区的技术效率增长幅度较大，西南山区和东北区增长幅度

较小。从变动趋势来看,东北区波动幅度最大,在 2005 年和 2006 年出现最低波谷和最高波峰,然后是黄土高原区和五大牧区。

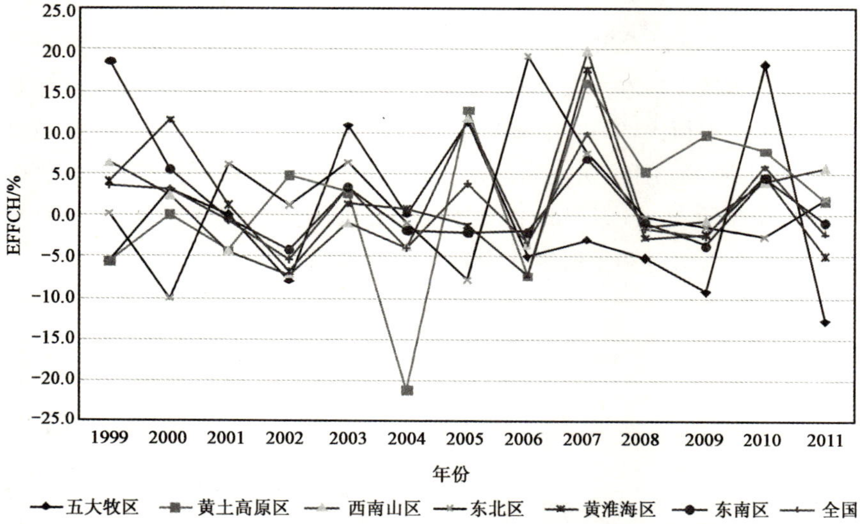

图 5-8　六大区域畜牧业技术效率指数增长率变动趋势

Fig. 5-8　The Growth Rate of Animal Husbandry Technology Efficiency Index and Its Change Trend of the Six Animal Husbandry Production Regions

全国以及六大畜牧业生产区域畜牧业纯技术效率指数和规模效率指数增长变动情况如图 5-9 和 5-10 所示,从整体上来看,纯技术效率指数除了五大牧区和黄土高原区,规模效率除了五大牧区和东北区,全国及其他区域变动趋势平缓,样本期内五大牧区、东南区的纯技术效率是恶化的,黄土高原区和西南山区的纯技术效率是改善的,全国及其他四个区域纯技术效率和规模效率都没有太大的变化,对畜牧业 TFP 增长的贡献很小。

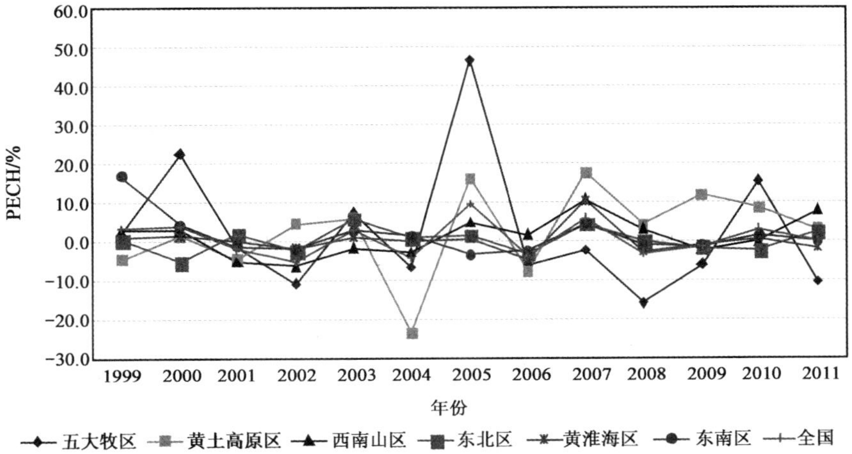

图 5-9　全国以及六大区域畜牧业纯技术效率指数增长率变动趋势

Fig. 5-9　The Growth Rate of Animal Husbandry Pure Technical Efficiency Index and Its Change Trend in the Whole Country and The Six Big Areas

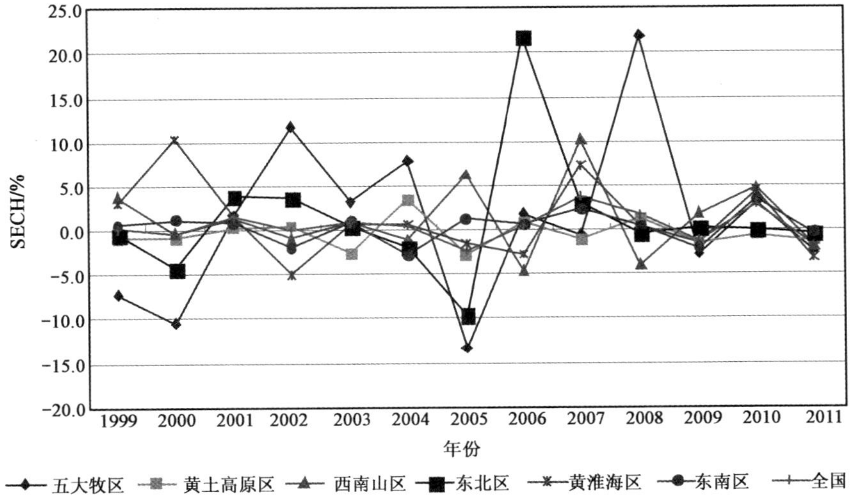

图 5-10　全国以及六大区域畜牧业规模效率指数增长率变动趋势

Fig. 5-10　The Growth Rate of Animal Husbandry Scale Efficiency Index and Its Change Trend of the Whole Country and the Six Animal Husbandry Production Regions

5.4 参数和非参数方法计算结果比较

5.4.1 全国参数和非参数计算结果比较

本文第 4 章和第 5 章在相同的投入产出的面板数据上，分别运用随机前沿生产函数方法和数据包络分析方法对中国以及六大畜牧业生产区域 TFP 增长及其构成的变动情况进行了实证分析(比较结果如表 5-13 所示)，通过比较，可以得出以下结论：

首先，两种方法测算得出的具体数据不尽相同，SFA 方法测算的结果显示 1999—2011 年间全国畜牧业 TFP 增长率为 3.56%，其中，技术进步率为 5.65%，技术效率变动率为－0.12%；而 DEA 方法测算 1999—2011 年全国畜牧业 TFP 增长率为 2.22%，其中，技术进步率为 1.54%，技术效率的变动率为 0.80%。无论是随机前沿分析方法还是数据包络分析方法在全国畜牧业 TFP 增长幅度和变动趋势上的结论非常相似，并且与中国畜牧业总产出的增长呈现同周期变化的特征，即当畜牧业 TFP 增长较快时，畜牧业总产出的增长率也较高，而当畜牧业 TFP 的增长下降时，畜牧业总产出的增长也在下降，说明畜牧业 TFP 是畜牧业产出的增长的重要组成部分，但是中国的畜牧业产出增长是否完全依靠全要素生产率的增长，也就是畜牧业 TFP 到底在多大程度上促进了中国畜牧业产出的增长还有待继续分析，这就是本章所要研究的主要问题。

其次，畜牧业 TFP 增长的主要源泉都是技术进步，中国畜牧业技术效率对畜牧业 TFP 增长的贡献份额非常小，利用参数方法测算的中国畜牧业技术效率增长率甚至为负，说明中国畜牧业在现有的技术水平和要素投入水平上技术效率是有损失的，可能的原因是，20 世纪 90 年代以后，畜牧业生产经营开始由农牧民散养向小型规模化养殖发展，由于进一步深化畜牧业经济体制和流通体制，价格进一步开放，自主经营日趋成熟，极大地推动了畜牧业生产商品化、专业化发展，投入资源包括饲料、燃料、兽医药等的质量进一步提高，资源配置的改善(如生产结构调整)和经营管理方法的改进的存在是近期畜牧业 TFP 增长的主要源泉；由于畜牧业周期性波动，市场和价格等因素对不同畜种和不同生产项目间的分配间接影响，使得我国畜牧业生产的技术效率缺失，但是这表明技术效率提升的空间还很大，即如果在现有技术水平和要素投入水平不变的前提下，可以通过技术效率的提高来促进畜牧业 TFP 的增长，使得投入要素的利用率和综合使用率进一步提高。

表 5-13　参数和非参数方法计算的全国畜牧业 TFP 变动率结果比较

Tab. 5-13　Comparision of the Calculation Results by Parameter and Nonparametric Methods of the Animal Husbandry TFP Change Rate of China　%

年 份	SFATFP	SFA 技术进步	SFA 技术效率	DEATFP	DEA 技术进步	DEA 技术效率	畜牧业总产值增长率
1999	−3.45	1.98	−4.64	−5.10	−8.40	3.60	−4.73
2000	−2.87	2.58	−4.32	−4.50	−7.50	3.20	−0.62
2001	−0.37	3.09	−2.33	−3.40	−2.80	−0.60	1.36
2002	−1.61	3.84	−3.40	−5.30	0	−5.30	0.16
2003	9.67	4.78	4.04	7.10	3.60	3.40	5.44
2004	11.74	5.39	8.14	12.70	17.30	−3.90	19.05
2005	3.65	5.82	−3.52	7.78	3.55	3.88	1.43
2006	3.99	6.55	−2.43	1.20	4.60	−3.30	−13.54
2007	0.17	6.93	4.64	3.50	−5.90	9.90	30.06
2008	10.68	6.94	3.89	9.30	11.10	−1.60	19.58
2009	−12.37	7.58	−16.27	−17.00	−14.80	−2.60	−10.60
2010	7.13	8.56	0.33	5.10	−0.80	5.90	2.76
2011	19.99	9.37	14.32	17.50	20.10	−2.20	21.68
样本期均值	3.56	5.65	−0.12	2.22	1.54	0.80	5.54

注：1. 畜牧业产值利用全国牧业产值指数平减为 1998 年不变价格；2. 增长率为年平均增长率。

5.4.2　参数和非参数计算结果的区域差异比较

就区域层面而言，我国畜牧业 TFP 增长及增长源泉存在着显著的区域差异，附表 5-9 显示了样本期内两种方法测算的六大畜牧业生产区域 TFP 的比较，以及两种方法测算的技术进步年平均增长率和年均技术进步率，可以得出以下结论：

第一，从时间趋势的比较来看，基于相同的省际面板数据，利用参数的随机前沿分析 SFA 方法和产出角度 BCC 模型的 Malmquist 生产率指数的 DEA 方法计算的各区域畜牧业 TFP 测算的数据结果存在一定的差异，但是变动趋势相同，即两种方法测算的样本期内各年份的畜牧业 TFP 增长率同正同负，并且与全国畜牧业 TFP 增长变动趋势大致相同。1999—2002 年，各区域畜牧业 TFP 增长都呈现下降趋势，2003 年六大区域的畜牧业 TFP 都有显著的增长，2009 年六大区域的畜牧业 TFP 都呈下降趋势，可能的原因是 2008 年年末的美国次贷危机严重影响到全国的经济发展，使得畜牧业的投入短时间内迅速减少，使得 2009 年的畜牧业 TFP 明显下降。

第二，从测算的数据结果比较来看，样本期均值除了五大牧区和东北区，由 DEA 方法得到的 TFP 增长率高于由 SFA 方法估计的结果以外，黄土高原区、西南山区、黄淮海区和东南区的估计结果都是 SFA 方法的高于 DEA 方法的估计结果；在样本期内各年份各个区域由 SFA 方法测算的技术进步增长率都显著高于 DEA 的估算结果，技术效率增长率估算结果除了五大牧区，DEA 方法的结果都高于 SFA 估算结果。

第三，从计算结果的区域排名来看，两种方法得到的排名顺序有所不同，SFA 估算的各区域畜牧业 TFP 年均增长率结果得到的排名依次是：东南区（4.53％）、东北区（4.20％）、黄淮海区（4.08％）、西南山区（3.8％）、五大牧区（3.36％）和黄土高原区（2.53％）；而 DEA 估算的各区域畜牧业 TFP 年均增长率结果得到的排名依次是：东北区（5.97％）、五大牧区（5.26％）、东南区（3.05％）、黄淮海区（2.82％）、黄土高原区（1.24％）和西南山区（0.28％）。

第四，从测算的畜牧业 TFP 增长源泉上看，SFA 方法测算的各区域畜牧业技术进步增长率都高于技术效率变动率，说明畜牧业生产区域的畜牧业 TFP 增长的源泉是技术进步，而非现有要素投入水平上的高效利用。而 DEA 方法测算的黄土高原区和西南山区技术进步增长率是下降的，技术效率增长率是上升的，说明这两个区域畜牧业 TFP 增长的源泉是技术效率的提高而非技术进步，与 DEA 方法测算的畜牧业 TFP 增长排名相对应，黄土高原区和西南山区位于全国的第 5 位和第 6 位，所以这仍然能够说明畜牧业 TFP 的快速增长是需要技术的改进，即改变粗犷的养殖方式和经营模式。

5.4.3　参数和非参数计算结果的省际差异比较

为了便于比较畜牧业TFP及其分解的与畜牧业总产出增长，各省（自治区、直辖市）畜牧业总产值增长率计算与第4章相同，仍然采取对数差形式近似，即：

$$\Delta Y^{it} \approx \ln Y_{t+1}^{it} - \ln Y_{t}^{it} \tag{5.5}$$

其中，i表示第i个省（自治区、直辖市）；t表示第t时期。

由表5-14可以看出，SFA和DEA两种方法测算的样本期内各省（自治区、直辖市）的畜牧业增长中，无论是全要素TFP增长还是技术进步TECH的增长和技术效率EFFCH变动率都存在一定的差异，包括数值的大小和变动方向。其中，SFA方法测算畜牧业TFP除了内蒙古（年均−0.40%）和西藏（年均−3.80%）以外，其他地区的畜牧业TFP的年均增长率都是正的；SFA方法测算的技术进步率除了上海为−4.4%以外，其他地区都为正，并且SFA方法测算的结果中，除了上海、陕西和宁夏的技术进步增长率低于技术效率增长率以外，其他省（自治区、直辖市）的技术进步率都大于技术效率变动率，而DEA测算的结果中，有很多地区的技术效率增长率大于技术进步增长率，尤其是处于西南山区的全部六省（自治区、直辖市）：湖北、广西、重庆、四川、贵州、云南和东南区的部分省（自治区、直辖市）：福建、江西、湖南、广东。

表5-14　各地区1998—2011年TFP、技术进步以及技术效率增长率变动情况

Tab.5-14　The Growth Rate Change Trend of the Animal Husbandry Total Factor Productivity, Technical Progress and Technical Efficiency of Each Regions (1998—2011)　%

地区	SFA			DEA			畜牧业总产值增长率
	TFP	TECH	EFFCH	TFP	TECH	EFFCH	
北京	4.20 (13)	4.10	−3.00	5.01 (9)	8.28	−1.88	2.59 (28)
天津	2.00 (22)	1.00	−0.40	2.17 (18)	5.25	−2.51	2.31 (29)
河北	4.30 (12)	6.80	−1.30	2.29 (16)	0.99	1.72	3.58 (22)
山西	2.80 (20)	1.50	1.00	0.96 (23)	−0.65	2.29	4.08 (20)
内蒙古	−0.40(30)	9.60	−0.80	5.31 (8)	4.97	0.33	5.67 (9)

续表 5-14

Continue Tab. 5-14

地区	SFA			DEA			畜牧业总产值增长率
	TFP	TECH	EFFCH	TFP	TECH	EFFCH	
辽宁	0.50 (28)	5.90	−0.50	7.09 (4)	9.41	2.35	6.61 (3)
吉林	0.80 (27)	6.80	−1.00	4.78 (10)	5.08	−0.25	3.16 (26)
黑龙江	4.40 (11)	8.40	0.80	6.05 (7)	3.36	2.59	5.67 (8)
上海	6.80 (3)	−4.40	−1.70	7.37 (3)	7.37	0.00	3.33 (23)
江苏	0.90 (26)	4.50	0.00	3.07 (14)	3.07	0.00	4.36 (16)
浙江	3.50 (17)	2.10	0.90	3.02 (15)	1.87	0.68	5.95 (7)
安徽	4.80 (10)	3.30	0.40	3.36 (13)	−0.25	3.70	4.56 (14)
福建	4.20 (14)	3.50	0.90	0.90 (24)	0.18	0.87	3.61 (21)
江西	0.00 (29)	4.10	−1.20	−1.36 (30)	−1.29	0.92	5.13 (10)
山东	5.80 (7)	9.10	−0.80	4.04 (11)	1.54	2.74	5.02 (11)
河南	6.70 (5)	8.80	−1.30	−0.22 (26)	−3.50	5.22	6.09 (5)
湖北	1.10 (25)	6.50	0.00	2.15 (19)	−0.31	0.62	2.04 (31)
湖南	11.60 (1)	6.80	3.90	6.50 (6)	−2.69	10.25	9.36 (1)
广东	2.70 (21)	5.40	−1.30	1.43 (20)	0.42	1.15	6.08 (6)
广西	5.20 (9)	6.80	−0.30	1.03 (22)	−4.09	6.08	4.98 (12)
海南	3.60 (16)	4.60	1.70	3.48 (12)	4.82	−1.06	4.34 (18)
重庆	1.30 (24)	3.80	−0.30	−1.42 (31)	−1.14	0.00	2.30 (30)
四川	6.80 (4)	10.10	−0.80	−0.83 (28)	−2.87	2.65	4.34 (17)
贵州	3.20 (19)	6.90	−1.20	−0.53 (27)	−1.12	1.44	3.32 (24)
云南	5.40 (8)	8.50	−1.30	1.28 (21)	−0.68	2.43	4.60 (13)
西藏	−3.80(31)	11.70	−3.40	−1.32 (29)	5.66	−5.47	2.65 (27)
陕西	3.80 (15)	2.60	2.80	2.24 (17)	−0.83	3.61	6.92 (2)
甘肃	1.50 (23)	6.90	−0.40	0.54 (25)	1.40	−0.46	3.25 (25)
青海	6.30 (6)	8.20	1.80	8.12 (1)	7.52	1.00	6.42 (4)
宁夏	7.40 (2)	0.50	4.70	7.46 (2)	4.88	2.92	4.55 (15)
新疆	3.40 (18)	10.50	−1.40	6.74 (5)	7.85	−0.58	4.29 (19)

数据来源：SFA 和 DEA 计算的 TFP、TECH、EFFCH 增长率根据第 4 章和第 5 章的计算结果，畜牧业总产值增长率是先计算样本期内各省（自治区、直辖市）的相邻年份对数差，然后取算数平均值。

注：TFP 之后括号中表示的是各区域增长率的排名。

将样本期内各省（自治区、直辖市）畜牧业总产出增长率和两种方法测算的畜牧业全要素增长率进行排名，如表 5-14 括号中数值所示，三种排名结果都不尽相同，但是似乎 SFA 方法测算的各地区畜牧业全要素增长率排名更接近畜牧业总产值增长率的排序情况。

5.5　本章小结

本章首先介绍了本研究所使用的基于 Malmquist 指数的 TFP 增长分解的 DEA 方法，然后利用与第 4 章相同的投入产出面板数据，运用产出导向 BCC 模型和 Malmquist 生产率指数从空间分布和时间演变两个层面实证研究了全国以及六大区域畜牧业 TFP 的变动情况和增长源泉，结果表明：

(1)1998—2011 年期间中国畜牧业 TFP 年平均增长率为 2%，从时序上看，影响全国及六大区域畜牧业 Malmquist 生产率指数变动的原因不尽相同，都存在技术进步单独驱动、技术效率单独驱动、技术进步缓慢且存在一定效率损失、技术进步和技术效率双驱动，技术退步和技术效率恶化的年份，但总体呈现畜牧业技术进步与畜牧业技术效率损失并存。

(2)全国畜牧业 TFP 呈现出明显的阶段性特点，其中，1999—2004 年畜牧业 TFP 缓慢增长，增长源泉是小幅的技术进步和技术效率改进，TFP 增长率为 0.25%；2005—2007 年增速虽然缓慢下降，但较上一时期，明显的技术进步和技术效率提高使得畜牧业 TFP 年平均增长率为三阶段最高，增长率为 7.77%；2008—2011 年波动增长，增长方式是技术进步的改进和技术效率恶化型，由技术进步带来的增长被一部分效率恶化抵消了，使得畜牧业 TFP 增长较上一期有所放缓，增长率为 3.73%。

(3)1998—2011 年期间全国畜牧业的技术效率、纯技术效率和规模效率均存在下降的趋势。

(4)区域间、省(自治区、直辖市)间畜牧业 TFP 增长及源泉差异较为明显，畜牧业技术进步差距是造成区域间畜牧业 TFP 差异的主要原因，省际增长源泉不一。

(5)通过比较第 4 章利用基于超越对数生产函数的随机前沿方法计算的全要素生产率及分解和本章利用基于产出角度的数据包络分析方法计算的全要素生产率及分解的实证结果，认为无论是 SFA 方法还是

DEA 方法在全国畜牧业 TFP 增长幅度和变动趋势上的结论非常相似，并且与中国畜牧业产出增长呈现同周期变化的特征，即当畜牧业 TFP 增长较快时，畜牧业产出的增长率也较高，而当畜牧业 TFP 的增长下降时，畜牧业产出的增长也在下降，说明畜牧业 TFP 对畜牧业增长具有重要的作用。

经分析认为 DEA 方法计算出的数据结果更加适合全国以及区域畜牧业增长变动情况，因此以后的分析中采用的都是 DEA 方法得出的实证数据。

第6章　畜牧业TFP对区域畜牧业增长的贡献差异分析

根据索洛的经济增长模型,全要素生产率的增长应该是经济增长的主要源泉。改革开放以来,我国畜牧业产出增长明显,但是增长方式和增长源泉却体现出区域性差异,对于全国以及各个畜牧业生产区域畜牧业产出的增长中畜牧业单要素生产率和全要素生产率的贡献份额分别为多少,对于选择正确的经济增长政策和投入方式至关重要,因此本章在比较了SFA方法和DEA方法测算的全国以及各个区域畜牧业TFP的基础之上,进一步考察畜牧业TFP增长对于畜牧业总产出增长的贡献份额以及区域性差异。

6.1　全要素生产率对经济增长贡献的模型和变量说明

6.1.1　经济增长模型

根据乔根森等(1962)对全要素生产率的定义:

$$\ln \mathrm{TFP}_{it} = \ln Y_{it} - E_{it}^{X} \ln X_{it} \tag{6.1}$$

式(6.1)中 $E_{it}^{X} = \dfrac{\partial \ln Y_{it}}{\partial \ln X_{it}}$ 为要素的产出弹性向量,技术效率和技术进步也可以求出,具体计算方法如下:

$$\ln \mathrm{TE}_{it} = -\mu_{it} \tag{6.2}$$

$$\ln \mathrm{TP} = \ln \mathrm{TFP}_{it} - \ln \mathrm{TE}_{it} \tag{6.3}$$

由式(6.1)、式(6.2)和式(6.3)可知，第 i 个决策单位的产出水平可以分解为要素投入、技术进步和技术效率三部分之和，即：

$$\ln Y_{it} = E_{it}^{X} \ln X_{it} + \ln \mathrm{TP}_{it} + \ln \mathrm{TE}_{it} \tag{6.4}$$

如果以 $y_{it} = Y_{it}/L_{it}$ 和 $x_{it} = X_{it}/L_{it}$(L_{it} 表示第 i 个决策单位第 t 期的劳动力数量)分别表示第 i 个决策单位第 t 期的劳均产出和劳均要素投入，单位产出水平可以分解为各种要素的劳均投入、地区经济规模水平、技术进步和技术效率四部分，计算公式为：

$$\ln y_{it} = E_{it}^{x} \ln x_{it} + \ln S_{it} + \ln \mathrm{TP}_{it} + \ln \mathrm{TE}_{it} \tag{6.5}$$

式(6.5)中，$\ln S_{it} = \left[\left(\sum_{j=1}^{n} E_{it}^{x_j}\right) - 1\right] \times \ln L_{it}$ 表示以劳动力度量的地区规模经济效应。则以劳均产出表示的经济增长可以表示为：

$$\begin{aligned} \Delta \ln y = \ln y_{it} - \ln y_{i(t-1)} &= (E_{it}^{x} \ln x_{it} - E_{i(t-1)}^{x} \ln x_{i(t-1)}) + (\ln S_{it} - \ln S_{i(t-1)}) \\ &\quad + (\ln \mathrm{TP}_{it} - \ln \mathrm{TP}_{i(t-1)}) + (\ln \mathrm{TE}_{it} - \ln \mathrm{TE}_{i(t-1)}) \end{aligned} \tag{6.6}$$

式(6.6)表明，产出增长率可以分解为两部分，一部分为单要素生产率，即式(6.6)中右边第一项，它表示从 $t-1$ 期到 t 期投入要素积累即各要素投入增长率与其产出弹性的加权和对经济增长的贡献；另一部分是所有要素投入所得的生产率即全要素生产率的变动对经济增长的贡献。式(6.6)第三项和第四项分别表示技术进步和技术效率的变化，并且这两项的和就是全要素生产率变化对经济增长的贡献。第二项表示决策单位规模变化对经济增长的影响。

6.1.2 变量选取和数据说明

根据经济增长模型，需要先计算出畜牧业 TFP 的增长率，通过第 5 章的比较结果发现，本文在第 4 章利用参数的随机前沿分析方法和在第 5 章利用非参数的数据包络分析方法测算出的全国以及区域畜牧业 TFP 及其增长源泉具体数据都不尽相同，所以通过比较这两种方法得到的不同估计结果，再结合我国以及各区域畜牧业产出增长实际情况，本文采用 DEA 分析方法所得到的估计结果，理由如下：

第一,从方法上看,尽管SFA考虑到随机误差的影响,但由于该方法需要事先假设一个具体的生产函数形式,以及生产函数中误差项的概率分布,而不同的函数形式和概率分布往往导致不同的估计结果。因此,SFA方法在研究过程中假设条件太多,使得应用研究受到了较大的限制,估计结果可能不够稳健。而DEA作为非参数方法,恰恰弥补了SFA的缺点,它不需要设定具体的生产函数形式,也不要求对无效率分布作先定假设,通常是直接利用线性优化方法给出每个决策单元的边界生产函数的估算,从而对效率变化和技术进步进行测度,因此减少了条件限制。

第二,由SFA估计得到的结果无论是全国还是各个畜牧业生产区域的技术进步增长率都呈递增的趋势,这表明全国的技术是连续进步的,并且进步的速度一年比一年快。按照这样的速度,我国的畜牧业产值占农业产值的比重早就应该赶上发达国家,甚至超过发达国家,实现了畜牧业现代化,但实际上我国畜牧业生产与发达国家仍有一定的差距,畜牧业产值占农业的比重仍然在30%～40%之间,这一结果与客观事实不符。而DEA估计得到的技术进步在不同年份中表现出一定的波动特征,较好地反映了我国和各区域畜牧业发展的现实。值得说明的是,运用DEA方法得到的技术进步增长率在个别年份可能出现负值的情况,即出现技术退步现象,对于这一现象,郑京海等[61]认为在城市化、工业化进程中,劳动力向城市和工业的转移可能会造成掌握先进农业技术的青壮年劳动力离开农村到城市里工作。按照上述说法,农村留下的多为没有养殖技术和经营经验的老人和妇女从事畜牧业生产,导致技术上的倒退。另外发展中国家或地区出现"孔雀东南飞"的人才外流现象,在很大程度上也会导致内陆地区技术退步现象。所以,就技术进步和技术效率的变动而言,DEA所反映的结果更契合于中国畜牧业生产的现实。

第三,从结果看,SFA方法估计得到的畜牧业TFP增长率显著高于DEA方法测算结果。具体而言,1999—2011年间,DEA方法估计得到的全国畜牧业TFP年均增长率为2.22%,而SFA方法估计得到的全国畜牧业TFP年均增长率为3.56%,1999—2011年间全国畜牧业实际总产值年均增长率为5.54%,这就意味着DEA方法得到的畜牧业TFP对全国畜牧业产出增长的贡献率为40.07%,而SFA方法得到的贡献率高达64.26%，这是一个相对较高的数值，也显著高于一些相关研究结果。比如杨军[47]2003年在硕士论文《中国畜牧业增长与技术进步、技术效率研究》中测算的1997—2001年畜牧业TFP的对畜牧业产出的贡献为36%，与本文DEA估计结果较为接近。因而，相比于DEA测算结果，SFA方法有可能高估TFP增长情况。

本章畜牧业投入指标分别为畜牧业从业人员、畜牧业存栏量和资本投入量，具体的选取方式和数据处理在第4章已有详尽的说明，这些投入要素的投入数量和增长情况已在第3章分析整理过了，在此均不再赘述。表6-1列举出1998—2011年基于31个省（自治区、直辖市）面板数据的全国畜牧业投入产出样本数据的统计性描述。

表6-1　1998—2011年畜牧业产出投入样本数据的统计性描述

Tab. 6-1　Statistical Description of Sample Data on Animal Husbandry Output－input(1998—2011)

统计量	畜牧业总产值/亿元	畜牧业从业人员/万人	总存栏量/万头猪单位	畜牧业资本投入量/亿元
平均值	291.94	228.19	3 119.874	13.84
最大值	818.85	799.12	11 152.28	34.12
最小值	23.48	13.92	216.07	1.65
标准差	240.44	205.19	2 454.77	7.41
中位数	232.89	144.37	2 503.07	14.38
样本数	420	420	420	420

数据来源：《新中国成立六十周年统计资料》、中国统计年鉴1999—2012年。

6.2　经济增长源泉分解的区域差异

6.2.1　全国畜牧业TFP和要素投入对畜牧业总产出增长的贡献效应与评价

全国畜牧业增长的源泉如表6-2所示，畜牧业不同于其他产业，畜牧业受到经济基础、自然条件和价格等因素的影响较为严重，无论是畜牧业产值、产量还是存栏量的变化都呈现剧烈的波动状态，所以畜牧业产出的增长也体现出波动增长的特征，这也影响到要素投入和全要素生产率水平。

从总体上看，1998—2011 年这 14 年中我国畜牧业增长仍然主要以要素投入的增加来实现，样本期内畜牧业总产出的年均增长率为 5.54%，而约 60%的增长依赖于要素投入，全要素生产率的贡献仅为 40.07%，其中，技术进步对产出的贡献份额为 27.80%，而技术效率的提高贡献了 14.44%。随着畜牧业从业人员受教育的程度不断提高，对新技术的接受能力不断增强，对精饲料的使用更加科学合理，养殖技术有所改善，但是这种改善对于产出增长的影响并不明显，畜牧业 TFP 对畜牧业产出增长的贡献仍然以技术进步为主，畜牧业增长是比较缺乏效率的。当新的养殖技术和养殖方式出现时，养殖户对新技术的掌握和应用无法达到相应水平，仍然按照传统的饲养和管理方式去接受和实施先进的技术，导致实际的生产技术产出水平缺失，这是制约全要素生产率对畜牧业产出贡献份额无法提高的重要因素。

表 6-2　1999—2011 年全国畜牧业 TFP 对产出增长的贡献份额

Tab. 6-2　The Animal Husbandry TFP's Contribution to the Growth of Animal Husbandry Output of China (1999—2011)

%

项目	年份			样本其均值
	1999—2004	2005—2007	2008—2011	
畜牧业总产值增长率	3.44	5.98	8.35	5.54
全要素生产率增长率	2.50	7.77	3.73	2.22
TFP 对产出的贡献率	72.58	129.91	44.66	40.07
技术进步增长率	0.37	5.00	3.90	1.54
技术进步对产出的贡献率	10.74	83.60	46.69	27.80
技术效率增长率	0.07	3.13	−0.12	0.80
技术效率对产出的贡献率	2.03	52.33	−1.44	14.44
要素投入对产出的贡献率	27.42	−29.91	55.34	59.93

注：①全要素生产率对产出的贡献率不等于技术进步率和技术效率贡献率可能由于计算误差所致；

②表中出现的异常值可能是由于原始统计数据的误差所致。

从时间序列上看，畜牧业 TFP 对畜牧业产出增长的贡献呈现阶段性特征，1998—2004 年，畜牧业总产值年均递增 3.44%，畜牧业 TFP 年均增长率为 2.50%，此时期畜牧业产出增长的 72.58%来源于畜牧业 TFP 的提高，27.42%来源于畜牧业要素投入的增加。从畜牧业产出增长源泉的数值上看，此阶段畜牧业产出的增长实现了全要素生产率的提高来带动，可能的原因主要有：第一，随着饲料工业和添加剂工业的进一步发展，大大改善了我国饲料的质量，保证了饲料原料的数量；第二，由于国家的重视和经济体制改革的进一步深化，畜牧业生产中的生猪和家禽的专业化、规模化饲养发展较快、商品化程度也逐步提高，使得养殖方式和管理模式得到很大的改进，加之畜牧业从业人员文化水平和养殖水平的不断提高，新养殖技术的开发利用水平和各种投入要素的利用效率水平都有一定程度的提高；第三，肉类产品价格的波动也是影响畜牧业产出及生产效率的主要因素，此期间，肉类产品尤其是猪肉市场价格波动较为平缓，有力地保证了畜牧业生产的稳定发展及要素使用效率的发挥。

2005—2007 年，畜牧业总产值年均递增 5.98%，畜牧业 TFP 年均递增 7.77%。从数值上来看，全国畜牧业产出增长完全由畜牧业 TFP 的增长来实现，这可能是由于原始统计资料的误差所致，所以不能以此来推断此时期畜牧业 TFP 已经成为畜牧业增长的全部动力。但是这段时期畜牧业发展的实证结果显示，此间畜牧业较前一阶段又有较大幅度的提高，很大一部分原因确实是由于畜牧业产出效率的提高所导致，主要原因在于：第一，自 2004 年以来连续三年的中央“一号文件”，使得畜牧业沐浴改革和发展的“春风”，中央和地方政府增大了畜牧业要素的投入力度，包括物质费用、基础设施建设、畜牧业科研投入和畜牧业从业人员技术培训，使得畜牧业从无到有的地区处于畜牧业规模报酬递增阶段，畜牧业生产方式落后的地区由粗放型增长向集约型增长方式转变。第二，从畜产品价格历史资料中可以看出，畜产品价格尤其是生猪价格 2003 年下半年价格开始迅速上升，养猪业开始进入高收益区。生猪价格一路走高，2004 年 9 月，全国生猪价格平均价格达到近年来历史最高水平。2005 年 9 月生猪价格虽有下降，但仍然保持在较高价位，这一指示灯吸引了大量的资本和技术的投入，所以此阶段畜牧业技术进步和技术效率较上一阶段都有大幅度的增加，共同促进了畜牧业 TFP 的增长。

2008—2011 年，畜牧业总产值较前两个时期进入快速增长时期，年均增长率为 8.35%，但是畜牧业 TFP 不及总产出增长的快，年均增长 3.73%，对畜牧业总产出的贡献份额仅为 44.66%，其中技术进步对畜牧业产出的贡献份额为 46.69%，而技术效率对畜牧业产出的贡献份额为 −0.12%，畜牧业生产又重新回到了生产效率缺失的状态，要素投入对畜牧业产出的年均贡献率为 55.34%，说明这一时期畜牧业产出增长主要依靠要素投入的增加。畜牧业 TFP 对畜牧业产出增长的贡献份额较上一时期下降的原因可能为：第一，这一时期没有明显的技术进步；第二，畜产品价格在波动中有所下降，畜牧业科技投入由前一阶段的“喷发性”投入有所降温，使得从事畜牧业经营的积极性受到重创；第三，国家政策鼓励由传统的粗放型生产向集约化生产转变，整顿原来的数量型向质量型生产的改变，避免重复建设，使得全国畜牧业生产进入重新思考和艰难取舍的阶段。

综合上述分析，从样本期内的均值来看，全要素生产率的增长低于畜牧业产出的增长，说明畜牧业 TFP 还有很大的提升空间，另外，畜牧业 TFP 对畜牧业产出增长具有同频率变动的影响，即畜牧业 TFP 快速增长时期促进了畜牧业产出快速增长，所以全要素生产率的提高是畜牧业经济发展的重要源泉。

6.2.2　畜牧业 TFP 和要素投入贡献效应的区域差异与评价

表 6-3 描述的是六大畜牧业生产区域畜牧业增长中全要素生产率和要素投入的贡献份额。从样本期均值来看，畜牧业 TFP 对畜牧业产出的贡献份额表现出显著的区域差异，主要分为三种情况，分别是全要素生产率增长型、要素投入增长型、生产率和要素投入平分秋色型。其中，五大牧区和东北区畜牧业 TFP 对畜牧业产出增长的贡献率分别为 90.65% 和 113.36%，说明这两个区域畜牧业产出增长中生产率的提高是重要源泉；黄土高原区和西南山区畜牧业产出增长主要依靠要素投入的增加，畜牧业 TFP 的贡献率分别为 23.96%和 7.43%，贡献份额较低；而黄淮海区和东南区畜牧业 TFP 贡献率分别为 59.65%和 49.36%，说明这两个区域畜牧业产出的增长是生产率提高和要素投入共同推动的。

表 6-3 各畜牧业区域生产率和要素投入对畜牧业产出增长的贡献

Tab. 6-3 Contribution of the Animal Husbandry TFP and Essential Factor Inputs to Animal Husbandry Output Growth in Each Animal Husbandry Production Regions

%

区 域	指标	年份			样本期
		1999—2004	2005—2007	2008—2011	均值
五大牧区	畜牧业产出增长率	2.57	4.51	9.50	5.15
	全要素生产率贡献率	69.75	78.25	123.94	90.65 (2)
	要素投入贡献率	30.25	21.75	−23.94	9.35
黄土高原区	畜牧业产出增长率	1.84	3.03	11.85	5.19
	全要素生产率贡献率	−299.37	227.21	60.13	23.96 (5)
	要素投入贡献率	399.37	−127.21	39.87	76.04
西南山区	畜牧业产出增长率	1.22	4.60	7.01	3.78
	全要素生产率贡献率	−202.95	182.05	−23.82	7.43 (6)
	要素投入贡献率	302.95	−82.05	123.82	92.57
东北区	畜牧业产出增长率	2.36	4.70	10.06	5.27
	全要素生产率贡献率	67.48	243.53	83.92	113.36 (1)
	要素投入贡献率	32.52	−143.53	16.08	−13.36
黄淮海区	畜牧业产出增长率	3.32	3.68	7.61	4.72
	全要素生产率贡献率	57.88	117.37	39.88	59.65 (3)
	要素投入贡献率	42.12	−17.37	60.12	40.35
东南区	畜牧业产出增长率	8.24	2.00	6.21	6.18
	全要素生产率贡献率	55.97	20.01	43.28	49.36 (4)
	要素投入贡献率	44.03	79.99	56.72	50.64

注：表中出现的异常值可能是由于原始统计数据的误差所致。

从畜牧业 TFP 对畜牧业产出贡献的排名上看，如表 6-3 括号中所示，贡献份额由高到低的区域分别为东北区、五大牧区、黄淮海区、东南区、黄土高原区和西南山区，但这与畜牧业产出增长相比，畜牧业 TFP 贡献较高的区域并不是畜牧业增长较快的区域，主要原因可能是畜牧业增长不仅取决于生产率的高低，还受到要素投入、政策导向、畜牧业生产基础、各区域经济条件等方面的影响。

从时间段上来看，五大牧区和东北区在样本期内三个时间段上都是全要素生产率的贡献份额大于要素投入贡献份额，可能的原因在于 21 世纪以来，国家加大了对节粮型畜牧业资金和技术等方面的投入。五大牧区中的内蒙古、青海和新疆凭借良好的草场资源和肉牛、肉羊资源，东北区三省凭借丰裕的玉米饲料粮资源和蓬勃发展的肉牛产业，采取了先进的科学养殖技术和养殖方式，并吸引了大批优秀畜产品生产加工企业加入肉牛产业和肉羊产业的生产，出现了企业规模化生产经营，企业和散养农户合作养殖等方式，有利促进了这两个区域良种繁育、技术应用水平、单位畜产品价值的提高和先进养殖技术的传播，降低了散养户的养殖风险。黄土高原区和西南山区在 1999—2004 年、2005—2007 年、2008—2011 年这三个时段的畜牧业 TFP 对畜牧业产出的贡献份额数值异常，可能的原因除了原始统计数据的误差以外，由计算畜牧业 TFP 增长率和畜牧业产值增长率的方式不同造成，因此对两地区的时段不进行分析。黄淮海区和东南区畜牧业增长中生产率的贡献份额占有的比重在 1999—2004 年、2005—2007 年、2008—2011 年这三个时段分别为 57.88%和 55.97%、117.37%和 20.01%、39.88%和 43.28%。受到 1997 年亚洲金融危机的影响，1999—2002 年我国整体经济和畜牧业发展都呈缓慢下降的趋势，处于发达地区的黄淮海区和东南区的畜牧业 TFP 下降的速度低于五大牧区、黄土高原区和西南山区这些不发达的内陆地区，说明东部沿海地区凭借雄厚的资金投入和畜牧业积累对畜牧业的倒退给予了扶持。

2005—2007 年这三年间，除了东南区的畜牧业 TFP 的贡献份额低于要素投入的贡献份额外，其他 5 个区域的畜牧业 TFP 贡献率都高于要素投入的贡献率，并且都超过了 50%，但这并不能说明各区域畜牧业已经实现了增长方式的转变，这只能说明全要素生产率对畜牧业产出的增长的贡献程度的提高。自 2003 年以后，全国的经济进入复苏阶段，各区域畜牧业在全国经济全面发展的大环境下也得到了长足的发展，各区域也不断加大对畜牧业的要素投入和政策保障，使得各区域畜牧业 TFP 都有不同程度的增长。

6.2.3　畜牧业 TFP 和要素投入贡献效应的省际差异与评价

表 6-4 计算的是 1998—2011 年间全国 31 个省(自治区、直辖市)畜

牧业年均增长及增长源泉的贡献份额，并按照畜牧业 TFP 对畜牧业增长贡献程度由大到小顺序排列，可以看出，畜牧业 TFP 对畜牧业增长贡献份额位于前 11 位的省（自治区、直辖市）有东南区的上海（第 1），黄淮海区的北京（第 2）和天津（第 10），五大牧区的宁夏（第 3）、新疆（第 4）、青海（第 6）和内蒙古（第 11），东北区的吉林（第 5）、辽宁（第 7）和黑龙江（第 8），最后是西南山区的湖北（第 9），这些地区的畜牧业 TFP 对畜牧业增长的贡献率都在 90%以上，畜牧业 TFP 是畜牧业增长的主要源泉。畜牧业 TFP 对畜牧业增长贡献份额位于后 10 位的省（自治区、直辖市）有五大牧区的西藏（第 30），黄土高原区的山西（第 22）和甘肃（第 25），西南山区的广西（第 24）、贵州（第 27）、四川（第 28）和重庆（第 31），黄淮海区的河南（第 26），东南区的广东（第 23）和江西（第 29），其中河南、贵州、四川、江西、西藏和重庆畜牧业 TFP 对畜牧业增长具有负效应，分别为 −3.54%、−16%、−19.15%、−26.52%、−49.57%、−61.65%。这些地区畜牧业增长完全依靠生产要素的投入增加而实现，并且畜牧业 TFP 的负作用抵消了一部分生产要素增加而带来的增长。畜牧业 TFP 对产出贡献份额大于 50%（包括 50%）的省份有 18 个，其他 13 个省（自治区、直辖市）畜牧业增长主要是要素投入实现的。

表 6-4 各省（自治区、直辖市）1998—2011 年生产率及其分解、要素投入对畜牧业增长的贡献

Tab.6-4 The Contribution of Productivity and Its Decomposition and Essential Factor Inputs to the Growth of Animal Husbandry in Each Province and City (1998—2011) %

地区	总产出增长率	TFP 增长率	TFP 贡献份额	技术进步 TECH 贡献份额	技术效率 EFFCH 贡献份额	单要素投入贡献份额
上海	3.33	7.37	221.41	221.41	0.00	−121.41
北京	2.59	5.01	193.03	319.35	−72.65	−93.03
宁夏	4.55	7.46	163.85	107.09	64.19	−63.85
新疆	4.29	6.74	157.11	182.93	−13.45	−57.11
吉林	3.16	4.78	151.50	161.00	−8.04	−51.50
青海	6.42	8.12	126.40	117.17	15.58	−26.40
辽宁	6.61	7.09	107.37	142.42	35.64	−7.37
黑龙江	5.67	6.05	106.58	59.26	45.70	−6.58
湖北	2.04	2.15	105.24	−15.09	30.18	−5.24

续表 6-4

Continue Tab. 6-4

地 区	总产出增长率	TFP 增长率	TFP 贡献份额	技术进步 TECH 贡献份额	技术效率 EFFCH 贡献份额	单要素投入贡献份额
天 津	2.31	2.17	93.94	227.11	−108.56	6.06
内蒙古	5.67	5.31	93.63	87.66	5.84	6.37
山 东	5.02	4.04	80.49	30.66	54.58	19.51
海 南	4.34	3.48	80.35	111.04	−24.48	19.65
安 徽	4.56	3.36	73.71	−5.57	81.14	26.29
江 苏	4.36	3.07	70.35	70.35	0.00	29.65
湖 南	9.36	6.50	69.43	−28.76	109.45	30.57
河 北	3.58	2.29	63.98	27.70	47.88	36.02
浙 江	5.95	3.02	50.79	31.40	11.37	49.21
陕 西	6.92	2.24	32.36	−12.01	52.16	67.64
云 南	4.60	1.28	27.90	−14.70	52.79	72.10
福 建	3.61	0.90	24.92	5.11	24.07	75.08
山 西	4.08	0.96	23.59	−16.04	56.23	76.41
广 东	6.08	1.43	23.53	6.96	18.97	76.47
广 西	4.98	1.03	20.70	−82.19	122.21	79.30
甘 肃	3.25	0.54	16.59	43.14	−14.22	83.41
河 南	6.09	−0.22	−3.54	−57.50	85.81	103.54
贵 州	3.32	−0.53	−16.00	−33.85	43.35	116.00
四 川	4.34	−0.83	−19.15	−66.15	61.18	119.15
江 西	5.13	−1.36	−26.52	−25.17	17.83	126.52
西 藏	2.65	−1.32	−49.57	213.34	−206.10	149.57
重 庆	2.30	−1.42	−61.65	−49.59	0.00	161.65

注：①天津畜牧业增长率为调整后的数据，在各年份平均时去掉一个最低和最高增长率之后得到；

②排序按照 TFP 对畜牧业产出贡献份额由大到小的顺序。

从表 6-4 中可以看到，在全要素生产率促进畜牧业增长份额中，技术效率的贡献度超过 50%，并且高于技术进步贡献率的省（自治区、直辖市）有山东（54.58%）、安徽（81.14%）、湖南（109.45%）、陕西（52.16%）、云南（52.79%）、山西（56.23%）、广西（122.21%）、河南（85.81%）和四川（61.18%），这些省份大部分地处生猪产业带和家禽、禽蛋产业带上，规模化、集约化水平较高，这有利于技术运用和资源的合理配置，因此畜牧业投入资源的综合利用率较高。

6.3 本章小结

本章从全国、六大畜牧业生产区域和31个省(自治区、直辖市)三个层面分析了畜牧业TFP在畜牧业增长中的贡献效应,得出如下结论:从全国的角度看,1998—2011年畜牧业增长的主要推动力量来自于畜牧业要素投入的增加,全要素生产率的贡献仅为40.07%,其中,技术进步对产出的贡献份额为27.80%,而技术效率的提高贡献了14.44%,说明在全要素生产率提高的过程中是技术进步为主和技术效率为辅的共同作用结果。

从区域层面看,畜牧业TFP对畜牧业产出增长的贡献份额表现出显著的差异,其中,五大牧区和东北区畜牧业TFP对畜牧业产出增长的贡献率分别为90.65%和113.36%,说明这两个区域畜牧业产出增长中生产率的提高是主要源泉;黄土高原区和西南山区畜牧业产出增长主要依靠要素投入的增加,畜牧业TFP的贡献率分别为23.96%和7.43%,贡献份额较低;黄淮海区和东南区畜牧业TFP贡献率分别为59.65%和49.36%,说明这两个区域畜牧业产出的增长是生产率提高和要素投入共同推动的。

从省际差异角度看,畜牧业TFP对畜牧业增长贡献份额位于前11位的省(自治区、直辖市)中五大牧区、黄土高原区、西南山区、东北区、黄淮海区和东南区分别占4个(宁夏、新疆、青海、内蒙古)、0个、1个(湖北)、3个(吉林、辽宁、黑龙江)、2个(北京、天津)和1个(上海),这些地区的畜牧业TFP对畜牧业增长的贡献率都在90%以上,是畜牧业增长的重要源泉。畜牧业TFP对畜牧业增长贡献份额位于后10位的省(自治区、直辖市)中五大牧区、黄土高原区、西南山区、东北区、黄淮海区和东南区分别占1个(西藏)、2个(山西、甘肃)、4个(广西、贵州、四川、重庆)、0个、1个(河南)、2个(广东、江西)。其中河南、贵州、四川、江西、西藏和重庆畜牧业TFP对畜牧业增长具有负效应,这些地区畜牧业增长完全依靠生产要素的投入增加而实现,并且畜牧业TFP的负效应抵消了一部分生产要素增加而带来的产出增长,可能的原因在于畜牧业生产过程中某些要素严重缺失或者其他要素投入过多造成资源配置不当，例如四川、重庆和江西玉米生产潜力不足导致饲料有效供给不足，而畜牧业从业人员数量相对过剩并且文化和技术水平不高成为畜牧业增长的主要制约因素。31 个省（自治区、直辖市）中畜牧业 TFP 对产出贡献份额大于 50%（包括 50%）的有 18 个，其他 13 个地区畜牧业增长的主要源泉是要素投入实现的。

从与畜牧业增长相对应角度看，畜牧业 TFP 贡献较高的地区和省份并不必然是畜牧业产出增长较快的区域，因为在畜牧业产出较高增长率的区域和省份中有的主要是依靠要素投入的增加来实现产出增长的，有的则主要依靠生产效率的提高，而在畜牧业产出增长率较低的区域和省份中有的是主要依靠生产效率的提高，有的则依靠投入增加来实现。

第7章　区域畜牧业TFP增长及构成的影响因素分析

通过第6章的分析可以看出，21世纪以来，我国的畜牧业TFP增长较慢，对畜牧业产出增长的贡献也比较低，从我国总体来看，全国畜牧业增长仍然是依靠要素投入的粗放型增长，而从区域角度看，全要素生产率对区域畜牧业增长的贡献虽然不是区域和省际差距的主要决定因素，但是随着新农村建设步伐的加快、农业产业结构调整的深化、畜牧业占农业比重进一步加大，全要素生产率对畜牧业产出增长的作用必然越来越大，这也将成为区域畜牧业增长差异的主要决定力量。所以无论是从促进全国畜牧业产出增长、提高畜牧业质量和品质、转变粗犷的增长方式角度，还是缩小区域间畜牧业产出差距方面，分析畜牧业TFP增长的源泉和找到主要的影响因素是我国现阶段畜牧业增长的迫切需要。

畜牧业TFP增长的影响因素很多，包括直接的和间接的原因，正确认识和估计各种影响因素对经济增长的贡献和影响，对于深刻理解和认识现实经济增长方式和程度至关重要。在经济增长影响因素分析中首先遇到的问题就是促进经济增长因素的分类。本章结合畜牧业生产的实际情况，综合多方面因素，选取影响畜牧业TFP增长内外部影响因素并进行分析，量化影响畜牧业TFP增长的重要因素，同时建立并阐述本章的实证模型，解析这些因素究竟在多大程度上影响各区域的畜牧业TFP增长及构成，对模型的估计结果进行实证分析。

7.1　畜牧业TFP增长及构成的影响因素分析

7.1.1　变量选取和数据说明

本研究测算全国以及六大畜牧业生产区域畜牧业TFP增长变动，不仅要分析畜牧业 TFP 对畜牧业增长的贡献，更旨在分析不同全要素生产率对各畜牧业生产区域畜牧业增长方式和速度区域差异的影响程度，即对畜牧业 TFP 增长的影响因素进行解析。所以被解释变量为各区域畜牧业 TFP、畜牧业技术效率改进和畜牧业技术进步，数据来源于第 5 章基于 31 个省(自治区、直辖市)畜牧业 Malmquist 生产率指数及分解的实证结果。

畜牧业 TFP 的增长既受到决策单位的内生变量的密切影响，又与决策单位发展的外部环境相联系，其影响因素是极其复杂的，所以任何研究也不可能涵盖所有方面。因此，在前文分析的基础上，本文以现代经济增长理论和其他领域全要素生产率影响因素的实证研究为基础，结合我国畜牧业生产经营的实际特点，考虑畜牧业 TFP 增长的特殊性和考察数据的可行性，本章将影响畜牧业 TFP 增长的内生、外生性因素归纳为 10 个关键变量进行实证分析(表 7-1)。

表 7-1　畜牧业生产率影响因素的变量选取和数据来源说明

Tab. 7-1　The Variable Selection of Animal Husbandry Productivity Affecting Factors and Data Source

系数	变量	符号	指标处理	数据来源
α_1	畜牧业人力资本	EDU	$EDU=\sum P_i W_i$ 其中 P_i 表示各省份农业劳动力中各层次受教育人数，W_i 表示 P_i 对应的受教育年限	《中国人口统计年鉴》
α_2	劳均资本投入	K&L	K/L	第 3 章数据
α_3	研究与开发投入	R&D	各省(自治区、直辖市)乡镇畜牧兽医站从业人数/乡镇规划数	《中国统计年鉴》
α_4	饲料资源潜力	POT	各省(自治区、直辖市)玉米、花生和薯类三类产量的加总	《中国农业统计资料》
α_5	专业化程度	SPE	Hoover 区位熵	《中国统计年鉴》
α_6	财政支持力度	GOV	GOV＝各省(自治区、直辖市)畜牧业产值/农业产值×财政农业支出	《中国统计年鉴》
α_7	基础设施建设	INF	INF＝公路里程数(千米)/地区面积(千米^2)	《中国统计年鉴》
α_8	市场化程度	MAR	MAR＝畜产品生产价格指数/农业生产资料价格指数	《中国统计年鉴》
α_9	规模化水平	SCA	SCA＝各省(自治区、直辖市)畜产品出栏量/畜牧业从业人员	《中国统计年鉴》
α_{10}	市场消费状况	CON	城镇居民家庭人均肉禽及制品、蛋类、水产品类消费支出(元)	《中国统计年鉴》

7.1.1.1 畜牧业人力资本(EDU)

本文按照 Barro 和 Lee(1993)[11][69]的方法把人力资本存量看作是劳动力数量与人力资本水平的乘积，即：

$$E_{i,t}=3H_{3,t}+6H_{6,t}+9H_{9,t}+12H_{12,t}+14H_{14,t} \quad (7.1)$$

其中 $H_{i,t}$表示每个省份农村劳动力中各层次劳动力人数，$i=3,6,9,12,14$ 表示文盲与半文盲、小学、初中、高中、大专及以上文化程度的比重。

一般认为，较高的人力资本水平使得劳动者能够更有效地应用现存的实物资本，驱动新知识的发展和传播，且提高其模仿和应用新技术的能力以及经营管理能力，对经济增长具有正的影响。然而，畜牧业人力资本的变革和运动要依赖其他相关因子的变化，比如与农村劳动力的转移密切相关。中国是典型的二元经济体发展中国家，正处于城市化和工业化的加速发展期，使得农村劳动力尤其是青壮年劳动力大规模向城市和非农产业转移，其中包括大量的受教育程度较高的劳动力，这在某种程度上使得农村劳动力素质呈现出结构性下降趋势。由此就有可能出现农村居民教育程度的提高、农村人力资本的增加与畜牧业 TFP 之间关系不明显甚至负相关的现象。所以这个变量与畜牧业 TFP 增长、畜牧业技术效率改善、畜牧业技术进步变化的关系需要通过实证检验来确定。为减少异方差，估计时取了自然对数。

7.1.1.2 劳均资本投入(K&L)

此变量用于衡量“干中学”效应的大小。由于现有的统计资料中无法获取各省(自治区、直辖市)畜牧业资本存量数据，所以使用在第 3 章统计计算过的畜牧业资本投入除以畜牧业从业人员数量。中国畜牧业投资长期严重不足，所以，增加的畜牧业建设投资是促进投入要素质量提高的重要措施，故预期这个变量与畜牧业 TFP、畜牧业技术效率和畜牧业技术进步变化的关系是正向的。为减少异方差，估计时取了自然对数。

7.1.1.3 研究与开发投入(R&D)

由于无法获取各省(自治区、直辖市)畜牧业研究与开发经费支出的具体数据，所以采用各省（自治区、直辖市）平均每个乡镇拥有的畜牧兽医站从业人数，具体算法是各省（自治区、直辖市）乡镇畜牧兽医站从业人数除以乡镇规划数。预期这个变量对畜牧业 TFP 增长、畜牧业技术效率改善、畜牧业技术进步变化的影响为正。为减少异方差，估计时取了自然对数。

7.1.1.4　饲料资源潜力(POT)

饲料是畜牧业发展的基础性物质投入，饲料粮的利用率和饲料的吸收率直接影响养殖业的单产和畜牧业的效率，在人均耕地越来越少、人口越来越多、粮食生产抗御自然灾害能力较低的饲料生产条件下，畜牧业主产区饲料粮的稳定供应，是保障畜牧业生产持续发展的前提，因此饲料资源潜力也是影响畜牧业生产效率的重要因素。本文采取各省（自治区、直辖市）玉米、花生和薯类三类主要饲料粮产量的加总作为饲料资源潜力投入变量。如果畜牧业主产区又是饲料主产区，或者与饲料主产区的距离很小，这无疑减小了畜牧业饲养成本，所以预期饲料资源潜力这个变量与畜牧业 TFP、畜牧业技术效率和畜牧业技术进步变化的关系是正向的。为减少异方差，估计时取了自然对数。

7.1.1.5　专业化程度(SPE)

故本文采用稍作改动的 Hoover 区位熵衡量各省（自治区、直辖市）畜牧业专业化程度，具体计算表达式如下：

$$SPE_i = \left(\frac{P_i}{P}\right) \Big/ \left(\frac{F_i}{F}\right) \tag{7.2}$$

其中，SPE_i 是 i 地区畜牧业的区位熵，即 i 地区畜牧业的相对比重；P_i 是 i 地区畜牧业的产出；P 为畜牧业全国总的产出；F_i 是 i 地区农林牧渔业的产出；F 则是全国农林牧渔业总的产出。$SPE_i=1$，表明畜牧业在农林牧渔业的比重在该地区分布正好处于全国平均水平，SPE_i 值越大，畜牧业越是相对集中于该地区，说明该地区畜牧业在全国范围内相对专业化。预期该变量对全要素生产率增长、技术效率改善、技术进步变化的预期影响为正。

7.1.1.6 财政支持力度(GOV)

现有统计数据中并没有独立的政府对畜牧业的财政支出，只有笼统的财政支农支出这一项，国家财政用于农业的支出主要包括支援农村生产支出、农林水利气象等部门事业费、农业基本建设支出、农业科技三项费用、农村救济费以及其他支出项目，所以财政支持力度用各省(自治区、直辖市)畜牧业产值占农林牧渔业总产值比重乘以财政农业支出表示。但是这与测算畜牧业全要素时选用的投入资本变量可能存在多重共线性问题，这一点有待日后进一步完善研究。政府财政支持力度加大，将有利于留住畜牧业科技人员，促进畜牧业科技进步；完善畜牧业基础设施，改进畜牧业生产条件的同时，也有利于农村基础教育和职业教育的发展，从而提高畜牧业从业人员综合素质，提高畜牧业新技术、新良种的推广与应用。所以，预期这个变量对畜牧业 TFP 增长、畜牧业技术效率改善、畜牧业技术进步变化的影响为正。为减少异方差，估计时取了自然对数。

7.1.1.7 基础设施建设(INF)

体现出各省(自治区、直辖市)经济条件对畜牧业 TFP 增长的影响。本文采用大多数研究都采用的公路网密度来作为替代变量，具体表达式为：

INF＝公路里程数(千米)/地区面积(千米^2)。预期这个变量对畜牧业 TFP 增长、畜牧业技术效率改善、畜牧业技术进步变化的影响为正。

7.1.1.8 市场化程度(MAR)

该指标综合考察了畜产品价格改革和畜牧业生产投入品价格变动对养殖户所产生的激励效果，这也是衡量“工农业产品剪刀差”的理想指标，具体采用 1998 年不变价的畜牧业生产价格指数与畜牧业生产资料价格指数的比率。如果畜产品生产价格指数与农业生产资料价格指数之比值越大，则表示畜产品收购价格上涨幅度超过畜牧业生产所需的投入资料价格的上涨，即工农产品剪刀差缩小，畜牧业养殖积极性提高，反之，比值越小，则表明畜牧业生产资料价格上涨超过畜产品收购价格的上涨，即工农产品剪刀差扩大，养殖户的养殖意愿降低。预期这个变量对畜牧业

TFP 增长、畜牧业技术效率改善、畜牧业技术进步变化的影响为正。

7.1.1.9　规模化经营水平(SCA)

该指标用畜牧业从业人员人均饲养家畜个数表示，具体算法是先计算各省(自治区、直辖市)历年猪、牛、羊、家禽的出栏量头数，按照第 3 章的方法都统一成猪单位相加后除以第 3 章计算得出的各省(自治区、直辖市)畜牧业从业人员数，其中利用出栏头数的原因在于避免与计算全要素生产率时采用的存栏量产生多重共线性。预计畜牧业规模化经营这一解释变量对畜牧业 TFP 增长、畜牧业技术效率改善、畜牧业技术进步变化的影响为正。

7.1.1.10　市场消费状况(CON)

这一解释变量采用城镇居民家庭人均肉禽及制品、蛋类、水产品类消费支出表示。预期这个变量对畜牧业 TFP 增长、畜牧业技术效率改善、畜牧业技术进步变化的影响为正。为减少异方差，估计时取了自然对数。

7.1.2　模型构建

根据上述变量的解释和说明，本研究采用分省份的时间序列数据(panel data)建立关于畜牧业 TFPCH、技术进步 TECH、技术效率 EFFCH 的三个检验方程，具体模型如下：

$$\mathrm{TFPCH}_{it}=\alpha_0+\alpha_1\ln\mathrm{EDU}+\alpha_2\ln\mathrm{K\&L}+\alpha_3\ln\mathrm{R\&D}+\alpha_4\ln\mathrm{POT}+\alpha_5\mathrm{SPE}+\alpha_6\ln\mathrm{GOV}+\alpha_7\mathrm{INF}+\alpha_8\mathrm{MAR}+\alpha_9\ln\mathrm{SCA}+\alpha_{10}\ln\mathrm{CON} \tag{7.3}$$

$$\mathrm{TECH}_{it}=\beta_0+\beta_1\ln\mathrm{EDU}+\beta_2\ln\mathrm{K\&L}+\beta_3\ln\mathrm{R\&D}+\beta_4\ln\mathrm{POT}+\beta_5\mathrm{SPE}+\beta_6\ln\mathrm{GOV}+\beta_7\mathrm{INF}+\beta_8\mathrm{MAR}+\beta_9\ln\mathrm{SCA}+\beta_{10}\ln\mathrm{CON} \tag{7.4}$$

$$\mathrm{EFFCH}_{it}=\gamma_0+\gamma_1\ln\mathrm{EDU}+\gamma_2\ln\mathrm{K\&L}+\gamma_3\ln\mathrm{R\&D}+\gamma_4\ln\mathrm{POT}+\gamma_5\mathrm{SPE}+\gamma_6\ln\mathrm{GOV}+\gamma_7\mathrm{INF}+\gamma_8\mathrm{MAR}+\gamma_9\ln\mathrm{SCA}+\gamma_{10}\ln\mathrm{CON} \tag{7.5}$$

在式(7.3)、式(7.4)和式(7.5)中，TFPCH、TECH 和 EFFCH 三个变量分别为畜牧业 Malmquist 生产率指数、畜牧业技术进步指数和畜牧业技术效率指数；$i=1,2,\cdots,31$，表示基于 31 个省(自治区、直辖市)的样本统计；t 表示时间年份，样本期 1999—2011 年；α_i、β_i、和 γ_i，$i=1,2,\cdots,10$ 分别表示解释变量的系数，也就是回归分析要确定的参数。

7.1.3 霍斯曼检验方法基本原理

面板数据是用来描述一个总体中给定样本在某一段时间的情况，是截面数据与时间序列数据综合起来的一种可塑性强的数据类型，与截面数据相比增加了因变量的变动范围，与时间序列相比针对样本中每一个样本单位都进行多重观察，从而减少了多重共线性的可能，增加了参数估计的可信度。用面板数据模型进行参数估计的方法有固定效应方法和随机效应方法，在实际研究中是选择固定效应模型还是选择随机效应模型，可以通过 Hausman 检验来判断。

Hausman 检验的基本思想是：由于存在遗漏相关变量的情况下，往往导致解释变量与随机扰动项出现同期相关性，即 $COV(X_{it},\mu_{it})\neq 0$，外生性条件不满足，从而使得 OLS 估计量有偏且非一致。因此，对模型遗漏相关变量的检验可以用模型是否出现解释变量与随机扰动项同期相关性的检验来替代。当 $COV(X_{it},\mu_{it})\neq 0$，或者解释变量与随机扰动项同期相关时，采用工具变量法（IV）可得到参数的一致估计量；当解释变量与随机扰动项同期无关时，OLS 估计量为参数的一致估计量。因此，只需检验 IV 估计量与 OLS 估计量是否存在显著的差异性，以检验解释变量与随机扰动项是否同期无关，进而判别模型是否存在着遗漏相关变量的情况。Hausman 检验在原假设条件下，IV 估计量与 LS 估计量都是一致的，而在备择假设中，只有 IV 估计量是一致的。若外生性条件确定满足时，我们更倾向于使用 LS 估计量；而当外生性条件不确定满足时，就需要使用 IV 估计量。随机效应模型的一个重要假设是 $E(\alpha_i|X_{it})=0$，即假定个体效应 α_i 与个体特性 X_{it} 是不相关的。模型零假设 H_0 ：$E(\alpha_i|X_{it})=0$，Hausman 检验量为 $W=[b-\hat{\beta}]'\mathrm{var}[(b-\hat{\beta})]^{-1}[b-\hat{\beta}]$，且检验统计量 W 在零假设下服从 χ^2 分布。如果检验拒绝了 H_0，则表明应该选择固定效应模型；如果检验不拒绝 H_0，则表明应该使用随机效应模型。

7.2　畜牧业 TFP 增长及构成的影响因素估计结果的综合分析

本节利用 Stata10. 软件采用基于全国 31 个省(自治区、直辖市)的面板数据首先分别对式(7.3)、式(7.4)和式(7.5)三个方程进行了固定效应模型和随机效应模型的回归分析,为了稳妥起见再进行 Hausman 检验,以确定采取哪一种模型的回归分析结果。检验结果见表 7-2、表 7-3 和表 7-4 的最后一行,三个方程均在 5%的水平上显著,结果表明由于利用固定效应模型估计得到解释变量与随机扰动项出现同期相关性,即 COV $(X_{it},\mu_{it})\neq 0$,外生性条件不满足,所以采用随机效应模型分析影响全国畜牧业生产率、技术进步及技术效率增长的因素。

7.2.1　全国畜牧业 TFP 及构成的影响因素检验及综合分析

表 7-2 报告了全国畜牧业生产率增长的影响因素估计结果,以 TFP 增长(TFPCH)为因变量的估计方程的拟合度 R^2 大概为 55%左右,说明畜牧业人力资本存量、劳均资本投入、研究与开发投入、饲料资源潜力、专业化程度、财政支持力度、基础设施建设、市场化程度、规模化水平和市场消费状况对畜牧业 TFP 增长速率的影响在 55%左右,还有一些重要的遗漏变量对畜牧业生产率的增长具有重要的影响作用,笔者认为这有两方面原因,一是模型本身的原因,另外一方面是影响畜牧业产出水平的还有仔畜进价、畜产品价格和防疫等重要因素。由于缺乏省域的成本收益资料而造成数据的缺失,有待日后进一步搜集数据和研究。

表 7-2 全国畜牧业 TFP(TFPCH)影响因素的估计结果

Tab. 7-2 The Estimation Results of the Animal Husbandry Total Factor Productivity (TFPCH) Affecting Factors of China

影响因素	变量名	Coef.	Std. Err.	z	$P>\|z\|$
畜牧业人力资本	EDU	0.075 627 1	0.030 951 1	2.44	0.015
劳均资本投入	K&L	0.068 266 8	0.023 953	2.85	0.004
研究与开发投入	R&D	−0.007 624	0.012 539 3	−0.61	0.543
饲料资源潜力	POT	0.024 950 1	0.009 723 1	2.57	0.010
专业化程度	SPE	0.133 053 9	0.039 487	3.37	0.001
财政支持力度	GOV	−0.107 462	0.030 061 8	−3.57	0.000
基础设施建设	INF	0.036 253 3	0.037 939 6	0.96	0.339
市场化程度	MAR	0.234 574 1	0.044 726 7	5.24	0.000
规模化水平	SCA	0.001 363 3	0.000 702 4	1.94	0.042
市场消费状况	CON	0.059 016	0.024 172 7	2.44	0.015
常数项	CONS	−0.993 913	0.470 950 9	−2.11	0.035

sigma_u | 0.138 276 83

sigma_e | 0.151 873 59

rho | 0.453 241 59 fraction of variance due to ui

R-sq: within= 0.536 4 between= 0.556 7 overall= 0.516 9

$\text{chi2}(10)=[b-\hat{\beta}]'\text{var}[(b-\hat{\beta})]^{-1}[b-\hat{\beta}]=39.00$ Prob>chi2 =0.000 0

注:估计方法采用显著性在 5%的平衡面板数据,Hausman 检验的原假设为 H_0:系数的差异是非系统的。

P 大于 0.05 则接受原假设,否则拒绝原假设,所以采用随机效应模型,表 7-3 和表 7-4 也都与此相同。

从表 7-2 可以看出,就全国总体而言,畜牧业人力资本存量的系数显著为正,说明畜牧业从业人员受教育程度的不断提高,不仅能显著地提高中国畜牧业 TFP 水平,而且存在着类似“边际报酬递增”的现象,即随着畜牧业从业人员受教育程度的不断提高,畜牧业 TFP 提高的速度将越来越快;劳均资本与畜牧业 TFP 增长的系数显著为正,说明资本深化是畜牧业 TFP 提高的重要来源,而且随劳均劳动资本的增加,畜牧业 TFP 提高的速度越来越快;研究与开发投入与畜牧业 TFP 增长之间的关系并不显著,并且系数为负,这与假设的研发投入对畜牧业 TFP 增长的影响为正不符，说明我国畜牧业研发投入力度不够，研发支出占 GDP 比重较低，基本上投向生产中急需而且相对容易的研究项目，对畜牧业发展的支持作用相当有限，研发投入增长速度低于畜牧业生产率提高的要求，并没有起到促进畜牧业 TFP 提高的作用；饲料资源潜力与畜牧业 TFP 增长之间的系数也显著为正，说明饲料粮产量稳定增长对畜牧业 TFP 有显著的正影响，提高饲料质量和饲料营养含量是中国畜牧业 TFP 提高的主要途径；专业化程度与畜牧业 TFP 变化速率之间的系数显著为正，这说明畜牧业专业化生产和合理分工将有助于畜牧业 TFP 的提高；财政支持力度与畜牧业 TFPCH 之间的系数显著为负，说明提高畜牧业财政支出占财政支农支出的比例并且加大财政支农力度对畜牧业 TFP 的提高有显著的影响，而且具有"边际报酬递增"的效应；基础设施建设与畜牧业 TFPCH 之间的系数不显著，但是为正，切实加强对农村公共投资和基础设施建设，强化各项支农措施，对畜牧业 TFP 提高具有重要的作用；市场化程度与畜牧业 TFPCH 之间的系数显著为正，说明畜牧业生产的盈利空间大小对畜牧业生产率的提高有着重要的作用，从根本上消除工农产品价格"剪刀差"，给予畜牧业以平等的贸易条件将有利于畜牧业 TFP 的提高；规模化水平与畜牧业 TFPCH 的系数为正，说明适度扩大畜牧业生产规模将有利于畜牧业 TFP 的提高，这虽然体现我国现在的畜牧业生产规模对畜牧业 TFP 增长有一定的贡献，但是系数值非常小，即全国畜牧业规模化水平如果提高一个百分点，只能使得畜牧业 TFP 有 0.001%的增长，贡献非常有限；市场消费状况对畜牧业 TFPCH 的系数显著为正，表明增加城镇居民对肉蛋奶等畜产品的需求将有利于畜牧业 TFP 的增长。

表 7-3 报告了影响全国畜牧业技术进步增长的因素的估计结果，以技术进步增长（TECH）为因变量的估计方程整体上的拟合度 R^2 大概为 54%左右，说明畜牧业人力资本存量、劳均资本投入、研究与开发投入、饲料资源潜力、专业化程度、财政支持力度、基础设施建设、市场化程度、规模化水平和市场消费状况对畜牧业 TE 增长速率的影响在 54%左右。

表 7-3 全国畜牧业技术进步(TECH)影响因素的估计结果

Tab. 7-3 The Estimation Results of Influencing Factor of the Animal Husbandry Technology Progress (TECH) of China

影响因素	变量名	Coef.	Std. Err.	z	$P>\|z\|$
畜牧业人力资本	EDU	0.058 948 1	0.026 259 3	2.24	0.025
劳均资本投入	K&L	0.071 723 4	0.020 322	3.53	0.000
研究与开发投入	R&D	−0.008 16	0.010 638 5	−0.77	0.443
饲料资源潜力	POT	0.016 345 8	0.008 249 2	1.98	0.048
专业化程度	SPE	0.090 505 9	0.033 501 3	2.7	0.007
财政支持力度	GOV	−0.081 515	0.025 504 8	−3.2	0.001
基础设施建设	INF	0.034 584 8	0.032 188 4	1.07	0.283
市场化程度	MAR	0.119 614 3	0.037 946 7	3.15	0.002
规模化水平	SCA	0.001 740 4	0.000 596	2.92	0.003
市场消费状况	CON	0.025 420 3	0.020 508 4	1.24	0.015
常数项	CONS	−0.458 878	0.399 560 8	−1.15	0.251
sigma_u | 0.095 307 75					
sigma_e | 0.133 986 63					
rho | 0.335 980 61 fraction of variance due to ui					
R-sq: within= 0.494 0 between= 0.742 0 overall= 0.538 6					
chi2(10) = $[b-\hat{\beta}]'\text{var}[(b-\hat{\beta})]^{-1}[b-\hat{\beta}]$ = 10.24 Prob>chi2 = 0.019 4					

注：TECH 和 EFFCH 模型的系数之和应等于 TFPCH 模型的系数，如不等，是由于模型的差异和估计的误差所致。

从表 7-3 可以看出，就全国总体而言，畜牧业人力资本存量与畜牧业技术进步增长率的系数显著为正，说明人力资本的增加，不仅能显著地促进畜牧业的技术进步，而且随着从业人员受教育程度的提高，畜牧业技术进步的速度将会越来越快；劳动资本投入与畜牧业技术进步之间的系数显著为正，说明资本深化是畜牧业技术进步的重要来源，但是我国劳均资本投入对畜牧业技术进步增长的贡献份额不大，可能原因与畜牧业资本配置不合理有关；研究与开发投入与畜牧业技术进步增长率的关系不显著，且系数为负，说明我国畜牧业研发投入力度不够，对畜牧业养殖和经营技术的改进的支持相当有限；饲料资源潜力与畜牧业技术进步增长之间的关系显著为正，说明饲料资源潜力对畜牧业技术进步的增长具有正的影响；专业化程度与畜牧业技术进步率的系数显著为正，说明畜牧业专业化生产和合理分工将有助于畜牧业技术进步；财政支持力度与畜牧业 TECH 之间系数显著为负，说明提高畜牧业财政支出占财政支农支出的比例并且加大财政支农力度对畜牧业技术进步水平的提高有显著的影响;基础设施建设与畜牧业 TECH 之间的系数不显著,但是为正,说明切实加强对农村公共投资和基础设施建设,强化各项支农措施,对畜牧业技术进步水平的提高具有重要的作用;市场化程度与畜牧业 TECH 之间的系数显著为正,说明要完善和深化市场化改革对促进畜牧业技术进步具有重要的作用;规模化水平与畜牧业 TECH 的系数为正,说明适度扩大畜牧业生产规模将有利于畜牧业技术水平的提高,这虽然体现我国现在的畜牧业生产规模对畜牧业 TE 增长有一定的贡献,但是系数值非常小,即全国畜牧业规模化水平如果提高一个百分点,只能使得畜牧业 TFP 有 0.002%的增长,贡献非常有限;市场消费状况对畜牧业 TFPCH 的系数显著为正,表明增加城镇居民对肉蛋奶等畜产品的需求将有利于畜牧业发展,进而提高畜牧业技术进步增长率。

表 7-4 报告了影响中国畜牧业技术效率增长的因素的估计结果,以技术效率增长(EFFCH)为因变量的估计方程整体上的拟合度 R^2 大概为 35%左右,说明畜牧业人力资本存量、劳均资本投入、研究与开发投入、饲料资源潜力、专业化程度、财政支持力度、基础设施建设、市场化程度、规模化水平和市场消费状况对畜牧业 TE 增长速率的影响在 35%左右。

表 7-4　全国畜牧业技术效率(EFFCH)影响因素的估计结果

Tab. 7-4　The Estimation Results of Influencing Factor of the Animal Husbandry Technology Efficiency (EFFCH) of China

影响因素	变量名	Coef.	Std. Err.	z	$P>\|z\|$
畜牧业人力资本	EDU	0.014 755 2	0.025 615 1	0.58	0.165
劳均资本投入	K&L	−0.005 421	0.019 823 4	−0.27	0.485
研究与开发投入	R&D	−0.002 042	0.010 377 5	−0.2	0.544
饲料资源潜力	POT	0.011 484 6	0.008 046 8	2.43	0.034
专业化程度	SPE	0.049 354 6	0.032 679 3	1.51	0.031
财政支持力度	GOV	−0.026 172	0.024 879	−1.05	0.293
基础设施建设	INF	0.003 958 9	0.031 398 7	0.13	0.789
市场化程度	MAR	0.109 739 7	0.037 015 7	2.96	0.003
规模化水平	SCA	−0.000 201	0.000 581 3	−0.35	0.729
市场消费状况	CON	0.035 867 9	0.020 005 2	1.79	0.023
常数项	CONS	0.473 389 6	0.389 757 5	1.21	0.225

sigma_u | 0.177 665 71

sigma_e | 0.128 068 61

rho | 0.658 063 25　fraction of variance due to ui

R-sq: within= 0.345 3　between= 0.367 9　overall= 0.356 9

$chi2(10)=[b-\hat{\beta}]'var[(b-\hat{\beta})]^{-1}[b-\hat{\beta}]=24.6$　Prob>chi2 =0.006 1

从表7-4可以看出，就全国总体而言，畜牧业人力资本存量与畜牧业技术效率增长率之间的关系不显著，说明畜牧业从业人员受教育程度对畜牧业技术效率的提高没有贡献或者贡献不大，但是系数为正，说明提高畜牧业从业人员的受教育程度对畜牧业技术效率的提高有促进的作用；劳均资本与畜牧业技术效率增长率之间的关系不显著，并且系数为负，说明资本的深化并没有对畜牧业技术效率提高起到应有的作用，随劳均资本的增加，畜牧业技术效率改进的速度是递减的；研究与开发投入与畜牧业技术效率增长率的关系不显著，且系数为负，说明我国畜牧业研发投入力度不够，对畜牧业技术效率改进的支持相当有限；饲料资源潜力与畜牧业技术效率增长之间的系数显著为正，说明丰富的饲料资源对畜牧业技术效率的提高具有重要的正向影响；专业化程度与畜牧业技术效率增长率的系数显著为正，说明畜牧业专业化生产和合理分工将有助于畜牧业技术效率的改进；财政支持力度与畜牧业EFFCH之间系数为负，说明提高畜牧业财政支出占财政支农支出的比例并且加大财政支农力度对畜牧业技术效率水平的提高有显著的影响；基础设施建设与畜牧业EFF-CH之间的系数不显著，但是为正，说明切实加强对农村公共投资和基础设施建设，强化各项支农措施，对畜牧业技术效率水平的提高具有重要的作用；市场化程度与畜牧业EFFCH之间的系数显著为正，说明要完善和深化市场化改革对促进畜牧业技术效率水平的提高具有重要的作用；规模化水平与畜牧业EFFCH的系数为负，说明生产经营规模偏小是我国畜牧业技术效率严重损失的重要因素，我国现在的畜牧业生产规模不利于畜牧业技术效率的提高，适度扩大畜牧业生产规模将有利于畜牧业技术效率水平的提高；市场消费状况对畜牧业EFFCH的系数显著为正，表明增加城镇居民对肉蛋奶等畜产品的需求将有利于畜牧业发展，是进一步提高畜牧业技术效率的原动力。

7.2.2 畜牧业TFP增长及构成的影响因素估计结果及区域差异分析

本节利用Stata10.软件利用式(7.3)、式(7.4)和式(7.5)三个方程分别对五大牧区、黄土高原区、西南山区、东北区、黄淮海区和东南区等六大畜牧业生产区域影响畜牧业TFP增长(TFPCH)、技术进步增长率

(TECH)和技术效率增长率(EFFCH)因素的面板数据进行了固定效应模型和随机效应模型的回归分析,为了稳妥起见再进行 Hausman 检验,以确定采取哪一种模型的回归分析结果。回归检验结果表明利用省际面板数据估算的六大畜牧业生产区域的畜牧业生产率影响因素的结果虽然拟合度较高,但是在 5%的水平上不及全国的显著,笔者认为可能的原因在于以区域作为研究对象样本容量较小,导致模型估计误差所致。

估计检验结果见附表 7-1、附表 7-2 和附表 7-3 的最后一行,Hausman 检验结果表明当卡方值大,并且 P 值小时,拒绝系数差异是系统的原假设,于是采用随机效应模型分析影响因素较为合适。但是通过比较,只有西南山区的估计结果如此,其他区域的回归结果都采用固定效应模型,所以为了便于比较,西南山区的估计结果也采用固定效应模型估计结果。

附表 7-1、附表 7-2 和附表 7-3 分别报告了畜牧业人力资本存量、劳均资本投入、研究与开发投入、饲料资源潜力、专业化程度、财政支持力度、基础设施建设、市场化程度、规模化水平和市场消费状况影响六大畜牧业生产区域畜牧业生产率增长的估计结果,可以看出,以上选择的解释变量对各畜牧业生产区域全要素生产率增长(TFPCH)、技术进步增长率(TECH)和技术效率增长率(EFFCH)的影响结果存在显著的地区性差异。

7.2.2.1　畜牧业人力资本的影响

畜牧业人力资本对全要素生产率增长及构成影响的估计结果如附表 7-1 所示,首先对位于内陆地区的五大牧区、黄土高原区和西南山区来说,畜牧业人力资本对畜牧业 TFP 增长和技术进步增长的影响均在 5%水平下显著为正,但对畜牧业技术效率改进的影响不显著。可能的原因在于:一是在这些不发达地区传统畜牧业生产技术水平上,养殖户可能不需要有太高的人力资本即可应用较先进的生产经营技术,而且现代畜牧业技术推广体系的不断完善使得内陆地区的畜牧业养殖技术不断改进和提高,但是随着非农就业面逐步拓宽,受到良好教育的农村劳动力在选择就业方向上具有较强能力,在其他产业收益高于畜牧业、风险低于畜牧业的背景下,诱导大量素质较高的农村人力资本从农村流出,造成了这些地区畜牧业技术效率和资源的利用效率低下，而且现代技术的传播和扩散并非一个简单的转移和复制的过程，必须根据资源禀赋条件的进行适应性改良，采用便于畜牧业从业人员掌握和应用的技术。而位于沿海及经济发达地区的东北区、黄淮海区和东南区来说，畜牧业人力资本对畜牧业TFP增长、技术进步增长和技术效率改进的影响均不显著，且除了黄土高原区畜牧业技术进步系数为正以外，其他系数均为负，说明畜牧业人力资本对发达地区畜牧业生产率提高的影响不明显，可能的原因在于一是东部发达地区畜牧业生产经营水平和从业人员受教育程度相对要比其他不发达地区的高，人力资本水平的高低已经不是影响畜牧业生产率提高的主要因素。二是东部地区城市化和工业化进程中，导致该地区高素质人才大量从畜牧业领域流出，致使畜牧业人力资本水平降低，对畜牧业TFP的促进作用也减小。

7.2.2.2 劳均资本的影响

劳均资本投入对畜牧业TFP增长(TFPCH)影响除了对东北区和东南区在5%水平下显著为正以外，对其他区域的估计结果均不显著。这说明资本深化虽能提高畜牧业TFP，但随人均劳动资本的增加，TFP提高的速度越来越慢。原因可能在于：一是畜牧业劳均资本规模偏小，没有达到最小规模经济所要求的最低门槛；二是可能与畜牧业资本配置不合理有关。对于这一问题将需要做后续研究。

7.2.2.3 研究与开发投入的影响

如附表7-1中研发投入对各区域畜牧业TFP影响的估计结果，对五大牧区和黄土高原区的影响在5%水平上不显著，对西南山区、东北区、黄淮海区和东南区的影响均在5%水平下显著，说明研发投入对我国较发达地区畜牧业TFP增长的影响明显。但从估计的系数来看，研发投入对各区域的影响程度不同，只有西南山区和东北区的系数为正，其他四个区域的研发投入系数均为负，意味着随着研发支出的逐渐增加，TFP增长的速度越来越慢，可能的原因在于研发投入占GDP比重较小，并且产出有一定的随机性和滞后性，投入风险较大。黄季焜等(1998)[14]认为制度创新对生产的贡献只是一次性的，效益不是马上就能显现的。由附表

7-2 可以看出该指标对五大牧区和黄土高原区的技术进步率和技术效率增长率的影响显著为负，说明这两个区域畜牧业的研发投入力度不够，在技术创新和生产效率改进上落后于其他区域；该指标对西南山区和东北区的技术进步率的影响显著为正，对技术效率增长率的影响不甚明显。由附表 7-3 可以看出该指标对黄淮海区和东南区的技术进步率和技术效率增长率的影响均不显著，可能的原因在于这些地区的畜牧业养殖技术和管理水平均高于其他区域，张维迎等（2003）[58]认为当经济发展到一定阶段后，技术的复杂性程度越来越高，以及使用这些技术的管理制度的不匹配性，导致技术进步速度放缓，使用现有技术的效率优势越来越小。

7.2.2.4　饲料资源潜力的影响

如附表 7-1 中饲料资源潜力对各畜牧业生产区域 TFP 增长率影响的估计结果，对东南区的影响不显著而且系数也很小，说明饲料资源潜力不是影响东南区的主要影响因素。对其他区域的影响均在 5%水平下显著，但从估计的系数来看，影响程度有正有负，其中黄土高原区和西南山区的系数为负，五大牧区、东北区和黄淮海区的系数为正，说明粮食主产区丰富的饲料资源对该区域的畜牧业 TFP 增长的影响比非粮食主产区大。由附表 7-2 可以看出，饲料资源潜力对技术进步增长率的影响，除了对五大牧区结果在 5%的水平下显著为正以外，其他各区域均不显著，表明饲料资源对于畜牧业技术进步的作用并不明显。由附表 7-3 可以看出，该指标对畜牧业技术效率影响的估计结果，除了对东南区不显著对其他区域的影响均在 5%水平下显著，说明饲料资源潜力对畜牧业技术效率增长影响显著，但从估计的系数来看，影响程度有正有负，除了西南山区的系数为正，五大牧区、黄土高原区、东北区和黄淮海区系数均为负，这意味着饲料资源的使用效率低下，浪费严重。

7.2.2.5　专业化程度的影响

如附表 7-1、附表 7-2 和附表 7-3 中专业化程度对畜牧业 TFP 增长、畜牧业技术进步和畜牧业技术效率改进的估计结果，除了对黄土高原区和西南山区的畜牧业 TECH 和东北区的 EFFCH 的影响不显著，各区域专业化生产和合理化分工对畜牧业 TFP 增长、技术进步增长和技术效率改进起到了显著的作用，并且除了对黄土高原区的全要素生产率和技术效率起到阻碍作用以外，专业化生产不仅对各区域畜牧业技术进步有着显著的正向促进作用，而且对畜牧业技术效率改进起到了显著的正向促进作用，从而对畜牧业TFP增长产生了显著的正向促进作用。

7.2.2.6 财政支持力度的影响

如附表7-1中财政支持力度对畜牧业TFP增长影响的估计结果，除了对东北区畜牧业TFP的影响在5%水平下显著但为负以外，对其他地区的影响均不显著；如附表7-2所示，该指标对五大牧区、东北区和黄淮海区的畜牧业技术进步增长率显著，但都为负效应，对黄土高原区、西南山区和东南区的技术进步增长率影响不显著；附表7-3中财政支持力度对技术效率增长率影响的估计结果，对各区域的影响均不显著。以上分析结果说明我国从整体上对畜牧业产出增长的财政支持力度不大，对畜牧业TFP增长、畜牧业技术进步和畜牧业技术效率改进的促进作用不明显，即使显著，也是起到负效应。

7.2.2.7 基础设施建设的影响

如附表7-1和附表7-2所示，基础设施建设对各区域畜牧业TFP增长和技术进步变化的影响一致，即对五大牧区和黄土高原区的全要素生产率增长和技术进步增长的影响不显著，对西南山区、东北区、黄淮海区和东南区的全要素生产率增长和技术进步增长的影响在5%水平下显著为正，以上结果说明城市化率高的发达地区的基础设施建设对畜牧业生产率的增长有显著的促进作用。处在基础设施建设良好地区的畜牧业与外界的联系更密切，更注重与先进技术的差距和对新技术的引进使用；而经济较为落后的五大牧区和黄土高原区尽管各级政府对基础设施的投入总量在不断加大，但是由于原有基础薄弱，落后的生产条件阻碍了畜牧业TFP的增长，对畜牧业TFP和技术进步的推动作用仍没有显示出来。从附表7-3中可以看出，基础设施建设对各区域畜牧业技术效率增长的影响均不显著，说明我国整体上的基础设施建设在畜牧业技术效率改进方面缺乏推动作用。

7.2.2.8　市场化程度的影响

如附表 7-1 所示，市场化程度对各区域畜牧业 TFP 增长影响的估计结果均显著为正，说明国家在消除工农产品价格“剪刀差”、控制畜牧业生产资料价格、加大畜牧业生产的盈利空间等方面的支持给予了畜牧业生产率有效增长。从估计的系数大小来看，系数得分由高到低的区域分别为黄淮海区(0.479 96)、西南山区(0.369 34)、东南区(0.325 315)、黄土高原区(0.195 675)、东北区(0.178 908)和五大牧区(0.138 37)说明市场化程度对各区域全要素生产率的影响程度不同，中东部区域的系数大于西部区域，意味着市场开放度越大，全要素生产率增长更快。由附表 7-2 可以看出，市场化程度对各区域畜牧业技术进步的影响差异性显著，其中，市场化程度对西南山区和东北区的技术进步影响不显著，对五大牧区技术进步的影响在 5%水平下显著为负，说明这些地区是技术的使用者，而不是技术的创新者；对西南山区、黄淮海区和东南区的技术进步影响显著为正，说明这些区域比较完善的市场机制有利于畜牧业技术进步的提高。从附表 7-3 中可以看出市场化程度对各区域畜牧业技术效率的提高的影响程度不同，可能的原因是各区域畜产品的种类与市场机制的关系不同而造成的。

7.2.2.9　规模化水平的影响

如附表 7-1、附表 7-2 和附表 7-3 中规模化水平对畜牧业 TFP 增长、畜牧业技术进步和畜牧业技术效率改进的估计结果，规模化水平对五大牧区和东南区的畜牧业 TFP 增长影响不显著，对东北区和黄土高原区畜牧业 TFP 增长的影响显著为负；该指标对黄土高原区和东北区的畜牧业 TECH 的影响不显著；该指标对各区域技术效率改进的影响均在 5%水平下显著，但是系数都很小，其中黄土高原区和东北区系数为负。从以上分析结果可以看出，我国畜牧业是散养和小规模养殖占总产量的比重较大，整体上规模偏小，这不利于畜牧业向标准化、规范化方向发展，不利于技术的创新和传播，从而不利于畜牧业 TFP 的提高。

7.2.2.10 市场消费状况的影响

从附表7-1和附表7-2中市场消费状况对畜牧业TFP增长和畜牧业技术效率改进的估计结果可以看出，市场消费状况对各区域畜牧业TFP增长和技术效率改进的影响一致，均显著为正，说明对畜产品的有效需求是畜牧业TFP提高和技术效率改进的重要推动力量。畜牧业产出增长的关键动力是市场的需求，所以不仅要打开国内市场，还要提高畜产品质量全面进军国际市场，增强国际市场竞争能力会更加有力推动畜牧业TFP的提高，形成“市场推动生产率提高→生产率增长提高市场份额→市场推动生产率再提高”的良性循环。附表7-3表明市场消费状况除了对黄土高原区和西南山区技术进步的影响不显著以外对其他区域的畜牧业技术进步增长的影响均在5%水平下显著，但是对东南区的技术进步的影响为负，说明市场消费状况对技术进步提高的作用是负面的。

7.3 本章小结

本章从经济增长理论对全要素生产率内生还是外生的发展历程角度出发，根据数据的可得性选择了若干指标，通过回归分析判断其相关程度和方向，从而比较清晰地认清了畜牧业生产率增长所需要考虑的各大主要影响力量。

本章首先阐述了畜牧业人力资本存量、劳均资本投入、研究与开发投入、饲料资源潜力、专业化程度、财政支持力度、基础设施建设、市场化程度、规模化水平和市场消费状况对畜牧业生产率增长、技术进步增长及技术效率改进的基本作用。然后基于全国31个省(自治区、直辖市)的平衡面板数据，从全国和六大畜牧业生产区域两个层面对畜牧业TFP增长及分解的主要影响因素和区域差异进行了实证研究。通过分析，得出以下结论：

(1)从全国角度来看，畜牧业人力资本存量、劳均资本、饲料资源潜力、专业化程度、市场化程度、规模化水平和市场消费状况与畜牧业TFP增长有显著的正相关关系，存在边际报酬递增现象，但财政支持力度对畜牧业 TFP 增长没有促进作用，研究与开发投入、基础设施建设与畜牧业 TFP 增长之间的关系并不显著。

(2)从区域层面来看，影响各区域畜牧业 TFP 增长的主要因素呈现明显的区域性差异，见表 7-5，从中可以发现以下特征：①位于我国西部不发达地区的五大牧区和黄土高原区主要以市场需求为导向促使畜牧业 TFP 的提高，属于被动的发展，其次依靠人力资源和劳均资本的投入增加实现全要素生产率对畜牧业产出增加的贡献，属于粗放型增长方式；②同样位于我国中部偏西部地区的西南山区较五大牧区和黄土高原区，其基础设施建设和研发投入对畜牧业 TFP 的增长起到了很大的促进作用，并且市场化程度有所提高，而处于松嫩平原和黄金玉米带上的东北区其饲料资源也为畜牧业 TFP 的增长做出了重要的贡献；③处于东部发达地区的黄淮海区和东南区，市场化和专业化是畜牧业生产率增长的主要推动力，在技术的研发和创新、技术效率改进方面始终是佼佼者。

表 7-5　各区域畜牧业 TFP 增长的主要影响因素排序

Tab. 7-5　The Sequence of the Main Influencing Factors of the Animal Husbandry TFP Growth in Regional Animal Husbandry Areas

区域	主要因素				
五大牧区	①市场消费状况 (0.51)	②畜牧业人力资本 (0.21)	③市场化程度 (0.14)	④劳均资本投入* (0.10)	
黄土高原区	①市场消费状况 (0.57)	②畜牧业人力资本 (0.41)	③劳均资本投入* (0.38)	④市场化程度 (0.19)	
西南山区	①基础设施建设 (22.52)	②畜牧业人力资本 (0.59)	③市场消费状况 (0.44)	④市场化程度 (0.37)	⑤研发投入 (0.20)
东北区	①基础设施建设 (18.92)	②劳均资本投入 (1.52)	③专业化程度 (1.17)	④市场化程度 (0.19)	⑤饲料资源潜力 (0.18)
黄淮海区	①市场化程度 (0.50)	②专业化程度 (0.26)	③市场消费状况 (0.23)		
东南区	①专业化程度 (0.34)	②市场化程度 (0.33)	③财政支持力度 (0.21)	④基础设施建设 (0.18)	⑤市场消费状况 (0.12)

注：1. 序号表示该指标对对应区域影响程度的排序；

2. 括号内数值表示该指标对对应区域影响程度的大小，与附表 7-1 中的系数对应；

3. “*”号表示该指标对对应区域的影响不显著。

当然，畜牧业的增长具有复杂性，还有诸如畜产品种类、畜产品价格、养殖收益、饲料投入结构、卫生防疫支出和地理因素等因素都可能对畜牧业产出增长产生一定的影响，由于受数据限制，本文没有加以分析，将作为后续研究进一步探索。

第 8 章　研究结论与研究展望

8.1　研究结论

本文以全要素生产率为研究对象，以其在全国畜牧业增长中的作用及区域性差异为研究起点，首先分析了改革开放以来全国及五大牧区、西南山区、黄土高原区、东北区、黄淮海区和东南区六大畜牧业生产区域畜牧业产出增长和单要素投入增长情况；其次以 1998—2011 年全国 31 个省（自治区、直辖市）的畜牧业面板数据为依据，采用随机前沿生产函数模型和数据包络分析法相互验证的实证方法，对全国及六大畜牧业生产区域畜牧业 TFP 增长及其构成进行测算，准确把握近年来全国畜牧业 TFP 的变动趋势，并进一步讨论六大畜牧业生产区域畜牧业 TFP 增长的区域性差异；然后在比较两种模型测算结果的基础上，利用 DEA 方法测算的畜牧业 TFP 增长数据，对全国以及各区域畜牧业 TFP 对畜牧业产出增长的贡献效应进行了探讨；最后根据经济增长理论，选取和分析公认的几个影响行业生产率和效率变动的因素，定量分析了影响畜牧业 TFP 增长的主要因素。本研究的主要结论如下：

（1）改革开放以来，中国畜牧业实现了持续性增长，而畜牧业产出的增长和国家宏观政策走向、制度安排和各区域经济政治环境密切相关。实证结果表明，1979—1983 年、1984—1989 年、1990—1995 年、1996—2003 年和 2004—2011 年各阶段畜牧业总产出年均增长率分别为 10.82%、16.44%、12.98%、0.42%和 7.35%，其中畜牧业总产出增长率较高的阶段均与农业和农村经济制度变迁时期重合。1979—1983 年，家庭联产承包责任制的改革，使得养殖户者拥有了生产经营权，激发了广大养殖户的积极性；1984—1989 年是市场化改革全面展开、畜产品价格和流通体制进一步完善的阶段，极大地推动了畜牧业生产的快速发展；1990—1995年，国家进一步深化畜牧业经济体制和流通体制，价格进一步开放；2004—2011年社会主义新农村建设和统筹城乡发展战略的实施。因此，从我国畜牧业发展历程可以看出，畜牧业几次飞跃性的发展都是由于中央政府采取对畜牧业的扶持和前瞻性的指导产生的，所以畜牧业若想稳固在农业中支柱产业的位置，需要政府继续大力扶持。

(2)中国畜牧业TFP增长呈现较为鲜明的阶段性特征，并且与畜牧业产出增长的变动趋势相同。实证结果表明，21世纪以来中国畜牧业TFP增长可以分为三个阶段，分别为平稳上升阶段(1999—2004年)、缓慢下降阶段(2005—2007年)、波动上升阶段(2008—2011年)。虽然SFA和DEA两种方法测算得出的畜牧业TFP具体数据不尽相同，但是无论是随机前沿分析方法还是数据包络分析方法在全国畜牧业TFP增长幅度和变动趋势上的结论非常相似，并且与中国畜牧业总产出增长呈现同周期变化的特征，即当畜牧业TFP增长较快时，畜牧业总产出的增长率也较高，而当畜牧业TFP增长下降时，畜牧业总产出的增长率也在下降。说明畜牧业TFP是畜牧业产出的增长的重要组成部分，是畜牧业增长的主要动力之一。所以深入研究畜牧业TFP增长问题对如何实现我国畜牧业持续增长具有重要的现实意义。

(3)从畜牧业TFP分解来看，全国畜牧业TFP增长的主要源泉是技术进步，技术效率对畜牧业TFP增长的贡献份额非常小。从时序上看，影响全国及六大区域畜牧业TFP增长的原因不尽相同，都存在技术进步单独驱动、技术效率单独驱动、技术进步缓慢且存在一定效率损失、技术进步和技术效率双驱动、技术退步和技术效率恶化的年份，但总体呈现畜牧业技术的进步与畜牧业技术效率损失并存的状态。从全国角度看，1999—2004年畜牧业TFP缓慢增长，增长源泉是小幅的技术进步和技术效率改进；2005—2007年畜牧业TFP增速虽然缓慢下降，但较上一时期，明显的技术进步和技术效率提高使得畜牧业TFP年平均增长率为三阶段最高；2008—2011年畜牧业TFP波动增长，增长方式是技术进步的改进和技术效率恶化型，由技术进步带来的增长被一部分效率恶化抵消了，使得畜牧业TFP增长较上一期有所放缓。样本期内全国畜牧业的纯技术效率和规模效率均存在下降的趋势，规模效率和配置效率对全国以及六大区域畜牧业 TFP 增长的贡献效应非常小。全国畜牧业 TFP 中的技术效率的贡献较低的原因是养殖规模较小，不利于采取较先进的科学养殖技术，科技的应用效率低下，例如位于西部地区的青海、新疆、甘肃、宁夏等省(自治区)，粗犷的放牧生产是主要的畜牧业生产方式，牧区的自然条件恶劣，农牧民文化和科技水平不高，分散的、靠天养畜的生产系统不利于技术的推广和运用，加之经济基础薄弱，缺乏对养殖技术和资源配置的指导和跟踪；位于西南山区的四川、贵州、云南等省(自治区、直辖市)山多地少，虽然都是农区，但是由于这些地区的养殖方式和文化水平仍然落后，现代生产技术和模式推进的速度十分缓慢，造成资源的浪费、技术效率水平低下，仍然有很多不尽合理的地方有待改进。

(4)畜牧业 TFP 增长及其构成的变动显示出明显的不平衡特征。区域间、省(自治区、直辖市)间畜牧业 TFP 增长及源泉地区差异性较为明显，畜牧业技术进步是造成区域间畜牧业 TFP 差异的主要原因，省际增长源泉不一，但是样本期内，各区域畜牧业 TFP 增长趋势却体现出一致性变动，分别为：1999—2002 年各区域畜牧业 TFP 增长都呈现下降趋势；2003 年六大区域的畜牧业 TFP 都有显著的增长；2009 年六大区域的畜牧业 TFP 都呈下降趋势。从两种方法测算的各区域畜牧业 TFP 增长率排名来看，得到的顺序有所不同，SFA 方法估算的畜牧业 TFP 年均增长率排名依次是：东南区(4.53%)、东北区(4.20%)、黄淮海区(4.08%)、西南山区(3.8%)、五大牧区(3.36%)和黄土高原区(2.53%)；而 DEA 方法估算的畜牧业 TFP 年均增长率排名是：东北区(5.97%)、五大牧区(5.26%)、东南区(3.05%)、黄淮海区(2.82%)、黄土高原区(1.24%)和西南山区(0.28%)。从畜牧业 TFP 增长速度上看，自 2007 年以后，处于东部发达地区的黄淮海区和东南区全要素生产率的增长速度明显不及处于内陆和山区的五大牧区、东北区、西南山区和黄土高原区。可能的原因在于，改革开放以来，黄淮海区和东南区的畜牧业在丰厚的资金、充足的畜牧业劳动力以及较先进的畜牧业生产技术的投入下，畜牧业具有较高的规模化、市场化、专业化生产经营条件，近年来畜牧业技术进步速度、要素使用的技术效率提升的速度乃至畜牧业 TFP 增长速度均有所放缓；而处于内陆地区的畜牧业生产区域由于畜牧业生产方式落后，工农业剪刀差、东西部剪刀差的存在，导致畜牧业经济发展基础薄弱，而自2007年以来，国务院下发了《国务院关于促进畜牧业持续健康发展的意见》，并针对猪肉价格带动其他畜禽产品价格持续上涨的情况，国家陆续出台了畜牧业补贴、防疫和保险等政策，由于连续六年的“一号文件”强调工业反哺农业和东部反哺西部的政策，加大了对中西部地区畜牧业的资金和技术投入，促进了不发达地区畜牧业生产效率的快速提高，由此可以看出，国家的畜牧业发展中心逐步由处于东部黄淮海区和东南区的高速发展转向处于中西部的五大牧区、黄土高原区、东北区和西南山区畜牧业的高速发展。目前，中国农业发展重心逐步从种植业向畜牧业转移，畜牧业产值占农业总产值比例稳定上升，已成为农业的支柱产业，畜牧业生产经营格局也发生了巨大的变化，由此中国畜牧业迈入了新的发展阶段。

(5)21世纪以来，中国畜牧业的增长主要是靠要素投入来实现的，全要素生产率的贡献仅为40.07%。其中，技术进步对产出的贡献份额为27.80%，而技术效率的提高贡献了14.44%。从区域角度看，畜牧业产出增长方式表现出显著的区域差异性，按照畜牧业TFP对畜牧业产出增长的贡献份额不同主要分为三种情况，分别为生产率增长型、要素投入增长型、生产率和要素投入平分秋色型。其中，五大牧区和东北区畜牧业TFP对畜牧业产出增长的贡献率分别为90.65%和113.36%，说明这两个区域畜牧业产出增长中生产率的提高是重要源泉；黄土高原区和西南山区畜牧业产出增长主要依靠要素投入的增加，畜牧业TFP的贡献率分别为23.96%和7.43%，贡献份额较低；黄淮海区和东南区畜牧业TFP贡献率分别为59.65%和49.36%，说明这两个区域畜牧业产出的增长是生产率提高和要素投入共同推动的。从与畜牧业增长相对应角度看，畜牧业TFP贡献较高的地区和省份并不必然是畜牧业产出增长较快的区域，而畜牧业TFP贡献较低的地区和省份并不必然是畜牧业产出增长较慢的区域，因为这些区域和省份中畜牧业产出增长率的提高有的主要是依靠要素投入的增加来实现的。虽然我国及大部分区域畜牧业TFP增长率对畜牧业增长的贡献率要小于要素投入对畜牧业增长的贡献率，但是我国区域畜牧业增长是以要素投入为主和全要素生产率次之的双推动型，这与我国现阶段主体经济所处的整体不发达阶段较为适应，比较符合经济增长方式转变的阶段性规律。经济增长分为粗放型和集约型，我国畜牧业经济增长方式仍然为要素积累的粗放型增长方式，但是以破坏生态环境和与人类争夺口粮的要素投入增长不可能长期维持下去，提高全要素生产率的集约型增长才是我国畜牧业可持续增长的主要出路。经验研究表明，越是发达的国家，全要素生产率增长对经济增长的贡献就越高。全要素生产率越高，意味着得到同样的产出，所需要的要素投入越少，经济增长的质量也就越高。由此可见，全要素生产率的增长不仅仅表现为一个经济指标，它更是现代经济增长的核心，尤其在要素投入受到自然条件约束的条件下，它更成为经济可持续增长的唯一途径。另一方面，全要素生产率在解释发达和欠发达国家或地区差距中的重要角色和地位也使得它越来越受到重视。

(6)区域间畜牧业 TFP 增长及其构成的影响因素不同，这些因素对不同区域全要素生产率增长的影响存在显著差异。从全国来看，畜牧业人力资本存量、劳均资本、饲料资源潜力、专业化程度、市场化程度、规模化水平和市场消费状况显著地提高了畜牧业 TFP，存在边际报酬递增现象；但财政支持力度对畜牧业 TFP 增长没有促进作用，研究与开发投入、基础设施建设与畜牧业 TFP 增长之间的关系并不显著。从区域层面来看，影响五大牧区和黄土高原区畜牧业 TFP 增长的主要因素为市场消费状况、畜牧业人力资本、市场化程度和劳均资本投入(不显著)，由此可以看出位于我国西部不发达地区的五大牧区和黄土高原区，主要以市场为导向，属于被动的发展，其次依靠人力和资本的投入增加实现全要素生产率对畜牧业产出增加的贡献，属于粗放型增长方式；影响西南山区畜牧业 TFP 增长的主要因素为基础设施建设、畜牧业人力资本、市场消费状况、市场化程度和研发投入，同样位于我国中部偏西部地区的西南山区较五大牧区和黄土高原区，其基础设施建设和研发投入对畜牧业 TFP 的增长起到了很大的促进作用，并且市场化程度有所提高；影响东北区畜牧业 TFP 增长的主要因素为基础设施建设、劳均资本投入、专业化程度、市场化程度和饲料资源潜力，处于松嫩平原和黄金玉米带上的东北区其饲料资源也为畜牧业 TFP 的增长做出了重要的贡献，并且专业化程度较西部地区有所提高；影响黄淮海区畜牧业 TFP 增长的主要因素为市场化程度、专业化程度和市场消费状况；影响东南区畜牧业 TFP 增长的主要因素为专业化程度、市场化程度、财政支持力度、基础设施建设和市场消费状况，处于东部发达地区的黄淮海区和东南区，市场化和专业化是畜牧业生产率增长的主要推动力，在技术的研发和创新、技术效率改进方面始终是佼佼者。

8.2 政策建议

基于前面的研究结论，笔者认为，粗放型增长方式已经严重制约畜牧业的发展，而畜牧业作为改善农业生态环境、增加农民收入和保持农村全面建设小康社会的重要组成部分，必须合理配置畜牧业资源，优化增长方式。因此全面提高畜牧业 TFP 和技术效率水平，对发展现代化国家、促进整个经济良性发展具有重要的意义和作用。加快畜牧业的可持续发展，要抓住产业发展的机遇，遵循畜牧业发展规律，在注重畜牧业要素资源投入的同时，要高度重视以创新能力的提高来加快技术进步，以改善要素的使用效率来促进技术效率及规模效率水平，各省(自治区、直辖市)要注意自身优势进行准确的产业定位，积极鼓励产业集聚，提高集聚所带来的规模效率，以此推动畜牧业生产方式集约化的转变。

(1)坚持技术创新，推动畜牧业的技术进步

实证结果表明，技术进步是 1998—2011 年提高全国以及区域畜牧业 TFP 增长的主要源泉。技术进步能够推动畜牧业劳动手段的现代化，导致新的生产工具和管理方式的发明和利用，极大地提高产出效率；技术进步提高了劳动者的素质，高素质的劳动者和现代化的劳动手段相结合，可以显著地提高劳动生产率；技术进步还拓展了畜牧业自然资源的利用范围和程度，极大地降低了畜牧业的生产成本和提高了物质要素的利用效率。然而，目前全国及各区域畜牧业前沿科技发展进程中还存在许多严重问题，如畜牧业科研投入总量不足、畜牧业科研成果转化率低、畜牧业科研人员规模相对过小、畜牧业科技人员的积极性不高、畜牧业科研体制不健全、畜牧业科技储备落后、科研过分依赖国外成果等。为此，要继续坚持科技振兴战略，推动自主前沿技术不断进步：一是加大畜牧业科研投资，坚持自主创新，结合我国畜牧业养殖特点，通过生产要素本身的性质推动畜牧业 TFP 增长，提高饲料转化率、养殖工艺与畜产品创新、引导和

培育科研相关部门的形成与发展，有力地推动畜牧业结构变迁和产业升级。二是以畜牧业龙头企业为技术创新载体，利用国家优惠政策和结合各地区资本状况，投资创立自己的技术研究中心。企业可以根据发展的需要及时解决技术问题或开发出适应当前市场的新产品，引导和传播养殖和管理技术，以市场为导向，不仅满足养殖户的生产需要，更提高了企业和养殖户的积极性。三是走“企研”结合道路，充分发挥各地区农业高校和专业畜牧业科研机构的作用，将许多共性技术、基础研究工作例如畜种改良技术、高产养殖技术、畜禽防疫技术，饲料科学配方技术和环境治理技术等问题委托给专业科研机构，采取多个企业加盟“企业联合研发中心”，利用订单委托或合作开发技术的方式，这样既节约资金又能提升区域畜牧业整体的科技水平。

(2)不断改善要素产出率和技术效率水平

从实证研究结果来看，1998—2011 年全国及各区域畜牧业 TFP 的增长主要原因是技术进步的提高，我国整体畜牧业技术效率严重缺失，这意味着我国畜牧业 TFP 增长存在很大的提升空间，所以充分挖掘现有技术的潜力，是畜牧业集约化发展的重要途径：一是加大人力资本投入，进一步提高劳动者整体素质。从以上的研究中可以发现人力资本是影响我国及各区域畜牧业 TFP 增长的重要因子，尤其是中西部地区，虽然我们的平均人力资本量，在一定程度上弱化了人力资本的显著性，但是整体人力资本水平的提高对全要素生产率的促进作用是毋庸置疑的。因此，我国各省(自治区、直辖市)都应该加大教育投入，尤其是高等专业教育的投入，建立高校服务地方的良性机制，调动畜牧业从业人员学习和掌握先进养殖和管理技术的积极性，并提高其配置效率，增强人力资本的作用和产出效率。二是激发科技人员在畜牧业生产中的积极作用，增强科技人员学习能力和示范能力，使科技知识在畜牧业生产经营中发挥递增效应和外溢效应。通过知识传播、扩散和技术培训来全面改善畜牧业内在知识存量和结构，从而节约投资，提高产出，增加效率。三是以地方政府层面出发，协调好畜牧业上下游产业的关系，完善畜牧业供应链管理。沿着价值增加的方向，理清供应链，在产业层面上，进一步优化生产资料供应商、养殖户、企业和经销商之间的关系，鼓励农村各类合作经济组织的发展，健全畜产品市场信息服务体系建设，支持发展畜产品加工业和畜产品现代流通方式，提高产业供应链运行效率和产业的整体效率。

(3)以畜牧业生产区域为发展单位，各区域要明确产业定位，发挥区位优势

前面研究结论表明，畜牧业 TFP 增长及增长的源泉不仅在不同区域之间存在着显著差异，即使在同一区域内不同省份之间也存在着不同增长模式，即技术进步与技术效率蕴含着不同的政策含义，要提高畜牧业 TFP 水平，需要重视技术进步和技术效率同步提高，单独依靠一个方面来促进全要素生产率的增长将是很有限的。因此不同省份在采取有针对性和差异性的政策措施来促进适宜本地区畜牧业快速增长模式的同时，还应考虑本地区处于哪一种畜产品优势区域，以区域角度为发展单位，打破省际的束缚，在资源利用和生产方式运用上互相交流，互相学习，以提高畜牧业产出效率为目标，向规模化、区域化、市场化发展。当前我国六大畜牧业生产区域畜牧业存在巨大的发展差距，1998—2011 年间虽然处于东部地区的黄淮海区和东南区的畜牧业 TFP 的增长速度比处于中西部地区的五大牧区、黄土高原区、西南山区和东北区要慢。但是由于东部地区沐浴着改革开放、城市化和工业化的春风，畜牧业绝对量仍然高于中西部地区，所以要加大中西部地区的资本投入和政策倾斜，着力点仍然是继续提高欠发达地区纯技术效率的提高，从而促进畜牧业 TFP 的进一步提高。

(4)系统考虑影响畜牧业 TFP 增长的影响因素，全面提高畜牧业生产率和绩效水平

根据本文前面章节数据模型检验，鉴于各主要因素对畜牧业生产率增长及构成的影响，其政策含义主要有以下几个方面：第一，在政策上增加畜牧业教育投入，特别是中、西部地区的人力资本投入。提高畜牧业从业人员受教育水平，通过各种激励措施充分调动人力资本的作用，留住重要的畜牧业科研人才，增加人力资本积累，同时大力鼓励民营企业的发展，在制度上保证畜牧业的发展活力。第二，确保粮食安全和食物安全优先的政策目标。这有两层含义，首先是实证研究表明，我国大部分区域畜牧业 TFP 的提高主要依靠市场消费状况，所以全要素生产率的增长受到市场价格波动的影响较为严重，因此，稳定市场价格，阻止价格波动给畜牧业的冲击是满足人们对畜牧业产品需求和稳定养殖收益的重要途径。

其次畜牧业又受到动物疫病的威胁，提高畜牧业抗病防病能力，对畜牧业TFP提高具有极其重要的意义。第三，加快基础设施建设步伐。基础设施的好坏在一定程度上决定了生产环境、投资环境以及生活环境的优劣，而这三者又进一步影响畜牧业生产效率的提高和技术进步，因此基础设施的完善对全要素生产率增长的影响是多方面的。从我国当前来看，东部的基础设施显然要优于中西部，中西部地区要提高畜牧业TFP增长速度，其重要的一个举措还在于通过基础设施的完善来构造一个良好的生产、投资和生活环境来吸引投资、人才和技术。第四，建立健全工业反哺农业和城市支持农村机制。实证结果表明，位于东部地区的黄淮海区和东南区较高的市场化和专业化程度带来了畜牧业技术进步的有效增长和技术效率的快速提高，进而有利推动了这两个区域在饲料资源匮乏和土地要素紧缺等不利条件下畜牧业TFP的全面提高。市场化和专业化通过改善资源配置和激励机制来促进效率的提高，所以市场化水平的提高可以促进竞争，并提高生产率。但是当前我国还有很多阻碍市场化程度提高的体制障碍，破除这些体制障碍，全面的推进市场化进程，将是进一步的解放畜牧业生产力的重要途径，所以为了缩小区域间差距，鼓励中西部地区结合自身畜牧业特点，向东部“取经”，学习先进的技术和要素使用方法。第五，适度扩大畜牧业生产经营规模。研究表明，畜牧业规模的大小对畜牧业生产率有显著的影响，但由于目前我国各畜种生产规模均偏小，所以导致抗病能力和抗风险能力较弱，对畜牧业TFP的增长、生产效率的改善和技术进步没有起到促进作用。因此，畜牧业要增加其竞争实力，就必须适度扩大规模，通过升级改造和兼并重组，转变生产方式，避免重复建设，提高现有畜牧业投入资本的使用效率，给予中西部畜牧业以平等的发展环境。

8.3　研究展望

(1)在投入变量的选择上，利用各省(自治区、直辖市)的成本收益资料计算畜牧业TFP可能更接近实际增长，但是由于受到省际畜牧业投入产出的成本收益资料限制，本文采取投入变量是现有研究成果测算畜牧业生产率普遍采用的变量，这使得本文的实证结果受到一些影响，因此搜集各省的成本收益资料，从成本收益角度来考察畜牧业 TFP 将是进一步研究的重点。

(2)本文的研究主要是从总量分析的角度进行的，即将畜牧业看成一个整体，而畜牧业中各畜产品品种的全要素生产率不尽相同，所以从不同畜种角度来研究畜牧业 TFP 及相关问题所得出的结论和政策建议更有意义。因此从畜产品单品角度来研究畜牧全要素生产率将是本文进一步研究的重要方面。

(3)论文主要从技术角度分析了生产上的非效率，但没有进一步分析生产中经济效率和配置效率等因素的作用，也没有对技术效率、纯技术效率和规模效率之间内在关系作深入分析，这需要进一步研究。

(4)本书在测算畜牧业 TFP 时选取的资本投入变量和分析影响畜牧业 TFP 增长的市场消费状况等因素时都涉及价格因素，而我国价格数据的扭曲和缺失，使得本文的实证结果可能受到些影响。另外由于只能获得全国层面的投入产出价格数据，无法获得分省份的投入产出价格数据，这对于省际畜牧业资本存量序列的测算与估计造成了一定的局限。所以进一步深入考察畜牧业资本存量变动与畜牧业 TFP 增长之间的关系将是未来研究的又一重要方向。

(5)关于畜牧业 TFP 增长及分解的影响因素分析中，还有诸如畜产品种类、畜产品价格、养殖收益、饲料投入结构、卫生防疫支出和地理环境等因素都对畜牧业产出增长有一定的影响，由于受数据限制，本文没有加以分析，将作为后续研究进一步探索。

参考文献

[1] 曹暕,孙顶强,谭向勇.农户奶牛生产技术效率及影响因素分析[J].中国农村经济,2005(10):42-48.

[2] 曹佳,肖海峰,杨光.1978—2007年我国畜牧业TFP及其影响因素研究[J].技术经济,2007(7):62-66.

[3] 陈秋红.草原生态敏感地区牧户畜牧业生产经营行为及影响因素分析[J].农业技术经济,2010(11):65-75.

[4] 陈诗波,等.中国生猪生产效率及影响因素分析[J].农业现代化研究,2008(1):40-44.

[5] 陈宽.中国国营工业生产率变动趋势研究[J].中国社会科学,1988(4):37-44.

[6] 陈青青,龙志和,等.中国区域技术效率的随机前言分析[J].数理统计与管理,2011(2):271-278.

[7] 段小明,马媛.论哈罗德-多马的经济增长理论及模型的异同[J].山东经济,2007(7):14-18.

[8] 傅晓霞,吴利学.技术效率、资本深化与地区差异——基于随机前沿模型的中国地区收敛分析[J].经济研究,2006(10):52-61.

[9] 傅晓霞,吴利学.全要素生产率在中国地区差异中的贡献:兼与彭国华和李静等商榷[J].世界经济,2006(9):12-22.

[10] 傅晓霞,吴利学.前沿分析方法在中国经济增长核算中的适用性[J].世界经济,2007(7):56-66.

[11] 华萍.不同教育水平对全要素生产率增长的影响[J].经济学(季刊),2005(4):147-166.

[12] 郭庆旺,贾俊雪.中国全要素生产率的估算:1979—2004[J].经济研究,2005(6):51-60.

[13] 韩妍.中国工业全要素生产率区域差异性研究——基于超越对数生产函数模型的实证分析:[D].兰州:兰州大学博士学位论文,2009.

[14] 黄季焜，等. 农业科研投资的总量分析[J]. 农业科研经济管理，1998(3)：23-26.
[15] 计志英. 基于随机前沿分析方法的中国沿海区域经济效率分析[J]. 华东经济管理，2012(9)：63-66.
[16] 金荣学. 我国人口因素与省际经济增长差异的实证分析：1978—2005[J]. 财政研究，2008(9)：19-23.
[17] 孔翔，Rorbert E. Marks，万广华. 国有企业全要素生产率变化及其决定因素：1990—1994[J]. 经济研究，1999(7)：40-48.
[18] 李瑾，秦富. 畜牧产业结构调整影响因素分析[J]. 中国畜牧杂志，2007(18)：27-32.
[19] 李京文. 技术进步是推动第三产业发展的根本力量[J]. 当代经济科学，1993(6)：3-6.
[20] 林毅夫. 制度、技术与中国农业发展[M]. 上海：上海三联书店，2005.
[21] 林毅夫，任若恩. 东亚经济增长模式相关争论的再讨论[J]. 经济研究，2007(8)：4-12.
[22] 林毅夫. 中国经济改革的社会结果——转轨时期的地区差距分析[J]. 国有资产研究，1998(3)：7-9.
[23] 刘威，张培兰，马恒运. 我国不同规模奶牛场的技术效率及其影响因素分析[J]. 技术经济，2011(1)：50-54.
[24] 刘小玄，郑经海. 国有企业效率的决定因素：1985—1994 [J]. 经济研究，1998(1)：37-46.
[25] 刘小玄，郑经海. 1980—1994 期间中国国有企业的效率、技术进步和具体实践[J]. 经济学，2002(3)：521-540.
[26] 刘勇，孟令杰. 测算 Malmquist 生产率指数的 SFA 方法[J]. 北京理工大学学报：社会科学版，2002(10)：42-44.
[27] 刘雨佳，盖志毅. 浅析内蒙古肉羊生产效率及影响因素[J]. 内蒙古农业大学学报，2012(1)：89-91.
[28] 马汉武. 生产效率与生产率的界定及其意义[J]. 江苏理工大学学报，1999(1)：63-65.
[29] 史清琪. 技术进步与经济增长[M]. 北京. 科学技术文献出版社，

1985.
[30] 沈子寅,孙炎.基于随机前沿问题对云南省畜牧业影响因素的实证分析[J].云南畜牧兽医,2009 增刊:85-88.
[31] 陶红军,冯中朝.随机前沿函数在湖北省畜牧业技术效率测算及因素分析中的应用[J].畜牧兽医科技信息,2007(1):25-29.
[32] 涂正革.我国大中型工业企业生产率与技术效率的随机前沿模型分析:[D].武汉:华中科技大学博士学位论文,2005.
[33] 田露.吉林省畜牧业增长与生产率研究:[D].长春:吉林农业大学硕士学位论文,2007.
[34] 田伟,李明贤,谭朵朵.中国棉花生产技术进步率的测算与分析——基于随机前沿分析方法[J].中国农村观察,2010(2):45-53.
[35] 王小鲁,樊纲.中国地区差距的变动趋势和影响因素[J].经济研究,2004(1):33-44.
[36] 王德祥,徐德徽.北京奶牛业的利润率和效率分析:一个 DEA 方法的应用[J].农业技术经济,1997(1):33-36.
[37] 王志刚,龚六堂,陈玉宇.地区间生产效率与全要素生产率增长率分解(1978—2003)[J].中国社会科学,2006(1):55-66.
[38] 王积业.关于经济增长率及其影响因素的宏观思考[J].经济纵横,1990(6):1-5.
[39] 王积业.经济发展阶段与经济增长方式[J].经济纵横,1995(9)4-7.
[40] 王积业.经济增长方式从外延粗放型向内涵集约型转变问题[J].经济学家,1996(1):4-7.
[41] 王积业.经济增长的需求约束与结构支持[J].经济改革与发展,1998(2):3-7.
[42] 王积业.关于提高经济增长质量的宏观思考[J].宏观经济研究,2000(1):11-17.
[43] 吴方卫,孟令杰,等.中国农业的增长与效率[M].上海:上海财经大学出版社,2000.
[44] 谢千里,罗斯基,郑玉歆.改革以来中国工业生产率变动趋势的估计及其可靠性分析[J].经济研究,1995(12):11-23.
[45] 肖洪波.我国生猪生产增长与波动研究:[D].北京:中国农业科学

院博士学位论文,2010.
[46] 亚当·斯密.国民财富的性质和原因研究[M].郭大力,王亚南,译.北京:商务印书馆,2008.
[47] 杨军.中国畜牧业增长与技术进步、技术效率研究:[D].北京:中国农业科学院硕士学位论文,2003.
[48] 易纲,樊纲,李岩.关于中国经济增长与全要素生产率的理论思考[J].经济研究,2003(8):13-20.
[49] 余修斌,任若恩.全要素生产率、技术效率、技术进步之间的关系及测算[J].北京航空航天大学学报,2000(2):18-23.
[50] 余建斌,李大胜.中国农业生产的技术效率及影响因素分析[J].统计观察,2008(14):83-86.
[51] 赵亮,陶红军.湖北省畜牧业生产技术效率的测算及影响因素分析[J].牧业经济,2006,210(11):8-13.
[52] 詹和平.山东省畜牧业生产的效率分析:[D].合肥:安徽农业大学硕士学位论文,2004.
[53] 章祥荪,贵斌威.中国全要素生产率分析:Malmqiust 指数法评述与应用[J].数量经济技术经济研究,2008(6):111-122.
[54] 张丽霞,李震钟.西乡县桑元乡畜牧业发展的主要影响因素分析[J].家畜经济,1993(2):16-19.
[55] 张旭昆.西方经济思想史 18 讲[M].上海:上海人民出版社,2007:180-182.
[56] 张玉海.京津冀畜牧业发展影响因素分析及其对策[J].河南农业科学,2012(3):154-156.
[57] 张越杰,田露.中国肉牛生产区域布局变动及其影响因素分析[J].中国畜牧杂志,2010(12):21-24.
[58] 张维迎.经济转型中的企业退出机制——关于北京市中关村科技园区的一项经验研究[J].经济研究,2003(10):3-14.
[59] 张震,乔娟.中国生猪生产布局影响因素实证研究——基于省级面板数据[J].统计与信息论坛,2011(8):61-67.
[60] 甄琳,刘纪远,等.蒙古高原农牧业系统格局变化及影响因素分析[J].干旱区资源与环境,2008(1):144-151.

[61] 郑京海，胡鞍钢. 中国改革时期省际生产率增长变化的实证分析(1979—2001 年)[J]. 经济学，2005，4(2)：263-296.

[62] 郑玉歆. 全要素生产率的测算及经济增长方式的“阶段性”规律——由东亚经济增长方式的争论谈起[J]. 经济研究，1999(5)：55-60.

[63] 郑玉歆. 全要素生产率的再认识——用 TFP 分析经济增长质量存在的若干局限[J]. 数量经济技术经济研究，2007(9)：3-11.

[64] 周彩云. 中国区域经济增长的全要素生产率变化研究：[D]. 兰州：兰州大学博士学位论文，2010.

[65] 周丰滨. 哈罗德-多马经济增长理论及经济增长模型探析[J]. 哈尔滨商业大学学报，2001(6)：32-35.

[66] 朱玉春，郭江. 陕西畜牧业技术进步状况的实证分析：1984—2004 年[J]. 西南农业大学学报，2006(3)：39-41.

[67] Allan N Rae, Hengyun Ma, Jikun Huang. *Livestock in China: Commodity-Specific Total Factor Productivity Decomposition Using New Panel Data* [J]. Am. J. Agr. Econ. (2006) 88 (3): 680-695.

[68] Aigner, Lovell, Schmidt. *Formulation and Estimation of Stochastic Frontier Production Function* [J]. Journal of Econometrics, 1977(6):21-37.

[69] Barro R J, Lee. *International Comparison of Educational Attainment*[J]. Journal of Monetary Economics, 1993, 32(3).

[70] Battese G E. *Frontier production functions, technical efficiency and panel data with application to paddy farmers in India* [J]. Journal of Productivity Analysis, 1992(3):323-330.

[71] Battese G E, T J Coelli. *Stochastic Frontier Production Function Incorporating a Model for Technical Inefficiency Effects* [J]. Working Papers in Econometrics and Applied Statistics, 1993:69.

[72] Caves D W, Christensen L R, Diewert W E. *Multilateral Comparisons of Output, Input and Productivity Using Superlative Index Numbers* [J]. Economic Journal, 1982:92.

[73] Charnes A, Cooper W W, R hodes E. *Measuring the Efficiency of*

Decision Making Units [J]. Eur Joper Res,1978, 2 (6) : 429-444.

[74] Davis,Hiam S. *Productivity Accounting* (*Wharton Research Studies XXXVII*), *2c in English and 2c in Japanese* [M],1954.

[75] Denison E F. *The Soarces of Economic Growth in the United Stares & the Alternatives Before us* [M]. New York,1962.

[76] Fare, Role, Grosskopf, Shawna, Lovell, C. A. K. *Production Frontiers* [M]. Cambridge University Press,1994.

[77] Farrell M J. *The Measurement of Productive Efficiency* [J]. Journal of Royal Statistical Society Series A 1957(120):253-281.

[78] Helena Johansson. *Thechnical,Allocative and Economic Efficiency in Swedish Dairy Farms:the Data Envelopment Analysis Versus the Stochastic Frontier Approach* [J]. International Congress of the European Association of Agricultural Economists(EAAE) Poster Background Paper.

[79] Jorgenson, Gollop, Barbara M. *Fraumeni. Productivity and U. S. Economics Growth* [M]. Cambridge MA, Harvard University Press,1987.

[80] Kalirajan K P, S Zhao. *Did the Technical Efficiency of State Enterprises Improve with the same Speed in all Provinces in China* [J]. Applied Economics 1997(29):269-277.

[81] Krugman P. *The Myth of Asia's Miracle*, Foreign Affairs,1994, 73:62-78.

[82] Krugman P. *The Age of Diminished Expectation*, MITPress. 1990.

[83] Kumbhakar,Subal C, C A K Lovell. *Stochastic Frontier Analysis*, Cambridge: Cambridge University Press,2000.

[84] Lovell C A K. *Applying Efficiency Measurement Techniques to the Measurement of Productivity Change*. Journal of Productivity Analysis,1996(7).

[85] Lucas R E. *On the Mechanics of Economic Development*. Journal of Monetary Economics. 1988,(22):3-42.

[86] Nigel Key, William McBride, Roberto Mosheim. Journal of Agri-

cultural and Applied Economics,2008,40(1):137-149.

[87] Meeusen W, van den Broeck J. *Efficiency estimation from Cobb-Douglas production functions with composed error* [J]. International economic review, 1977, 18(5):435-444.

[88] Ray Subhash C, Desli Eveangelia. *Productivity Growth, Technical Progress, and Efficiency Change in Industrialised Countries: Comment*. American Economic Review, 1997,87(5).

[89] Romer P M. *Increasing Returns and Long-Run Growth*, Journal of Political Economy. VOL,1986,94(5):1002-1037.

[90] Romer P M. *Endogenous Technological Change*, Journal of Political Economy,1990,98.

[91] Solow Robert M. *Technical Change and the Aggregate production Function*. The Review of Economics and Statisties,1957,39(3):312-320.

[92] Solow Robert. *A Contribution to the Theory of Economic Groth* [J],The Quarterly Journal of Economics,1956,70(1):65-94.

[93] Stigler Geoge J. *Trends in output and Employment*. NewYork: National Bureau of Economic Research,1947.

[94] Tinbergen Jan. *Zur Theorie der Langfirstigen Wirtschaftsent-sentwicklung*. *Weltwirts*, Archiv. 1942(1).

附　　表

附表 3-1　部分年份各省(自治区、直辖市)畜牧业产值原始数据　　亿元

地区	年份									2011年排名
	1978	1980	1985	1990	1995	2000	2005	2010	2011	
全国	209	354	798	1 967	6 045	7 393	13 311	20 825.7	25 770.7	
北京	2.40	3.90	8.60	28.00	68.80	87.50	120.80	139.58	162.73	25
天津	1.05	1.63	5.10	11.54	28.76	51.75	102.71	87.49	98.52	27
河北	8.87	14.00	31.16	83.38	344.18	613.68	1 124.43	1 443.76	1 674.04	4
山西	3.30	5.60	10.30	27.60	81.80	89.70	148.60	250.84	295.69	22
内蒙古	8.40	9.50	21.40	46.40	127.20	205.50	444.60	822.42	998.31	14
辽宁	7.10	13.20	31.26	75.51	266.78	304.20	636.43	1 270.64	1 521.07	5
吉林	4.60	9.40	18.12	41.40	173.32	268.71	467.59	831.45	1 074.49	13
黑龙江	7.20	12.20	21.43	49.18	180.82	175.60	461.16	965.80	1 189.92	9
上海	3.70	6.30	12.25	30.25	81.48	87.35	54.34	62.91	77.44	29
江苏	16.80	26.70	66.30	160.48	475.67	430.53	599.14	923.25	1 190.50	8
浙江	9.40	19.40	37.80	79.57	164.98	177.34	285.96	448.42	546.33	18
安徽	10.10	13.20	40.90	82.00	246.20	349.40	553.60	864.98	1 083.54	12
福建	3.82	7.38	19.60	53.39	171.19	208.18	276.48	380.28	479.20	19
江西	6.30	9.50	22.80	67.50	209.50	221.80	365.10	584.05	734.34	16
山东	12.20	23.40	62.78	151.87	612.94	599.17	1 125.14	1 774.46	2 171.92	3
河南	10.90	17.30	41.20	105.20	391.10	641.60	1 251.70	1 805.89	2 198.38	2
湖北	16.70	17.30	39.10	98.00	268.10	338.80	545.40	925.04	1 205.80	7
湖南	12.60	21.90	34.90	120.40	195.30	486.10	834.50	1 118.20	1 425.60	6
广东	15.98	17.75	61.45	143.00	349.11	389.70	638.61	947.25	1 146.42	10
广西	6.40	13.60	30.40	75.50	225.60	275.30	511.60	870.73	1 096.58	11
海南	0.90	0.80	5.90	13.69	36.51	50.27	95.21	158.56	207.15	24
四川	25.80	34.10	80.04	209.60	558.52	895.80	1 596.60	2 358.26	2 977.85	1
贵州	4.64	6.89	17.05	41.38	102.54	110.67	194.20	304.16	381.95	21
云南	7.11	10.25	20.35	54.03	127.19	201.49	339.68	588.81	808.20	15
西藏	2.44	2.76	5.56	9.36	17.38	23.53	30.05	48.89	54.11	30
陕西	4.20	5.20	13.20	35.80	104.65	106.40	199.00	434.99	553.40	17
甘肃	3.80	4.70	10.50	25.80	61.90	68.80	114.30	181.80	210.60	23
青海	3.60	2.90	5.00	11.00	27.60	30.50	51.70	101.45	119.34	26
宁夏	0.90	0.90	2.30	5.40	16.30	25.80	46.00	82.13	97.60	28
新疆	4.5	5.01	10.86	29.50	82.34	114.51	183.52	375.79	415	20

数据来源:《新中国成立六十周年统计资料》、中国统计年鉴 2009—2012 年。

附表 3-2　六大畜牧业生产区域畜牧业产值及占全国畜牧业产值比重原始数据　　单位:产值:亿元;比重:%

年份	全国畜牧业	五大牧区		黄土高原区		西南山区		东北区		黄淮海区		东南区	
		产值	比重	产值	比重	产值	比重	产值	比重	产值	比重	产值	比重
1978	209.00	19.84	9.49	11.30	5.41	60.65	29.02	18.90	9.04	62.32	29.82	52.70	25.22
1980	288.61	19.97	6.92	13.83	4.79	65.21	22.59	30.66	10.62	81.22	28.14	70.95	24.58
1985	392.25	30.34	7.74	19.55	4.98	87.74	22.37	33.71	8.59	123.32	31.44	99.87	25.46
1990	697.55	50.48	7.24	35.53	5.09	166.70	23.90	58.38	8.37	212.93	30.52	192.52	27.60
1995	1 220.04	99.48	8.15	66.80	5.48	290.75	23.83	111.76	9.16	411.54	33.73	307.66	25.22
1996	1 089.77	99.38	9.12	71.38	6.55	306.24	28.10	121.81	11.18	436.15	40.02	327.61	30.06
1997	1 124.54	100.07	8.90	74.28	6.61	312.61	27.80	122.83	10.92	414.78	36.88	318.64	28.34
1998	1 076.81	99.47	9.24	68.72	6.38	298.65	27.73	94.75	8.80	371.91	34.54	282.29	26.21
1999	1 025.88	99.85	9.73	60.76	5.92	284.38	27.72	90.02	8.77	352.08	34.32	312.48	30.46
2000	1 019.53	102.79	10.08	62.14	6.09	281.96	27.66	88.66	8.70	345.69	33.91	318.09	31.20
2001	1 033.44	106.59	10.31	63.84	6.18	283.84	27.47	86.78	8.40	354.16	34.27	323.39	31.29
2002	1 035.07	106.68	10.31	64.25	6.21	275.17	26.58	86.68	8.37	356.46	34.44	326.94	31.59
2003	1 091.39	108.89	9.98	65.92	6.04	279.24	25.59	92.67	8.49	371.19	34.01	343.53	31.48
2004	1 299.32	117.67	9.06	76.53	5.89	321.68	24.76	110.19	8.48	448.24	34.50	501.43	38.59
2005	1 317.86	117.10	8.89	76.93	5.84	340.70	25.85	111.83	8.49	456.50	34.64	416.04	31.57
2006	1 139.39	115.79	10.16	72.61	6.37	335.73	29.47	107.98	9.48	395.62	34.72	401.18	35.21
2007	1 481.87	134.17	9.05	84.74	5.72	373.20	25.18	127.09	8.58	505.17	34.09	494.09	33.34
2008	1 772.02	161.09	9.09	106.37	6.00	450.70	25.43	150.49	8.49	609.89	34.42	594.65	33.56
2009	1 584.11	157.12	9.92	105.88	6.68	424.41	26.79	151.73	9.58	556.91	35.16	506.29	31.96
2010	1 627.81	170.22	10.46	110.86	6.81	394.78	24.25	158.03	9.71	571.55	35.11	514.59	31.61
2011	1 980.65	194.21	9.81	134.79	6.81	496.73	25.08	191.05	9.65	687.20	34.70	634.31	32.03
平均值	1 016.27	81.14	7.98	53.18	5.23	229.76	22.61	81.14	7.98	303.47	29.86	267.58	26.33

数据来源:《新中国成立六十周年统计资料》、中国统计年鉴 2009—2012 年。

注:①产值利用各地区牧业产值指数平减,以 1978 年=100 的畜牧业产值,其中,为了便于比较四川包括重庆市。

②比重为各畜牧业生产区域畜牧业产值占全国畜牧业产值比重。

附表 4-1　1998—2011 年部分年份 31 个省(自治区、直辖市)畜牧业 TFP 增长率(参数方法)

地区	年份								样本期均值
	1999	2001	2003	2005	2007	2009	2010	2011	
北京	−0.049	0.070	0.095	0.009	0.122	−0.022	0.029	0.167	0.042
天津	−0.106	−0.002	0.039	0.039	0.194	−0.030	0.113	0.175	0.020
河北	0.010	0.079	0.111	0.076	0.036	−0.201	0.098	0.171	0.043
山西	−0.229	−0.174	0.112	0.010	0.185	0.154	0.117	0.182	0.028
内蒙古	−0.100	−0.099	0.051	0.035	−0.314	−0.145	0.029	0.053	−0.004
辽宁	−0.022	0.050	0.078	−2.090	−0.210	−0.212	−0.012	0.139	0.005
吉林	0.138	0.050	0.174	0.072	0.067	−0.293	−0.049	0.253	0.008
黑龙江	−0.156	0.103	0.149	0.083	−0.002	0.108	−0.146	0.264	0.044
上海	−0.170	0.003	0.133	−0.178	0.001	−0.082	0.111	0.350	0.068
江苏	−0.004	0.062	0.041	0.023	−0.184	−0.236	−0.002	0.142	0.009
浙江	−0.087	−0.070	0.107	−0.123	0.077	−0.124	0.065	0.144	0.035
安徽	0.007	0.023	0.037	0.030	0.032	−0.252	0.103	0.205	0.048
福建	−0.034	−0.044	0.056	0.049	0.047	−0.077	0.080	0.259	0.042
江西	−0.015	−0.067	0.068	0.097	−0.100	−0.159	0.022	0.109	0.000
山东	−0.093	0.058	0.162	0.083	0.087	−0.140	−0.001	0.138	0.058
河南	−0.068	0.069	0.017	0.107	0.170	−0.141	0.132	0.178	0.067
湖北	−0.129	0.043	0.111	0.744	−0.691	−0.232	0.072	0.290	0.011
湖南	0.560	0.049	0.076	0.097	0.141	−0.229	0.092	0.260	0.116
广东	−0.031	0.006	0.081	0.142	−0.116	−0.188	0.063	0.145	0.027
广西	−0.047	0.014	0.109	0.094	0.140	−0.345	0.042	0.224	0.052
海南	0.127	−0.038	0.032	0.039	−0.156	−0.055	0.158	0.289	0.036
重庆	−0.030	−0.077	0.084	0.164	0.147	−0.217	0.021	0.261	0.013
四川	0.013	0.029	0.036	0.230	0.060	−0.129	−0.002	0.259	0.068
贵州	−0.060	−0.045	0.078	0.086	0.191	−0.214	0.026	0.197	0.032
云南	0.019	0.009	0.060	0.087	0.094	−0.134	−0.030	0.224	0.054
西藏	0.150	0.105	0.072	0.022	−0.292	−0.048	0.044	−0.028	−0.038
陕西	−0.084	−0.034	0.013	0.195	0.156	−0.233	0.094	0.230	0.038
甘肃	−0.191	−0.044	0.261	0.242	−0.002	0.034	0.161	0.255	0.015
青海	−0.158	−0.081	0.194	0.142	0.214	−0.011	0.237	0.218	0.063
宁夏	−0.060	0.006	0.073	0.412	−0.084	0.009	0.206	0.248	0.074
新疆	−0.172	−0.167	0.287	0.115	0.044	0.010	0.335	0.195	0.034
五大牧区	−0.068	−0.047	0.135	0.145	0.015	−0.037	0.170	0.137	0.034
黄土高原区	−0.168	−0.084	0.129	0.126	0.113	−0.015	0.124	0.222	0.025
西南山区	−0.039	−0.005	0.080	0.234	−0.010	−0.212	0.022	0.242	0.038
东北区	−0.013	0.052	0.134	−0.645	−0.048	−0.132	−0.069	0.219	0.019
黄淮海区	−0.043	0.051	0.072	0.052	0.065	−0.146	0.068	0.168	0.041
东南区	0.050	−0.023	0.079	0.017	−0.015	−0.143	0.084	0.222	0.045
全国均值	−0.035	−0.004	0.097	0.036	0.002	−0.124	0.071	0.200	0.036

附表 4-2　1998—2011 年部分年份 31 个省(自治区、直辖市)畜牧业技术进步 TP 增长率(参数方法)

地区	年份								样本期均值
	1999	2001	2003	2005	2007	2009	2010	2011	
北 京	0.005	0.023	0.048	0.053	0.046	0.051	0.057	0.060	0.041
天 津	−0.068	−0.039	0.005	0.015	0.086	0.018	0.029	0.039	0.010
河 北	0.039	0.049	0.058	0.079	0.083	0.078	0.083	0.090	0.068
山 西	−0.004	−0.001	0.013	0.023	0.020	0.020	0.032	0.036	0.015
内蒙古	0.055	0.055	0.070	0.099	0.117	0.132	0.140	0.146	0.096
辽 宁	0.017	0.035	0.049	0.026	0.083	0.095	0.104	0.104	0.059
吉 林	0.035	0.035	0.045	0.064	0.091	0.097	0.105	0.106	0.068
黑龙江	0.039	0.047	0.066	0.093	0.108	0.109	0.116	0.122	0.084
上 海	−0.059	−0.050	−0.042	−0.084	−0.050	−0.022	−0.005	0.012	−0.044
江 苏	0.008	0.023	0.040	0.050	0.051	0.062	0.073	0.081	0.045
浙 江	−0.017	0.001	0.017	0.015	0.029	0.043	0.054	0.064	0.021
安 徽	0.020	0.025	0.040	0.044	0.023	0.031	0.042	0.050	0.033
福 建	−0.002	0.011	0.022	0.038	0.049	0.057	0.066	0.074	0.035
江 西	0.013	0.020	0.025	0.043	0.050	0.060	0.071	0.078	0.041
山 东	0.081	0.069	0.085	0.098	0.095	0.096	0.104	0.112	0.091
河 南	0.055	0.061	0.073	0.093	0.103	0.107	0.117	0.125	0.088
湖 北	0.019	0.033	0.048	0.056	0.069	0.106	0.120	0.133	0.065
湖 南	0.028	0.037	0.056	0.076	0.080	0.088	0.103	0.115	0.068
广 东	0.033	0.044	0.048	0.052	0.059	0.065	0.073	0.082	0.054
广 西	0.036	0.061	0.068	0.073	0.069	0.074	0.088	0.096	0.068
海 南	0.009	0.027	0.040	0.052	0.050	0.063	0.072	0.079	0.046
重 庆	−0.010	0.009	0.028	0.046	0.048	0.063	0.076	0.085	0.038
四 川	0.050	0.068	0.102	0.107	0.116	0.120	0.126	0.143	0.101
贵 州	0.029	0.045	0.060	0.080	0.082	0.083	0.095	0.100	0.069
云 南	0.053	0.065	0.070	0.085	0.094	0.107	0.117	0.123	0.085
西 藏	0.072	0.081	0.102	0.116	0.134	0.155	0.158	0.161	0.117
陕 西	−0.009	0.000	0.013	0.035	0.036	0.044	0.055	0.063	0.026
甘 肃	0.020	0.030	0.080	0.068	0.082	0.091	0.102	0.114	0.069
青 海	0.046	0.054	0.070	0.081	0.094	0.107	0.116	0.126	0.082
宁 夏	−0.046	−0.038	−0.014	0.011	0.025	0.039	0.049	0.057	0.005
新 疆	0.070	0.078	0.097	0.120	0.128	0.110	0.118	0.128	0.105
五大牧区	0.039	0.046	0.065	0.085	0.091	0.109	0.116	0.124	0.080
黄土高原区	0.002	0.010	0.035	0.045	0.046	0.052	0.063	0.071	0.037
西南山区	0.029	0.047	0.063	0.074	0.080	0.092	0.104	0.113	0.071
东北区	0.030	0.011	0.053	0.061	0.094	0.100	0.108	0.111	0.063
黄淮海区	0.020	0.030	0.050	0.062	0.069	0.063	0.072	0.080	0.054
东南区	0.001	0.013	0.024	0.027	0.038	0.049	0.062	0.072	0.032
全国均值	0.020	0.031	0.048	0.058	0.069	0.076	0.086	0.094	0.056

附表 4-3　1998—2011 年部分年份 31 个省(自治区、直辖市)畜牧业技术效率 TE 得分(参数方法)

地区	年份								样本期均值
	1998	2000	2002	2004	2006	2008	2010	2011	
北京	0.839	0.803	0.904	0.974	0.619	0.574	0.522	0.567	0.741
天津	0.889	0.890	0.862	0.977	0.910	0.872	0.800	0.848	0.886
河北	0.975	0.882	0.866	0.972	0.720	0.889	0.749	0.819	0.864
山西	0.393	0.337	0.295	0.330	0.278	0.339	0.399	0.451	0.341
内蒙古	0.715	0.624	0.552	0.700	0.668	0.702	0.606	0.644	0.645
辽宁	0.938	0.866	0.887	0.999	0.969	0.977	0.860	0.876	0.872
吉林	0.847	0.730	0.668	0.785	0.761	0.817	0.628	0.739	0.755
黑龙江	0.624	0.455	0.491	0.629	0.634	0.681	0.607	0.689	0.596
上海	0.925	0.747	0.670	0.997	0.866	0.635	0.517	0.743	0.733
江苏	0.998	0.904	0.820	0.997	0.957	0.999	0.842	0.997	0.924
浙江	0.636	0.622	0.559	0.776	0.658	0.716	0.640	0.713	0.651
安徽	0.644	0.603	0.543	0.626	0.630	0.796	0.588	0.675	0.627
福建	0.814	0.798	0.766	0.890	0.867	0.994	0.797	0.915	0.844
江西	0.648	0.646	0.546	0.596	0.559	0.607	0.495	0.553	0.587
山东	0.950	0.852	0.793	0.938	0.904	0.998	0.797	0.861	0.894
河南	0.813	0.667	0.646	0.707	0.571	0.758	0.619	0.684	0.675
湖北	0.998	0.764	0.709	0.808	0.932	0.825	0.736	0.994	0.827
湖南	0.396	0.670	0.594	0.663	0.590	0.783	0.536	0.653	0.619
广东	0.832	0.706	0.635	0.731	0.733	0.774	0.624	0.706	0.711
广西	0.548	0.460	0.422	0.525	0.503	0.704	0.454	0.526	0.514
海南	0.754	0.883	0.899	0.917	0.877	0.787	0.763	0.945	0.853
重庆	0.450	0.388	0.366	0.389	0.323	0.430	0.349	0.431	0.389
四川	0.713	0.635	0.573	0.596	0.578	0.671	0.500	0.645	0.611
贵州	0.270	0.242	0.217	0.212	0.195	0.239	0.188	0.230	0.223
云南	0.354	0.330	0.299	0.313	0.306	0.324	0.249	0.298	0.309
西藏	0.277	0.285	0.289	0.283	0.254	0.254	0.198	0.179	0.259
陕西	0.378	0.330	0.330	0.311	0.352	0.481	0.434	0.540	0.379
甘肃	0.342	0.281	0.262	0.277	0.272	0.302	0.282	0.325	0.287
青海	0.257	0.209	0.214	0.234	0.237	0.287	0.286	0.325	0.249
宁夏	0.285	0.277	0.281	0.299	0.442	0.439	0.440	0.524	0.364
新疆	0.997	0.843	0.753	0.879	0.807	0.637	0.739	0.835	0.809
五大牧区	0.506	0.448	0.418	0.479	0.482	0.463	0.454	0.501	0.465
黄土高原区	0.371	0.316	0.296	0.306	0.301	0.374	0.371	0.438	0.336
西南山区	0.555	0.470	0.431	0.474	0.473	0.532	0.413	0.521	0.479
东北区	0.803	0.684	0.682	0.805	0.788	0.825	0.699	0.768	0.741
黄淮海区	0.873	0.800	0.776	0.885	0.759	0.841	0.702	0.779	0.802
东南区	0.715	0.725	0.667	0.796	0.736	0.756	0.625	0.747	0.714
全国均值	0.661	0.604	0.571	0.656	0.612	0.654	0.556	0.643	0.614

附表 4-4 1998—2011 年部分年份 31 个省(自治区、直辖市)畜牧业技术效率 TE 增长率(参数方法)

地区	年份								样本期均值
	1999	2001	2003	2005	2007	2009	2010	2011	
北 京	−0.077	0.036	0.098	−0.151	−0.061	−0.054	−0.040	0.082	−0.030
天 津	−0.058	0.005	0.050	0.020	0.092	−0.198	0.111	0.059	−0.004
河 北	−0.043	0.006	0.023	−0.043	0.183	−0.204	0.032	0.089	−0.013
山 西	−0.181	−0.102	0.107	0.021	0.070	0.064	0.099	0.123	0.010
内蒙古	−0.106	−0.102	0.082	0.004	0.035	−0.131	−0.016	0.061	−0.008
辽 宁	−0.030	0.015	0.006	−1.378	−0.038	−0.008	−0.120	0.019	−0.005
吉 林	0.040	−0.048	0.110	0.011	0.031	−0.173	−0.090	0.163	−0.010
黑龙江	−0.174	0.075	0.101	0.046	0.045	−0.046	−0.069	0.127	0.008
上 海	−0.256	0.005	0.172	−0.243	−0.402	−0.173	−0.032	0.362	−0.017
江 苏	−0.070	−0.016	−0.015	−0.007	0.000	−0.161	−0.011	0.169	0.000
浙 江	−0.047	−0.029	0.069	−0.141	0.038	−0.142	0.030	0.108	0.009
安 徽	−0.026	−0.016	0.005	−0.014	0.138	−0.330	0.027	0.138	0.004
福 建	−0.005	−0.017	0.033	−0.025	0.063	−0.215	−0.005	0.138	0.009
江 西	0.014	0.015	0.041	0.002	0.033	−0.178	−0.025	0.111	−0.012
山 东	0.049	−0.019	0.075	−0.006	0.053	−0.157	−0.068	0.077	−0.008
河 南	−0.120	−0.025	−0.067	−0.016	0.201	−0.204	0.000	0.100	−0.013
湖 北	−0.138	−0.014	0.041	0.211	−0.216	−0.171	0.057	0.301	0.000
湖 南	0.532	−0.032	−0.010	−0.020	0.136	−0.352	−0.026	0.197	0.039
广 东	−0.093	−0.025	0.029	0.060	−0.036	−0.215	0.001	0.124	−0.013
广 西	−0.086	−0.037	0.033	−0.041	0.327	−0.398	−0.039	0.147	−0.003
海 南	0.114	−0.020	−0.026	−0.001	0.060	−0.136	0.105	0.214	0.017
重 庆	−0.059	−0.041	0.003	0.038	0.203	−0.186	−0.024	0.213	−0.003
四 川	−0.055	−0.041	−0.041	0.029	0.067	−0.157	−0.138	0.255	−0.008
贵 州	−0.071	−0.057	−0.013	0.009	0.148	−0.217	−0.025	0.202	−0.012
云 南	−0.039	−0.068	−0.017	−0.009	0.045	−0.166	−0.099	0.180	−0.013
西 藏	0.026	−0.049	0.007	−0.029	0.025	−0.141	−0.108	−0.102	−0.034
陕 西	−0.078	−0.064	−0.006	0.123	0.166	−0.190	0.086	0.220	0.028
甘 肃	−0.128	−0.003	−0.007	0.016	0.027	−0.108	0.039	0.141	−0.004
青 海	−0.128	0.018	0.106	0.044	0.105	−0.127	0.124	0.128	0.018
宁 夏	−0.018	0.009	0.082	0.414	−0.105	−0.107	0.110	0.175	0.047
新 疆	−0.128	−0.080	0.181	−0.016	0.008	−0.067	0.217	0.122	−0.014
五大牧区	−0.071	−0.041	0.092	0.083	0.029	−0.115	0.065	0.077	0.003
黄土高原区	−0.129	−0.056	0.031	0.018	0.088	−0.078	0.075	0.161	0.009
西南山区	−0.075	−0.043	0.001	0.039	0.096	−0.216	−0.045	0.216	−0.007
东北区	−0.055	0.011	0.072	−0.440	0.013	−0.076	−0.093	0.103	−0.004
黄淮海区	−0.049	−0.004	0.024	−0.031	0.086	−0.187	0.007	0.102	−0.009
东南区	0.037	−0.015	0.044	−0.053	−0.016	−0.212	0.007	0.179	0.004
全国均值	−0.046	−0.023	0.040	−0.035	0.046	−0.163	0.003	0.143	−0.001

附表 4-5　1998—2011 年部分年份 31 个省(自治区、直辖市)畜牧业规模效率 SE 增长率(参数方法)

地区	年份								样本期均值
	1999	2001	2003	2005	2007	2009	2010	2011	
北京	0.000	0.000	-0.007	0.008	0.028	-0.010	0.000	0.008	0.005
天津	0.013	0.027	-0.014	0.003	0.112	0.051	-0.027	0.013	0.004
河北	-0.001	-0.004	0.000	0.000	-0.005	0.005	-0.005	-0.001	-0.001
山西	0.001	0.009	-0.006	-0.003	-0.010	0.035	-0.020	0.005	0.002
内蒙古	-0.009	-0.006	0.006	-0.002	-0.001	0.000	0.000	-0.001	-0.001
辽宁	-0.002	0.001	0.000	0.018	0.010	0.003	0.003	0.004	-0.002
吉林	-0.007	0.006	0.001	-0.002	0.003	0.008	-0.001	-0.005	0.001
黑龙江	-0.006	-0.005	0.010	0.008	0.000	-0.004	0.004	-0.005	0.000
上海	0.039	0.008	-0.019	0.194	0.167	0.035	0.027	-0.029	0.027
江苏	0.001	-0.002	0.001	0.000	0.008	0.003	-0.003	0.001	0.001
浙江	0.000	0.005	0.001	-0.039	0.017	0.014	0.003	0.008	0.005
安徽	0.002	0.000	0.000	-0.002	0.000	0.042	-0.002	0.007	0.002
福建	0.000	0.001	-0.001	-0.010	0.017	0.006	-0.008	0.010	0.002
江西	0.001	-0.003	-0.001	-0.001	0.007	0.010	-0.001	0.006	0.003
山东	-0.024	0.002	0.003	0.003	0.001	0.001	0.000	0.001	0.004
河南	-0.010	-0.001	-0.003	0.000	0.001	-0.001	0.002	0.000	-0.001
湖北	0.000	0.000	0.001	-0.011	0.021	-0.004	-0.011	-0.011	-0.002
湖南	-0.004	-0.002	-0.001	0.005	0.001	0.001	-0.002	-0.001	-0.002
广东	-0.022	-0.009	0.005	0.001	0.005	0.006	-0.005	0.005	-0.003
广西	-0.005	0.001	0.004	0.001	-0.036	0.036	0.000	0.000	0.000
海南	-0.002	0.002	-0.013	-0.011	-0.017	0.011	-0.027	-0.015	0.000
重庆	0.000	0.004	-0.002	-0.007	-0.010	0.013	-0.005	-0.005	0.001
四川	0.002	-0.007	-0.024	0.000	0.010	-0.008	0.008	0.006	0.003
贵州	-0.002	-0.001	0.000	0.000	-0.012	0.007	-0.004	-0.011	-0.002
云南	0.011	0.003	0.003	0.003	0.000	0.000	0.000	0.000	0.002
西藏	0.000	-0.001	-0.004	-0.007	-0.010	0.000	-0.001	0.000	-0.002
陕西	0.000	0.003	0.004	-0.010	-0.010	0.023	-0.008	-0.002	0.003
甘肃	-0.001	0.001	0.008	-0.001	0.003	0.001	-0.014	-0.014	-0.001
青海	-0.001	0.000	-0.002	-0.005	0.004	0.000	-0.017	-0.012	-0.003
宁夏	0.004	0.044	-0.006	-0.093	0.074	0.007	-0.007	-0.017	0.005
新疆	-0.007	-0.005	0.005	-0.004	-0.002	0.000	-0.022	-0.017	-0.003
五大牧区	-0.003	0.006	0.000	-0.022	0.016	0.001	-0.009	-0.009	0.000
黄土高原区	0.000	0.004	0.002	-0.002	-0.006	0.019	-0.014	-0.004	0.001
西南山区	0.001	0.000	-0.003	-0.002	-0.005	0.007	-0.002	-0.003	0.000
东北区	-0.005	0.003	0.004	0.008	0.004	0.002	0.002	-0.002	0.001
黄淮海区	-0.003	0.003	-0.003	0.002	0.021	0.013	-0.005	0.004	0.002
东南区	0.002	0.000	-0.004	0.020	0.028	0.012	-0.002	-0.002	0.005
全国均值	-0.001	0.002	-0.002	0.001	0.012	0.009	-0.005	-0.002	0.001

附表 4-6　1998—2011 年部分年份 31 个省(自治区、直辖市)畜牧业要素配置效率 AE 增长率(参数方法)

地区	年份								样本期
	1999	2001	2003	2005	2007	2009	2010	2011	均值
北京	0.023	0.011	−0.044	0.099	0.109	−0.009	0.012	0.016	0.025
天津	0.008	0.006	−0.002	0.000	−0.095	0.099	0.000	0.064	0.010
河北	0.015	0.028	0.030	0.040	−0.226	−0.081	−0.012	−0.007	−0.011
山西	−0.044	−0.080	−0.002	−0.032	0.105	0.036	0.006	0.018	0.000
内蒙古	−0.040	−0.045	−0.108	−0.066	−0.465	−0.146	−0.095	−0.153	−0.091
辽宁	−0.007	−0.001	0.022	−0.756	−0.264	−0.302	0.001	0.012	−0.047
吉林	0.070	0.058	0.018	−0.001	−0.057	−0.225	−0.063	−0.011	−0.050
黑龙江	−0.014	−0.014	−0.028	−0.063	−0.156	0.050	−0.197	0.020	−0.047
上海	0.106	0.040	0.021	−0.045	0.287	0.079	0.122	0.004	0.102
江苏	0.056	0.058	0.015	−0.021	−0.242	−0.140	−0.061	−0.110	−0.037
浙江	−0.022	−0.046	0.020	0.042	−0.007	−0.039	−0.022	−0.037	0.000
安徽	0.011	0.014	−0.009	0.002	−0.129	0.005	0.036	0.010	0.009
福建	−0.027	−0.039	0.001	0.046	−0.081	0.075	0.028	0.036	−0.005
江西	−0.042	−0.098	0.003	0.052	−0.190	−0.052	−0.023	−0.086	−0.032
山东	−0.199	0.005	−0.001	−0.013	−0.062	−0.080	−0.037	−0.051	−0.029
河南	0.007	0.033	0.014	0.030	−0.134	−0.043	0.012	−0.047	−0.007
湖北	−0.009	0.023	0.022	0.488	−0.564	−0.163	−0.094	−0.133	−0.052
湖南	0.004	0.046	0.030	0.037	−0.076	0.033	0.017	−0.050	0.011
广东	0.050	−0.003	0.000	0.029	−0.143	−0.044	−0.006	−0.066	−0.012
广西	0.008	−0.010	0.004	0.061	−0.220	−0.057	−0.006	−0.019	−0.013
海南	0.006	−0.047	0.030	−0.002	−0.249	0.007	0.008	0.011	−0.027
重庆	0.039	−0.049	0.055	0.087	−0.095	−0.107	−0.026	−0.032	−0.024
四川	0.016	0.008	−0.001	0.095	−0.132	−0.084	0.002	−0.145	−0.028
贵州	−0.016	−0.031	0.031	−0.003	−0.028	−0.088	−0.039	−0.094	−0.023
云南	−0.006	0.008	0.004	0.009	−0.046	−0.076	−0.049	−0.079	−0.020
西藏	0.051	0.074	−0.033	−0.059	−0.440	−0.063	−0.004	−0.087	−0.119
陕西	0.004	0.027	0.002	0.047	−0.036	−0.110	−0.039	−0.050	−0.018
甘肃	−0.081	−0.073	0.180	0.160	−0.114	0.049	0.034	0.014	−0.049
青海	−0.076	−0.152	0.020	0.023	0.011	0.009	0.014	−0.024	−0.034
宁夏	0.001	−0.009	0.011	0.080	−0.077	0.070	0.054	0.033	0.018
新疆	−0.107	−0.160	0.003	0.015	−0.090	−0.032	0.022	−0.039	−0.055
五大牧区	−0.034	−0.058	−0.021	−0.001	−0.122	−0.033	−0.002	−0.054	−0.049
黄土高原区	−0.041	−0.042	0.060	0.064	−0.015	−0.009	0.000	−0.006	−0.022
西南山区	0.005	−0.008	0.019	0.123	−0.181	−0.096	−0.035	−0.084	−0.027
东北区	0.016	0.028	0.004	−0.273	−0.159	−0.159	−0.086	0.007	−0.041
黄淮海区	−0.011	0.022	0.001	0.020	−0.111	−0.036	−0.007	−0.018	−0.006
东南区	0.011	−0.021	0.015	0.023	−0.066	0.009	0.018	−0.027	0.005
全国均值	−0.007	−0.013	0.010	0.012	−0.126	−0.046	−0.013	−0.035	−0.021

附表 5-1　1998—2011 年部分年份 31 个省(自治区、直辖市)畜牧业技术效率 TE 得分(非参数方法)

地区	年份								样本期均值
	1998	2000	2002	2004	2006	2008	2010	2011	
北京	0.638 0	0.529 0	0.505 0	0.581 0	0.492 0	0.567 0	0.576 0	0.673 0	0.563 1
天津	0.900 0	0.771 0	0.676 0	0.753 0	0.651 0	0.589 0	0.589 0	0.700 0	0.690 1
河北	0.775 0	0.718 0	0.749 0	0.863 0	0.854 0	0.897 0	0.837 0	0.988 0	0.815 2
山西	0.400 0	0.346 0	0.286 0	0.299 0	0.264 0	0.330 0	0.424 0	0.494 0	0.342 5
内蒙古	0.487 0	0.456 0	0.411 0	0.766 0	0.838 0	0.595 0	0.516 0	0.611 0	0.563 4
辽宁	0.824 0	0.693 0	0.729 0	0.910 0	1.000 0	0.962 0	0.859 0	0.988 0	0.845 4
吉林	0.710 0	0.651 0	0.564 0	0.659 0	0.701 0	0.811 0	0.604 0	0.787 0	0.672 3
黑龙江	0.450 0	0.309 0	0.336 0	0.431 0	0.472 0	0.604 0	0.578 0	0.745 0	0.474 1
上海	1.000 0	0.846 0	0.723 0	1.000 0	0.975 0	0.934 0	0.814 0	1.000 0	0.876 3
江苏	1.000 0	0.845 0	0.680 0	0.854 0	0.859 0	0.991 0	0.845 0	1.000 0	0.861 0
浙江	0.741 0	0.642 0	0.493 0	0.833 0	0.615 0	0.723 0	0.672 0	0.750 0	0.654 5
安徽	0.597 0	0.580 0	0.501 0	0.617 0	0.688 0	0.827 0	0.648 0	0.797 0	0.639 5
福建	0.837 0	0.749 0	0.700 0	0.838 0	0.905 0	1.000 0	0.859 0	1.000 0	0.839 2
江西	0.603 0	0.603 0	0.531 0	0.558 0	0.541 0	0.604 0	0.551 0	0.646 0	0.581 1
山东	0.657 0	0.563 0	0.537 0	0.758 0	0.848 0	0.961 0	0.851 0	0.978 0	0.741 4
河南	0.558 0	0.505 0	0.508 0	0.573 0	0.526 0	0.737 0	0.658 0	0.787 0	0.583 6
湖北	0.921 0	0.671 0	0.612 0	0.685 0	1.000 0	0.849 0	0.784 0	1.000 0	0.786 7
湖南	0.341 0	0.600 0	0.506 0	0.535 0	0.538 0	0.791 0	0.602 0	0.778 0	0.583 0
广东	0.678 0	0.524 0	0.458 0	0.606 0	0.674 0	0.743 0	0.692 0	0.814 0	0.622 5
广西	0.450 0	0.333 0	0.325 0	0.496 0	0.608 0	0.826 0	0.529 0	0.663 0	0.512 1
海南	0.714 0	0.854 0	0.879 0	0.928 0	1.000 0	0.704 0	0.662 0	0.826 0	0.821 7
重庆	0.511 0	0.403 0	0.354 0	0.360 0	0.327 0	0.441 0	0.386 0	0.488 0	0.401 3
四川	0.509 0	0.429 0	0.367 0	0.407 0	0.587 0	0.600 0	0.524 0	0.672 0	0.502 6
贵州	0.228 0	0.195 0	0.179 0	0.184 0	0.213 0	0.250 0	0.215 0	0.275 0	0.212 0
云南	0.235 0	0.215 0	0.221 0	0.248 0	0.305 0	0.328 0	0.278 0	0.348 0	0.265 7
西藏	0.258 0	0.314 0	0.260 0	0.271 0	0.255 0	0.137 0	0.142 0	0.141 0	0.229 8
陕西	0.429 0	0.353 0	0.335 0	0.273 0	0.333 0	0.477 0	0.480 0	0.616 0	0.390 9
甘肃	0.285 0	0.238 0	0.236 0	0.253 0	0.301 0	0.334 0	0.326 0	0.369 0	0.286 4
青海	0.215 0	0.181 0	0.180 0	0.184 0	0.217 0	0.242 0	0.254 0	0.312 0	0.214 2
宁夏	0.310 0	0.270 0	0.247 0	0.243 0	0.417 0	0.356 0	0.356 0	0.453 0	0.323 1
新疆	0.725 0	0.655 0	0.551 0	0.680 0	0.708 0	0.510 0	0.658 0	0.801 0	0.645 6
五大牧区	0.399 0	0.3752	0.3298	0.4288	0.487 0	0.368 0	0.385 2	0.463 6	0.395 2
黄土高原区	0.371 3	0.312 3	0.285 7	0.275 0	0.299 3	0.380 3	0.410 0	0.493 0	0.339 9
西南山区	0.475 7	0.374 3	0.343 0	0.396 7	0.506 7	0.549 0	0.452 7	0.574 3	0.446 7
东北区	0.661 3	0.551 0	0.543 0	0.666 7	0.724 3	0.792 3	0.680 3	0.840 0	0.647 7
黄淮海区	0.732 1	0.644 4	0.593 7	0.714 1	0.702 6	0.795 6	0.714 9	0.846 1	0.699 1
东南区	0.702 0	0.688 3	0.612 9	0.756 9	0.749 7	0.785 6	0.693 1	0.830 6	0.711 2
全国均值	0.580 2	0.517 5	0.472 2	0.569 2	0.603 6	0.636 1	0.573 2	0.693 5	0.566 0

附表 5-2 1998—2011 年部分年份 31 个省(自治区、直辖市)畜牧业纯技术效率 PTE 得分(非参数方法)

地区	年份								样本期均值
	1998	2000	2002	2004	2006	2008	2010	2011	
北京	0.691 0	0.611 0	0.583 0	0.669 0	0.540 0	0.595 0	0.602 0	0.695 0	0.618 9
天津	1.000 0	0.916 0	0.848 0	0.976 0	1.000 0	1.000 0	1.000 0	1.000 0	0.946 4
河北	0.868 0	0.814 0	0.853 0	1.000 0	0.885 0	0.980 0	0.886 0	1.000 0	0.897 5
山西	0.404 0	0.348 0	0.298 0	0.329 0	0.275 0	0.376 0	0.428 0	0.497 0	0.356 9
内蒙古	0.487 0	0.460 0	0.421 0	0.774 0	0.849 0	0.604 0	0.542 0	0.613 0	0.572 2
辽宁	0.854 0	0.715 0	0.734 0	0.916 0	1.000 0	0.989 0	0.879 0	1.000 0	0.861 6
吉林	0.733 0	0.676 0	0.564 0	0.669 0	0.706 0	0.815 0	0.607 0	0.789 0	0.678 6
黑龙江	0.459 0	0.319 0	0.346 0	0.443 0	0.477 0	0.614 0	0.585 0	0.753 0	0.483 0
上海	1.000 0	0.851 0	0.751 0	1.000 0	1.000 0	0.955 0	0.841 0	1.000 0	0.898 1
江苏	1.000 0	0.868 0	0.745 0	0.927 0	0.899 0	1.000 0	0.848 0	1.000 0	0.891 8
浙江	0.750 0	0.653 0	0.534 0	0.954 0	0.634 0	0.738 0	0.674 0	0.751 0	0.680 1
安徽	0.625 0	0.605 0	0.538 0	0.662 0	0.714 0	1.000 0	0.743 0	0.866 0	0.702 4
福建	0.837 0	0.764 0	0.723 0	0.844 0	0.906 0	1.000 0	0.860 0	1.000 0	0.845 2
江西	0.605 0	0.605 0	0.544 0	0.593 0	0.562 0	0.677 0	0.558 0	0.651 0	0.603 3
山东	0.776 0	0.698 0	0.665 0	0.877 0	0.908 0	1.000 0	0.881 0	1.000 0	0.834 2
河南	0.838 0	0.780 0	0.808 0	0.962 0	0.723 0	1.000 0	0.880 0	1.000 0	0.862 6
湖北	0.923 0	0.693 0	0.635 0	0.724 0	1.000 0	0.880 0	0.791 0	1.000 0	0.802 2
湖南	0.386 0	0.686 0	0.593 0	0.662 0	0.649 0	0.934 0	0.650 0	0.835 0	0.674 4
广东	0.698 0	0.560 0	0.540 0	0.702 0	0.729 0	0.888 0	0.759 0	0.875 0	0.697 3
广西	0.482 0	0.390 0	0.363 0	0.534 0	0.616 0	0.850 0	0.552 0	0.696 0	0.542 6
海南	1.000 0	1.000 0	0.920 0	0.939 0	1.000 0	0.797 0	0.790 0	1.000 0	0.925 4
重庆	0.515 0	0.405 0	0.358 0	0.373 0	0.327 0	0.450 0	0.390 0	0.494 0	0.406 4
四川	0.750 0	0.633 0	0.563 0	0.532 0	0.823 0	0.800 0	0.654 0	0.838 0	0.697 2
贵州	0.230 0	0.201 0	0.186 0	0.190 0	0.219 0	0.261 0	0.222 0	0.284 0	0.218 5
云南	0.264 0	0.240 0	0.242 0	0.266 0	0.318 0	0.349 0	0.296 0	0.370 0	0.286 1
西藏	0.310 0	0.546 0	0.264 0	0.272 0	0.258 0	0.147 0	0.150 0	0.146 0	0.313 5
陕西	0.434 0	0.354 0	0.342 0	0.312 0	0.361 0	0.540 0	0.484 0	0.619 0	0.409 7
甘肃	0.287 0	0.240 0	0.236 0	0.253 0	0.302 0	0.335 0	0.327 0	0.370 0	0.287 5
青海	0.216 0	0.181 0	0.181 0	0.185 0	0.218 0	0.243 0	0.266 0	0.331 0	0.217 5
宁夏	0.327 0	0.281 0	0.256 0	0.267 0	0.458 0	0.427 0	0.449 0	0.561 0	0.365 4
新疆	0.732 0	0.661 0	0.552 0	0.683 0	0.713 0	0.514 0	0.684 0	0.847 0	0.654 6
五大牧区	0.414 4	0.425 8	0.334 8	0.436 2	0.499 2	0.387 0	0.418 2	0.499 6	0.424 6
黄土高原区	0.375 0	0.314 0	0.292 0	0.298 0	0.312 7	0.417 0	0.413 0	0.495 3	0.351 4
西南山区	0.527 3	0.427 0	0.391 2	0.436 5	0.550 5	0.598 3	0.484 2	0.613 7	0.492 2
东北区	0.682 0	0.570 0	0.548 0	0.676 0	0.727 7	0.806 0	0.690 3	0.847 3	0.661 6
黄淮海区	0.828 3	0.756 0	0.720 0	0.867 6	0.809 9	0.939 3	0.834 3	0.937 3	0.822 0
东南区	0.753 7	0.731 3	0.657 9	0.813 4	0.782 9	0.855 6	0.733 1	0.873 1	0.760 5
全国均值	0.628 4	0.572 7	0.522 1	0.628 7	0.647 4	0.701 9	0.621 9	0.738 1	0.620 4

附表 5-3　1998—2011 年部分年份 31 个省（自治区、直辖市）畜牧业规模效率 SE 得分（非参数方法）

地区	年份								样本期均值
	1998	2000	2002	2004	2006	2008	2010	2011	
北京	0.924 0	0.866 0	0.867 0	0.869 0	0.910 0	0.952 0	0.957 0	0.968 0	0.909 6
天津	0.900 0	0.841 0	0.797 0	0.772 0	0.651 0	0.589 0	0.589 0	0.700 0	0.728 9
河北	0.893 0	0.882 0	0.878 0	0.863 0	0.964 0	0.915 0	0.945 0	0.988 0	0.907 4
山西	0.991 0	0.995 0	0.961 0	0.909 0	0.960 0	0.878 0	0.991 0	0.994 0	0.958 1
内蒙古	1.000 0	0.992 0	0.976 0	0.991 0	0.987 0	0.985 0	0.952 0	0.998 0	0.984 4
辽宁	0.965 0	0.969 0	0.994 0	0.994 0	1.000 0	0.973 0	0.977 0	0.988 0	0.954 9
吉林	0.969 0	0.963 0	0.999 0	0.985 0	0.994 0	0.996 0	0.995 0	0.997 0	0.991 0
黑龙江	0.979 0	0.968 0	0.972 0	0.975 0	0.989 0	0.984 0	0.988 0	0.989 0	0.980 0
上海	1.000 0	0.994 0	0.962 0	1.000 0	0.975 0	0.977 0	0.968 0	1.000 0	0.974 9
江苏	1.000 0	0.974 0	0.912 0	0.921 0	0.956 0	0.991 0	0.996 0	1.000 0	0.963 7
浙江	0.987 0	0.983 0	0.924 0	0.873 0	0.969 0	0.980 0	0.997 0	0.999 0	0.963 6
安徽	0.954 0	0.959 0	0.930 0	0.933 0	0.963 0	0.827 0	0.872 0	0.920 0	0.916 7
福建	1.000 0	0.980 0	0.967 0	0.993 0	1.000 0	1.000 0	1.000 0	1.000 0	0.992 1
江西	0.998 0	0.997 0	0.976 0	0.940 0	0.961 0	0.892 0	0.988 0	0.992 0	0.963 8
山东	0.847 0	0.807 0	0.808 0	0.864 0	0.934 0	0.961 0	0.967 0	0.978 0	0.879 4
河南	0.666 0	0.648 0	0.629 0	0.596 0	0.729 0	0.737 0	0.748 0	0.787 0	0.675 6
湖北	0.998 0	0.968 0	0.964 0	0.947 0	1.000 0	0.965 0	0.991 0	1.000 0	0.978 5
湖南	0.883 0	0.876 0	0.853 0	0.809 0	0.829 0	0.847 0	0.927 0	0.932 0	0.864 5
广东	0.971 0	0.935 0	0.848 0	0.864 0	0.924 0	0.836 0	0.911 0	0.931 0	0.893 6
广西	0.932 0	0.853 0	0.896 0	0.928 0	0.988 0	0.972 0	0.959 0	0.953 0	0.935 6
海南	0.714 0	0.854 0	0.956 0	0.988 0	1.000 0	0.884 0	0.837 0	0.826 0	0.887 5
重庆	0.991 0	0.993 0	0.991 0	0.966 0	1.000 0	0.978 0	0.988 0	0.988 0	0.987 4
四川	0.678 0	0.677 0	0.652 0	0.765 0	0.714 0	0.751 0	0.802 0	0.802 0	0.719 3
贵州	0.991 0	0.969 0	0.960 0	0.966 0	0.975 0	0.959 0	0.965 0	0.968 0	0.970 3
云南	0.888 0	0.896 0	0.916 0	0.935 0	0.958 0	0.939 0	0.940 0	0.940 0	0.926 2
西藏	0.833 0	0.575 0	0.988 0	0.997 0	0.988 0	0.931 0	0.946 0	0.965 0	0.860 6
陕西	0.990 0	0.998 0	0.979 0	0.874 0	0.922 0	0.884 0	0.991 0	0.995 0	0.953 6
甘肃	0.993 0	0.989 0	1.000 0	1.000 0	0.998 0	1.000 0	0.999 0	0.998 0	0.996 3
青海	0.996 0	0.998 0	0.998 0	0.996 0	0.994 0	0.994 0	0.956 0	0.941 0	0.987 4
宁夏	0.946 0	0.959 0	0.963 0	0.911 0	0.910 0	0.833 0	0.793 0	0.808 0	0.895 5
新疆	0.990 0	0.991 0	0.998 0	0.995 0	0.992 0	0.993 0	0.963 0	0.946 0	0.986 9
五大牧区	0.953 0	0.903 0	0.984 6	0.978 0	0.974 2	0.947 2	0.922 0	0.931 6	0.943 0
黄土高原区	0.991 3	0.994 0	0.980 0	0.927 7	0.960 0	0.920 7	0.993 7	0.995 7	0.969 3
西南山区	0.913 0	0.892 7	0.896 5	0.917 8	0.939 2	0.927 3	0.940 8	0.941 8	0.919 5
东北区	0.971 0	0.966 7	0.988 3	0.984 7	0.994 3	0.984 3	0.986 7	0.991 3	0.975 3
黄淮海区	0.883 4	0.853 9	0.831 6	0.831 1	0.872 4	0.853 1	0.867 7	0.905 9	0.854 5
东南区	0.936 1	0.945 6	0.926 6	0.923 9	0.951 1	0.916 6	0.946 9	0.954 3	0.934 3
全国均值	0.931 2	0.914 5	0.919 8	0.916 7	0.939 8	0.916 2	0.932 2	0.944 9	0.929 3

附表 5-4　1998—2011 年部分年份 31 个省(自治区、直辖市)畜牧业 Malmquist 生产率指数 TFPCH(非参数方法)

地区	年份								样本期均值
	1999	2001	2003	2005	2007	2009	2010	2011	
内蒙古	0.873 0	0.851 0	1.120 0	1.085 0	0.802 0	0.920 0	1.120 0	1.193 0	0.995 5
西藏	1.137 0	1.085 0	1.093 0	1.051 0	0.756 0	0.960 0	1.061 0	0.998 0	1.017 6
青海	0.898 0	0.983 0	1.171 0	1.140 0	1.158 0	0.971 0	1.252 0	1.250 0	1.102 9
宁夏	0.939 0	1.007 0	1.033 0	1.447 0	0.926 0	0.996 0	1.240 0	1.286 0	1.109 3
新疆	0.880 0	0.942 0	1.295 0	1.104 0	1.029 0	1.054 0	1.378 0	1.238 0	1.115 0
山西	0.821 0	0.871 0	1.083 0	1.043 0	1.200 0	0.990 0	1.109 0	1.138 0	1.031 9
陕西	0.873 0	0.911 0	1.001 0	1.137 0	1.246 0	0.800 0	1.084 0	1.252 0	1.038 0
甘肃	0.895 0	0.988 0	1.046 0	1.120 0	1.020 0	0.857 0	1.057 0	1.100 0	1.010 4
湖北	0.853 0	0.990 0	1.053 0	1.855 0	0.543 0	0.837 0	1.100 0	1.318 0	1.068 6
广西	0.942 0	0.925 0	1.134 0	1.102 0	1.148 0	0.386 0	0.945 0	1.137 0	0.964 9
重庆	0.912 0	0.885 0	0.975 0	1.091 0	1.225 0	0.758 0	0.964 0	1.210 0	1.002 5
四川	0.968 0	0.955 0	0.977 0	1.422 0	0.892 0	0.799 0	0.922 0	1.072 0	1.000 9
贵州	0.958 0	0.881 0	1.072 0	1.122 0	1.108 0	0.701 0	0.980 0	1.174 0	0.999 5
云南	1.008 0	0.955 0	1.045 0	1.091 0	1.028 0	0.785 0	0.899 0	1.131 0	0.992 8
辽宁	0.960 0	1.025 0	1.020 0	0.600	0.954 0	0.994 0	0.991 0	1.152 0	0.962 0
吉林	1.030 0	0.938 0	1.147 0	1.083 0	1.095 0	0.847 0	1.031 0	1.307 0	1.059 8
黑龙江	0.777 0	1.115 0	1.136 0	1.122 0	1.154 0	1.102 0	0.886 0	1.288 0	1.072 5
北京	0.962 0	1.080 0	1.121 0	1.000 0	1.158 0	1.015 0	1.029 0	1.168 0	1.066 6
天津	0.877 0	0.971 0	1.048 0	1.037 0	0.997 0	0.977 0	1.148 0	1.187 0	1.030 3
河北	0.971 0	0.995 0	1.082 0	1.066 0	1.006 0	0.751 0	1.072 0	1.130 0	1.009 1
江苏	0.904 0	0.965 0	0.989 0	1.010 0	1.090 0	0.896 0	1.049 0	1.265 0	1.021 0
安徽	0.982 0	0.978 0	1.076 0	1.029 0	1.191 0	0.714 0	1.046 0	1.167 0	1.022 9
山东	0.907 0	1.009 0	1.167 0	1.079 0	1.051 0	0.774 0	0.958 0	1.103 0	1.006 0
河南	0.913 0	0.956 0	0.980 0	1.017 0	1.301 0	0.665 0	1.097 0	1.007 0	0.992 0
上海	0.868 0	0.972 0	1.131 0	0.688 0	0.975 0	0.892 0	1.094 0	1.368 0	0.998 5
浙江	0.912 0	0.943 0	1.093 0	0.684 0	1.154 0	0.883 0	1.026 0	1.138 0	0.979 1
福建	0.989 0	0.977 0	1.015 0	1.028 0	1.017 0	0.749 0	0.953 0	1.123 0	0.981 4
江西	1.052 0	0.924 0	1.070 0	0.994 0	1.102 0	0.803 0	1.004 0	1.148 0	1.012 1
湖南	1.748 0	0.957 0	0.997 0	1.033 0	1.260 0	0.621 0	1.024 0	1.087 0	1.090 9
广东	0.828 0	0.998 0	1.099 0	1.085 0	1.037 0	0.804 0	1.023 0	1.106 0	0.997 5
海南	1.108 0	0.958 0	1.012 0	1.047 0	0.889 0	0.886 0	1.186 0	1.288 0	1.046 8
五大牧区	0.945 4	0.973 6	1.142 4	1.165 4	0.934 2	0.980 2	1.210 2	1.193 0	1.068 1
黄土高原区	0.863 0	0.923 3	1.043 3	1.100 0	1.155 3	0.882 3	1.083 3	1.163 3	1.026 7
西南山区	0.940 2	0.931 8	1.042 7	1.280 5	0.990 7	0.711 0	0.968 3	1.173 7	1.004 9
东北区	0.922 3	1.026 0	1.101 0	0.935 0	1.067 7	0.981 0	0.969 3	1.249 0	1.031 4
黄淮海区	0.930 9	0.993 4	1.066 1	1.034 0	1.113 4	0.827 4	1.057 0	1.146 7	1.021 1
东南区	1.072 1	0.961 3	1.059 6	0.937 0	1.062 0	0.805 4	1.044 3	1.179 7	1.015 2
全国平均	0.949 0	0.966 0	1.071 0	1.077 8	1.035 0	0.830 0	1.051 0	1.175 0	1.019 4

附表 5-5　1998—2011 年部分年份 31 个省(自治区、直辖市)畜牧业技术进步指数 TECH(非参数方法)

地区	年份								样本期均值
	1999	2001	2003	2005	2007	2009	2010	2011	
内蒙古	0.968 0	0.975 0	1.040 0	1.086 0	0.915 0	1.073 0	0.996 0	1.352 0	1.050 6
西藏	1.056 0	0.931 0	1.030 0	1.057 0	0.920 0	1.010 0	1.058 0	1.386 0	1.056 0
青海	1.087 0	0.989 0	1.019 0	1.046 0	1.016 0	1.109 0	1.019 0	1.364 0	1.081 1
宁夏	0.900 0	0.971 0	1.021 0	1.008 0	0.940 0	1.075 0	1.026 0	1.375 0	1.039 5
新疆	1.004 0	1.007 0	1.045 0	1.050 0	1.002 0	1.129 0	1.024 0	1.364 0	1.078 1
山西	0.898 0	0.958 0	0.990 0	0.970 0	1.056 0	0.787 0	1.014 0	1.139 0	0.976 5
陕西	0.878 0	0.954 0	0.998 0	0.975 0	1.014 0	0.809 0	1.030 0	1.150 0	0.976 0
甘肃	0.967 0	0.979 0	1.058 0	0.981 0	0.912 0	0.817 0	0.973 0	1.139 0	0.978 3
湖北	0.853 0	0.983 0	1.023 0	1.484 0	0.687 0	0.858 0	0.995 0	1.239 0	1.015 3
广西	0.905 0	0.948 0	1.084 0	1.294 0	0.698 0	0.511 0	0.905 0	1.054 0	0.924 9
重庆	0.857 0	0.975 0	1.027 0	1.040 0	0.951 0	0.765 0	0.950 0	1.113 0	0.959 8
四川	0.851 0	0.991 0	1.047 0	1.054 0	0.816 0	0.692 0	0.899 0	1.099 0	0.931 1
贵州	0.919 0	0.970 0	1.081 0	1.005 0	0.888 0	0.709 0	0.917 0	1.075 0	0.945 5
云南	0.919 0	0.977 0	1.048 0	1.001 0	0.912 0	0.715 0	0.914 0	1.078 0	0.945 5
辽宁	0.906 0	0.967 0	1.020 0	0.987 0	0.954 0	0.994 0	0.991 0	1.164 0	0.997 9
吉林	0.944 0	0.975 0	1.031 0	1.006 0	1.018 0	1.013 0	0.998 0	1.257 0	1.030 3
黑龙江	0.910 0	0.958 0	1.054 0	1.035 0	1.003 0	0.982 0	0.995 0	1.247 0	1.023 0
北京	0.916 0	1.080 0	1.121 0	1.000 0	0.919 0	0.979 0	1.077 0	1.383 0	1.059 4
天津	0.877 0	0.971 0	1.048 0	1.037 0	0.993 0	1.090 0	1.045 0	1.388 0	1.056 1
河北	0.887 0	0.995 0	1.082 0	1.117 0	0.859 0	0.761 0	1.032 0	1.130 0	0.982 9
江苏	0.904 0	0.965 0	0.989 0	1.010 0	1.090 0	0.896 0	1.049 0	1.265 0	1.021 0
安徽	0.861 0	0.983 0	1.016 0	1.040 0	0.997 0	0.790 0	1.018 0	1.138 0	0.980 4
山东	0.974 0	1.000 0	1.065 0	1.016 0	0.948 0	0.769 0	0.958 0	1.121 0	0.981 4
河南	0.857 0	0.885 0	1.036 0	1.113 0	0.868 0	0.660 0	0.904 0	1.055 0	0.922 3
上海	0.868 0	0.972 0	1.131 0	0.688 0	0.975 0	0.892 0	1.094 0	1.368 0	0.998 5
浙江	0.902 0	0.975 0	1.003 0	0.936 0	1.116 0	0.848 0	1.011 0	1.205 0	0.999 5
福建	0.894 0	0.977 0	1.014 0	1.016 0	0.967 0	0.749 0	0.953 0	1.123 0	0.961 6
江西	0.851 0	0.924 0	1.004 0	1.003 0	1.010 0	0.807 0	1.032 0	1.144 0	0.971 9
湖南	0.865 0	0.982 0	1.016 0	1.032 0	0.960 0	0.714 0	0.901 0	1.058 0	0.941 0
广东	0.893 0	0.964 0	0.993 0	0.967 0	1.042 0	0.805 0	1.030 0	1.135 0	0.978 6
海南	1.107 0	0.958 0	1.012 0	1.047 0	0.892 0	1.046 0	0.983 0	1.287 0	1.041 5
五大牧区	1.003 0	0.974 6	1.031 0	1.049 4	0.958 6	1.079 2	1.024 6	1.368 2	1.061 1
黄土高原区	0.914 3	0.963 7	1.015 3	0.975 3	0.994 0	0.804 3	1.005 7	1.142 7	0.976 9
西南山区	0.884 0	0.974 0	1.051 7	1.146 3	0.825 3	0.708 3	0.930 0	1.109 7	0.953 7
东北区	0.920 0	0.966 7	1.035 0	1.001 3	0.991 7	0.996 3	0.994 7	1.222 7	1.016 0
黄淮海区	0.896 6	0.982 7	1.051 0	1.047 6	0.953 4	0.849 3	1.011 9	1.211 4	1.000 5
东南区	0.911 4	0.964 6	1.024 7	0.955 6	0.994 6	0.837 3	1.000 6	1.188 6	0.984 7
全国平均	0.916 0	0.972 0	1.036 0	1.035 5	0.941 0	0.852 0	0.992 0	1.201 0	0.993 2

附表 5-6 1998—2011 年部分年份 31 个省(自治区、直辖市)畜牧业技术效率指数 EFFCH(非参数方法)

地区	年份								样本期均值
	1999	2001	2003	2005	2007	2009	2010	2011	
内蒙古	0.901 0	0.872 0	1.077 0	0.999 0	0.877 0	0.858 0	1.124 0	0.882 0	0.948 8
西藏	1.076 0	1.166 0	1.060 0	0.994 0	0.821 0	0.950 0	1.003 0	0.720 0	0.973 8
青海	0.826 0	0.994 0	1.150 0	1.090 0	1.141 0	0.875 0	1.229 0	0.917 0	1.027 8
宁夏	1.043 0	1.037 0	1.012 0	1.436 0	0.986 0	0.927 0	1.208 0	0.935 0	1.073 0
新疆	0.877 0	0.936 0	1.240 0	1.051 0	1.027 0	0.933 0	1.346 0	0.907 0	1.039 6
山西	0.914 0	0.910 0	1.093 0	1.075 0	1.136 0	1.258 0	1.094 0	0.999 0	1.059 9
陕西	0.995 0	0.955 0	1.004 0	1.166 0	1.229 0	0.989 0	1.052 0	1.088 0	1.059 8
甘肃	0.926 0	1.010 0	0.989 0	1.142 0	1.118 0	1.049 0	1.086 0	0.966 0	1.035 8
湖北	1.000 0	1.007 0	1.030 0	1.249 0	0.790 0	0.976 0	1.106 0	1.064 0	1.027 8
广西	1.042 0	0.976 0	1.046 0	0.851 0	1.644 0	0.756 0	1.045 0	1.078 0	1.054 8
重庆	1.065 0	0.907 0	0.950 0	1.050 0	1.289 0	0.991 0	1.015 0	1.088 0	1.044 4
四川	1.138 0	0.963 0	0.933 0	1.349 0	1.094 0	1.153 0	1.026 0	0.975 0	1.078 9
贵州	1.042 0	0.908 0	0.991 0	1.116 0	1.248 0	0.989 0	1.068 0	1.092 0	1.056 8
云南	1.097 0	0.977 0	0.998 0	1.089 0	1.128 0	1.098 0	0.983 0	1.049 0	1.052 4
辽宁	1.060 0	1.060 0	1.000 0	0.608	1.000 0	1.000 0	1.000 0	0.989 0	0.964 6
吉林	1.092 0	0.961 0	1.113 0	1.076 0	1.076 0	0.836 0	1.033 0	1.040 0	1.028 4
黑龙江	0.855 0	1.164 0	1.078 0	1.084 0	1.151 0	1.123 0	0.891 0	1.033 0	1.047 4
北京	1.050 0	1.000 0	1.000 0	1.000 0	1.260 0	1.037 0	0.955 0	0.845 0	1.018 4
天津	1.000 0	1.000 0	1.000 0	1.000 0	1.004 0	0.896 0	1.098 0	0.855 0	0.981 6
河北	1.095 0	1.000 0	1.000 0	0.955 0	1.171 0	0.986 0	1.039 0	1.000 0	1.030 8
江苏	1.000 0	1.000 0	1.000 0	1.000 0	1.000 0	1.000 0	1.000 0	1.000 0	1.000 0
安徽	1.141 0	0.995 0	1.059 0	0.990 0	1.195 0	0.903 0	1.028 0	1.025 0	1.042 0
山东	0.932 0	1.009 0	1.096 0	1.063 0	1.108 0	1.006 0	1.000 0	0.984 0	1.024 8
河南	1.066 0	1.081 0	0.946 0	0.914 0	1.499 0	1.007 0	1.214 0	0.954 0	1.085 1
上海	1.000 0	1.000 0	1.000 0	1.000 0	1.000 0	1.000 0	1.000 0	1.000 0	1.000 0
浙江	1.011 0	0.968 0	1.090 0	0.731 0	1.034 0	1.042 0	1.014 0	0.944 0	0.979 3
福建	1.106 0	0.999 0	1.000 0	1.012 0	1.052 0	1.000 0	1.000 0	1.000 0	1.021 1
江西	1.235 0	1.000 0	1.066 0	0.991 0	1.092 0	0.995 0	0.973 0	1.004 0	1.044 5
湖南	2.020 0	0.974 0	0.981 0	1.001 0	1.312 0	0.870 0	1.136 0	1.027 0	1.165 1
广东	0.928 0	1.035 0	1.107 0	1.122 0	0.995 0	0.999 0	0.993 0	0.974 0	1.019 1
海南	1.000 0	1.000 0	1.000 0	1.000 0	0.997 0	0.847 0	1.207 0	1.001 0	1.006 5
五大牧区	0.944 6	1.001 0	1.107 8	1.114 0	0.970 4	0.908 6	1.182 0	0.872 2	1.012 6
黄土高原区	0.945 0	0.958 3	1.028 7	1.127 7	1.161 0	1.098 7	1.077 3	1.017 7	1.051 8
西南山区	1.064 0	0.956 3	0.991 3	1.117 3	1.198 8	0.993 8	1.040 5	1.057 7	1.052 5
东北区	1.002 3	1.061 7	1.063 7	0.922 7	1.075 7	0.986 3	0.974 7	1.020 7	1.013 5
黄淮海区	1.040 6	1.012 1	1.014 4	0.988 9	1.176 7	0.976 4	1.047 7	0.951 9	1.026 1
东南区	1.185 7	0.996 6	1.034 9	0.979 6	1.068 9	0.964 7	1.046 1	0.992 9	1.033 7
全国平均	1.036 0	0.994 0	1.034 0	1.038 9	1.099 0	0.974 0	1.059 0	0.978 0	1.026 6

附表 5-7　1998—2011 年部分年份 31 个省(自治区、直辖市)畜牧业纯技术效率指数 PECH(非参数方法)

地区	年份								样本期均值
	1999	2001	2003	2005	2007	2009	2010	2011	
内蒙古	0.971 0	0.963 0	1.069 0	1.081 0	0.869 0	0.852 0	1.129 0	0.880 0	0.976 8
西藏	1.211 0	1.000 0	1.041 0	1.011 0	0.822 0	0.956 0	1.003 0	0.722 0	0.970 8
青海	0.912 0	0.979 0	1.116 0	1.119 0	1.156 0	0.878 0	1.239 0	0.929 0	1.041 0
宁夏	1.056 0	1.079 0	0.957 0	3.043 0	1.000 0	1.073 0	1.026 0	1.028 0	1.282 8
新疆	0.947 0	0.907 0	1.181 0	1.072 0	1.038 0	0.936 0	1.365 0	0.920 0	1.045 8
山西	0.904 0	0.910 0	1.080 0	1.098 0	1.199 0	1.280 0	1.108 0	1.025 0	1.075 5
陕西	0.999 0	0.949 0	1.001 0	1.197 0	1.208 0	1.028 0	1.055 0	1.101 0	1.067 3
甘肃	0.959 0	1.005 0	1.092 0	1.185 0	1.116 0	1.042 0	1.088 0	0.968 0	1.056 9
湖北	1.000 0	1.004 0	1.035 0	1.178 0	0.815 0	0.967 0	1.098 0	1.060 0	1.019 6
广西	0.995 0	0.942 0	1.004 0	0.840 0	1.599 0	0.770 0	1.031 0	1.087 0	1.033 5
重庆	1.071 0	0.887 0	0.945 0	1.035 0	1.264 0	0.990 0	1.018 0	1.088 0	1.037 3
四川	1.034 0	0.993 0	0.964 0	1.180 0	0.770 0	1.098 0	0.826 0	1.082 0	0.993 4
贵州	1.039 0	0.894 0	0.993 0	1.061 0	1.166 0	0.966 0	1.054 0	1.092 0	1.033 1
云南	1.014 0	0.952 0	0.952 0	0.999 0	1.020 0	1.058 0	0.968 0	1.053 0	1.002 0
辽宁	1.000 0	1.000 0	1.000 0	0.970 0	1.000 0	1.000 0	1.000 0	1.000 0	0.996 3
吉林	1.103 0	0.979 0	1.113 0	1.066 0	1.065 0	0.832 0	1.037 0	1.034 0	1.028 6
黑龙江	0.913 0	1.083 0	1.062 0	1.009 0	1.065 0	1.120 0	0.892 0	1.039 0	1.022 9
北京	1.008 0	1.000 0	1.000 0	1.000 0	1.376 0	1.038 0	0.962 0	0.851 0	1.029 4
天津	1.000 0	1.000 0	1.000 0	1.000 0	1.000 0	1.000 0	1.000 0	1.000 0	1.000 0
河北	1.000 0	1.000 0	1.000 0	1.000 0	1.062 0	0.986 0	1.033 0	1.000 0	1.010 1
江苏	1.000 0	1.000 0	1.000 0	1.000 0	1.000 0	1.000 0	1.000 0	1.000 0	1.000 0
安徽	1.062 0	0.998 0	1.059 0	1.034 0	1.186 0	0.918 0	1.029 0	1.030 0	1.039 5
山东	0.995 0	0.982 0	1.000 0	1.000 0	1.000 0	1.000 0	1.000 0	1.000 0	0.997 1
河南	1.000 0	1.000 0	1.000 0	1.000 0	1.094 0	1.000 0	1.000 0	1.000 0	1.011 8
上海	1.000 0	1.000 0	1.000 0	1.000 0	1.000 0	1.000 0	1.000 0	1.000 0	1.000 0
浙江	0.999 0	0.974 0	1.087 0	0.752 0	1.123 0	1.061 0	0.999 0	0.949 0	0.993 0
福建	1.073 0	0.989 0	1.000 0	0.993 0	1.004 0	1.000 0	1.000 0	1.000 0	1.007 4
江西	1.231 0	1.000 0	1.065 0	0.991 0	1.088 0	1.012 0	0.969 0	1.003 0	1.044 9
湖南	1.859 0	0.955 0	0.953 0	0.980 0	1.083 0	0.839 0	1.109 0	1.037 0	1.101 9
广东	1.018 0	0.998 0	1.074 0	1.036 0	1.009 0	0.990 0	1.005 0	0.991 0	1.015 1
海南	1.000 0	1.000 0	1.000 0	1.000 0	1.000 0	1.000 0	1.000 0	1.000 0	1.000 0
五大牧区	1.019 4	0.985 6	1.072 8	1.465 2	0.977 0	0.939 0	1.152 4	0.895 8	1.063 4
黄土高原区	0.954 0	0.954 7	1.057 7	1.160 0	1.174 3	1.116 7	1.083 7	1.031 3	1.066 5
西南山区	1.025 5	0.945 3	0.982 2	1.048 8	1.105 7	0.974 8	0.999 2	1.077 0	1.019 8
东北区	1.005 3	1.020 7	1.058 3	1.015 0	1.043 3	0.984 0	0.976 3	1.024 3	1.015 9
黄淮海区	1.009 3	0.997 1	1.008 4	1.004 9	1.102 6	0.991 7	1.003 4	0.983 0	1.012 6
东南区	1.168 6	0.988 0	1.025 6	0.964 6	1.043 9	0.986 0	1.011 7	0.997 1	1.023 2
全国平均	1.035 0	0.980 0	1.026 0	1.094 5	1.060 0	0.985 0	1.030 0	0.996 0	1.025 8

附表 5-8 1998—2011 年部分年份 31 个省(自治区、直辖市)畜牧业规模效率指数 SECH(非参数方法)

地区	年份								样本期均值
	1999	2001	2003	2005	2007	2009	2010	2011	
内蒙古	0.928 0	0.906 0	1.008 0	0.924 0	1.009 0	1.007 0	0.996 0	1.003 0	0.972 6
西藏	0.888 0	1.166 0	1.018 0	0.983 0	0.999 0	0.994 0	0.999 0	0.997 0	1.005 5
青海	0.906 0	1.015 0	1.030 0	0.974 0	0.987 0	0.996 0	0.992 0	0.987 0	0.985 9
宁夏	0.988 0	0.961 0	1.057 0	0.472 0	0.986 0	0.863 0	1.177 0	0.910 0	0.926 8
新疆	0.926 0	1.032 0	1.049 0	0.981 0	0.989 0	0.997 0	0.986 0	0.986 0	0.993 3
山西	1.011 0	0.999 0	1.012 0	0.979 0	0.947 0	0.982 0	0.987 0	0.975 0	0.986 5
陕西	0.996 0	1.007 0	1.003 0	0.974 0	1.018 0	0.962 0	0.997 0	0.988 0	0.993 1
甘肃	0.966 0	1.005 0	0.905 0	0.963 0	1.002 0	1.007 0	0.999 0	0.998 0	0.980 6
湖北	1.000 0	1.003 0	0.995 0	1.060 0	0.970 0	1.009 0	1.007 0	1.003 0	1.005 9
广西	1.047 0	1.036 0	1.042 0	1.014 0	1.028 0	0.982 0	1.013 0	0.992 0	1.019 3
重庆	0.994 0	1.023 0	1.005 0	1.014 0	1.019 0	1.001 0	0.997 0	0.999 0	1.006 5
四川	1.101 0	0.970 0	0.968 0	1.143 0	1.420 0	1.051 0	1.242 0	0.901 0	1.099 5
贵州	1.002 0	1.016 0	0.999 0	1.052 0	1.070 0	1.023 0	1.013 0	1.000 0	1.021 9
云南	1.082 0	1.026 0	1.048 0	1.090 0	1.106 0	1.038 0	1.015 0	0.997 0	1.050 3
辽宁	1.060 0	1.060 0	1.000 0	0.627 0	1.000 0	1.000 0	1.000 0	0.989 0	0.967 0
吉林	0.990 0	0.982 0	1.000 0	1.009 0	1.011 0	1.004 0	0.996 0	1.005 0	0.999 6
黑龙江	0.936 0	1.075 0	1.015 0	1.075 0	1.080 0	1.003 0	1.000 0	0.994 0	1.022 3
北京	1.042 0	1.000 0	1.000 0	1.000 0	0.916 0	0.999 0	0.993 0	0.992 0	0.992 8
天津	1.000 0	1.000 0	1.000 0	1.000 0	1.004 0	0.896 0	1.098 0	0.855 0	0.981 6
河北	1.095 0	1.000 0	1.000 0	0.955 0	1.103 0	1.001 0	1.006 0	1.000 0	1.020 0
江苏	1.000 0	1.000 0	1.000 0	1.000 0	1.000 0	1.000 0	1.000 0	1.000 0	1.000 0
安徽	1.075 0	0.997 0	1.000 0	0.957 0	1.007 0	0.984 0	0.999 0	0.996 0	1.001 9
山东	0.936 0	1.027 0	1.096 0	1.063 0	1.108 0	1.006 0	1.000 0	0.984 0	1.027 5
河南	1.066 0	1.081 0	0.946 0	0.914 0	1.371 0	1.007 0	1.214 0	0.954 0	1.069 1
上海	1.000 0	1.000 0	1.000 0	1.000 0	1.000 0	1.000 0	1.000 0	1.000 0	1.000 0
浙江	1.012 0	0.993 0	1.002 0	0.971 0	0.921 0	0.982 0	1.016 0	0.995 0	0.986 5
福建	1.031 0	1.011 0	1.000 0	1.019 0	1.047 0	1.000 0	1.000 0	1.000 0	1.013 5
江西	1.004 0	1.000 0	1.001 0	1.000 0	1.003 0	0.983 0	1.004 0	1.001 0	0.999 5
湖南	1.087 0	1.020 0	1.029 0	1.022 0	1.212 0	1.036 0	1.025 0	0.990 0	1.052 6
广东	0.911 0	1.037 0	1.031 0	1.083 0	0.986 0	1.009 0	0.988 0	0.983 0	1.003 5
海南	1.000 0	1.000 0	1.000 0	1.000 0	0.997 0	0.847 0	1.207 0	1.001 0	1.006 5
五大牧区	0.927 2	1.016 0	1.032 4	0.866 8	0.994 0	0.971 4	1.030 0	0.976 6	0.976 8
黄土高原区	0.991 0	1.003 7	0.973 3	0.972 0	0.989 0	0.983 7	0.994 3	0.987 0	0.986 8
西南山区	1.037 7	1.012 3	1.009 5	1.062 2	1.102 2	1.017 3	1.047 8	0.982 0	1.033 9
东北区	0.995 3	1.039 0	1.005 0	0.907 3	1.030 3	1.002 3	0.998 7	0.996 0	0.996 7
黄淮海区	1.030 6	1.015 0	1.006 0	0.984 1	1.072 7	0.984 7	1.044 3	0.968 7	1.013 3
东南区	1.006 4	1.008 7	1.009 0	1.013 6	1.023 7	0.979 6	1.034 3	0.995 7	1.008 9
全国平均	1.001 0	1.014 0	1.008 0	0.978 0	1.037 0	0.988 0	1.029 0	0.982 0	1.004 6

附表 5-9　六大区域畜牧业参数和非参数方法计算结果比较

%

年份	五大牧区		黄土高原区		西南山区		东北区		黄淮海区		东南区	
	SFATFP	DEATFP	SFATFP	DEATFP	SFATFP	DEATFP	SFATFP	DEATFP	SFATFP	DEATFP	SFATFP	DEATFP
1999	−6.80	−5.46	−16.76	−13.70	−3.90	−5.98	−1.34	−7.77	−4.33	−6.91	4.99	7.21
2000	0.40	1.46	−13.32	−6.90	−5.71	−13.87	−10.61	−10.13	2.25	1.31	1.11	−0.79
2001	−4.74	−2.64	−8.39	−7.67	−0.47	−6.82	5.21	2.60	5.13	−0.66	−2.30	−3.87
2002	−9.81	−7.82	0.29	−3.27	2.19	−4.02	−2.08	1.13	3.26	−3.71	−5.15	−7.63
2003	13.53	14.24	12.90	4.33	7.97	4.27	13.36	10.10	7.16	6.61	7.90	5.96
2004	4.30	10.96	−10.05	−5.77	13.20	11.60	3.92	13.63	18.95	14.89	21.30	26.80
2005	14.52	16.54	12.60	10.00	23.40	28.05	−04.50	−6.50	5.25	3.40	1.74	−6.30
2006	−2.75	0.62	−5.11	−4.87	−4.28	−1.97	35.41	34.07	−6.94	−1.79	4.38	1.30
2007	1.46	−6.58	11.31	15.53	−0.99	−0.93	−4.83	6.77	6.51	11.34	−1.51	6.20
2008	6.51	8.74	16.23	15.60	12.80	8.02	18.27	13.83	6.79	9.03	10.09	7.81
2009	−3.71	−1.98	−1.51	−11.77	−21.20	−28.90	−13.22	−1.90	−14.60	−17.26	−14.33	−19.46
2010	17.02	21.02	12.41	8.33	2.17	−3.17	−6.88	−3.07	6.75	5.70	8.43	4.43
2011	13.71	19.30	22.24	16.33	24.25	17.37	21.85	24.90	16.81	14.67	22.22	17.97
样本期均值	3.36	5.26	2.53	1.24	3.80	0.28	4.20	5.97	4.08	2.82	4.53	3.05
技术进步增长率	8.03	6.18	3.71	−0.03	7.11	−1.70	6.34	5.95	5.37	2.20	3.15	1.53
技术效率增长率	0.31	−0.36	0.86	1.81	−0.66	2.20	−0.37	1.56	−0.92	1.28	0.37	1.83

数据来源:第 4 章和第 5 章的计算结果。

附表 7-1 区域畜牧业 TFP(TFPCH)影响因素的估计结果

影响因素	五大牧区		黄土高原区		西南山区		东北区		黄淮海区		东南区	
	TPFCH		TFPCH		TFPCH		TFPCH		TFPCH		TFPCH	
	Coef.	t 值	Coef.	t 值	Coef.	t 值	Coef.	t 值	Coef.	t 值	Coef.	t 值
畜牧业人力资本	0.212 267	1.705	0.410 361	1.92	0.587 275	3.65	−0.238 74	−0.61	−0.039 67	−0.43	−0.173 7	−0.98
劳均资本投入	0.101 562	0.695	0.379 917	0.95	−0.057 32	−0.23	1.516 629	1.78	−0.008 17	−0.06	−0.251 42	−1.92
研究与开发投入	−0.069 84	0.302	−0.077 55	−0.19	0.198 374	2.76	0.032 625	2.61	−0.029 44	−2.59	−0.060 11	−2.38
饲料资源潜力	0.010 15	2.926	−0.062 2	−2.33	−0.143 09	−1.97	0.185 68	−3.71	0.065 84	−2.03	0.011 51	0.08
专业化程度	0.080 268	2.711	−0.027 92	−2.06	0.082 246	2.38	1.169 974	3.47	0.261 56	2.87	0.336 132	2.27
财政支持力度	−0.269 56	0.272	−0.609 72	−1.58	−0.252 48	−1	−2.159 83	−2.14	−0.123 92	−0.81	0.211 414	1.12
基础设施建设	−6.718 62	0.567	−7.910 68	−0.42	22.524 33	4.64	18.921 37	2.42	0.006 5	2.13	0.178 991	2.74
市场化程度	0.138 37	2.154	0.195 675	2.44	0.369 34	3.58	0.178 908	2.91	0.479 96	5.86	0.325 315	2.63
规模化水平	0.001 327	0.72	−0.007 01	−3.69	0.011 826	2.18	−0.019 01	−3.88	0.008 788	2.22	0.005 022	0.6
市场消费状况	0.507 023	2.016	0.566 751	2.15	0.445 27	2.9	0.060 373	2.66	0.234 424	1.78	0.121 23	2.67
常数项	−4.777 81	0.015	−7.976 26	−2.04	−7.736 32	−3.18	−3.239 64	−0.46	−0.167 28	−0.12	2.622 417	1.08
调整的 R^2	0.925 2		0.989 7		0.591		0.296 8		0.536 5		0.756 5	
观察值	65		39		78		39		91		91	
模型选择	固定效应		固定效应		固定效应		固定效应		固定效应		固定效应	
Hausman 检验	ch^2 统计	概率	ch^2 统计	概率	ch^2 统计	概率	ch^2 统计	概率	ch^2 统计	概率	ch^2 统计	概率
	4.14	0.501 7	1.36	0.798 1	20.87	0.022	5.71	0.438 9	4.69	0.510 9	5.42	0.561 2

注:1. t 检验显著性在 5%,表 7-6 和表 7-7 中与此相同;

2. 附表 7-2 和附表 7-3 相应畜牧业生产区域的相应变量系数之和应等于附表 7-1 相应区域的相应变量的系数,如果不等,是由于模型的差异和估计的误差所致。

附表 7-2　区域畜牧业技术进步(TECH)影响因素的估计结果

影响因素	五大牧区		黄土高原区		西南山区		东北区		黄淮海区		东南区	
	TECH		TECH		TECH		TECH		TECH		TECH	
	Coef.	t 值	Coef.	t 值	Coef.	t 值	Coef.	t 值	Coef.	t 值	Coef.	t 值
畜牧业人力资本	0.082 788	1.91	0.098 926	0.41	0.591 579	3.7	−0.087 44	−0.29	0.068 614	0.62	−0.084 68	−0.58
劳均资本投入	0.124 881	2.17	−0.025 43	−2.06	−0.060 61	−0.24	1.222 508	1.84	0.184 548	1.17	−0.031 05	−0.22
研究与开发投入	−0.044 17	−1.75	−0.032 289	1.37	0.099 715	2.89	0.053 739	2.29	−0.005 45	−0.09	−0.040 94	−0.31
饲料资源潜力	0.015 932	2.49	0.345 885	1.6	−0.373 24	−1.61	−0.179 35	−0.88	−0.002 5	−0.03	0.061 019	0.5
专业化程度	0.088 07	2.22	0.313 876	0.62	0.076 864	0.36	1.034 317	1.97	0.429 874	2.56	0.110 556	2.9
财政支持力度	−0.138 77	−2.07	0.065 665	0.15	−0.058 99	−0.23	−1.801 82	−2.29	−0.350 11	−1.9	0.098 246	0.63
基础设施建设	−3.757 26	−0.7	15.357 83	0.72	16.471 94	3.42	19.497 11	1.87	0.021 83	2.37	0.146 224	1.72
市场化程度	−0.010 61	−2.17	0.247 278	2.71	0.154 91	1.52	0.065 6	0.43	0.266 437	2.72	0.275 603	2.7
规模化水平	−0.002 2	−2.55	0.003 404	0.3	0.012 564	2.27	−0.018 09	−1.07	0.008 313	1.76	0.000 662	2.1
市场消费状况	0.253 634	3.18	−0.243 15	−0.81	0.144 454	0.95	0.127 223	2.26	0.202 808	1.99	−0.085 16	−2.57
常数项	−2.052 61	−1.88	−2.020 74	−0.45	−5.439	−2.25	−4.576 05	−0.84	−2.344 4	−1.39	1.934 037	0.97
调整的 R^2	0.911		0.999 9		0.376		0.929 4		0.747 7		0.897 5	
观察值	65		39		78		39		91		91	
模型选择	固定效应		固定效应		固定效应		固定效应		固定效应		固定效应	
Hausman 检验	ch^2 统计	概率	ch^2 统计	概率	ch^2 统计	概率	ch^2 统计	概率	ch^2 统计	概率	ch^2 统计	概率
	1.4	0.807 9	2.38	0.849 0	21.92	0.015 5	7.4	0.487 6	3.93	0.750 3	3.14	0.778

附表 7-3　区域畜牧业技术效率(EFFCH)影响因素的估计结果

影响因素	五大牧区		黄土高原区		西南山区		东北区		黄淮海区		东南区	
	EFFCH		EFFCH		EFFCH		EFFCH		EFFCH		EFFCH	
	Coef.	t 值	Coef.	t 值	Coef.	t 值	Coef.	t 值	Coef.	t 值	Coef.	t 值
畜牧业人力资本	0.133 719	0.95	0.306 688	1.89	−0.052 45	−0.38	−0.363 44	−1.24	−0.114 43	−1.91	−0.077 41	−0.56
劳均资本投入	0.024 021	0.09	0.346 99	2.84	−0.036 38	−2.17	0.831 515	1.3	−0.170 8	−1.16	−0.197 86	−1.51
研究与开发投入	−0.004 08	−2.06	−0.053 34	−2.36	0.144 458	0.49	0.019 335	0.48	−0.013 25	−0.24	−0.001 88	−0.02
饲料资源潜力	−0.046 65	−2.39	−0.421 97	−2.85	0.053 054	2.26	−0.110 91	−2.56	−0.039 06	−2.55	−0.080 08	−0.7
专业化程度	0.038 494	2.59	−0.308 86	−2.99	0.012 083	3.07	0.726 963	1.22	−0.129 51	−3.83	0.219 592	1.90
财政支持力度	−0.163 31	−0.62	−0.556 22	−1.2	−0.160 09	−0.73	−1.201 14	−1.58	0.203 249	1.19	0.079 868	0.54
基础设施建设	−3.593 7	−0.28	−21.104 1	−0.93	6.004 741	1.44	11.666 37	1.16	0.014 142	0.26	0.027 933	0.35
市场化程度	0.137 571	2.32	−0.055 72	−0.58	0.266 065	3.00	0.104 397	0.71	0.252 781	2.78	0.045 615	0.47
规模化水平	0.003	2.75	−0.009 43	−2.77	0.001 705	2.2	−0.004 39	−2.27	0.000 682	2.16	0.004 041	2.62
市场消费状况	0.251 871	2.13	0.704 65	2.22	0.304 795	2.31	−0.067 06	−2.23	0.002 574	2.02	0.207 918	2.48
常数项	−2.110 87	−1.02	−3.956 17	−0.84	−0.912 28	−0.44	2.562 641	0.49	3.109 051	1.98	1.593 433	0.84
调整的 R^2	0.947 1		0.529 8		0.361 2		0.672 3		0.857 5		0.853 2	
观察值	65		39		78		39		91		91	
模型选择	固定效应		固定效应		固定效应		固定效应		固定效应		固定效应	
Hausman 检验	ch^2 统计	概率	ch^2 统计	概率	ch^2 统计	概率	ch^2 统计	概率	ch^2 统计	概率	ch^2 统计	概率
	2.12	0.789 4	4.46	0.578 5	14.83	0.088 5	4.12	0.542	4.53	0.519 1	2.07	0.795 7